CHOIX

DE

LECTURES.

Tome VI.

CHOIX

DE LECTURES

GÉOGRAPHIQUES

ET HISTORIQUES.

Présentées dans l'ordre qui a paru le plus propre à faciliter l'étude de la Géographie de l'Asie, de l'Afrique & de l'Amérique.

Précédé d'un Abrégé de Géographie,

Avec des Cartes.

Par M. MENTELLE, *Historiographe de Monseigneur le COMTE D'ARTOIS, de l'Acad. de la Historia de Madrid, de celle de Rouen, Censeur Royal, &c.*

Dédié à Madame la Comtesse de B***.

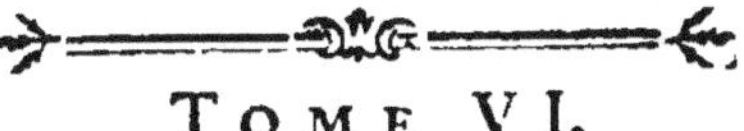

TOME VI.

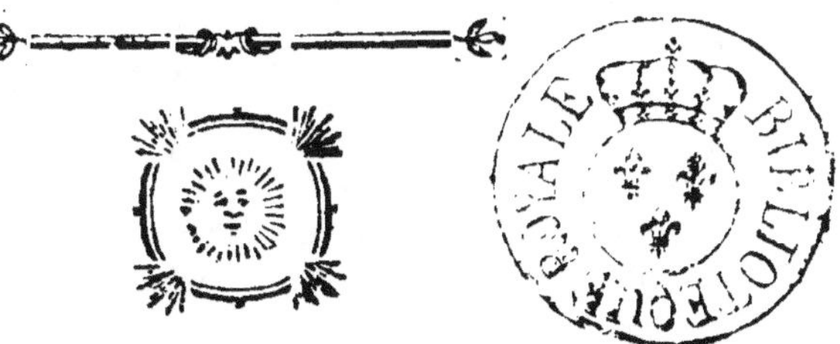

A PARIS.

Chez l'Auteur, Hôtel de Mayence, près le Notaire, Rue de Seine, F. B. S. G.

____

M. D.C.C. LXXXIII.

Avec Privilège du Roi.

TABLE
DES ARTICLES

Contenus dans le VIe Volume (1).

SUITE DE L'AMÉRIQUE.

PARAGRAPHE VI.

(1) On a pensé que la Carte de l'Amérique Septentrionale, qui se trouve dans le premier vol. page 124, première partie, suffiroit pour l'intelligence de ce sixième volume. Ainsi que l'Amérique Méridionale, pag. 134, pour une partie du cinquième volume.

CHAPITRE III.

Fin de la Table des Articles du VIe Tome.

CHOIX

CHOIX
DE LECTURES
GÉOGRAPHIQUES
ET HISTORIQUES.

TROISIÈME PARTIE.
SUITE DE L'AMÉRIQUE.

§. VI.

DU PÉROU ET DE PANAMA.

1°. *DE PANAMA.*

PANAMA, qui avoit été la porte par où l'on étoit entré au Pérou, s'étoit élevée à une grande prospérité, lorsqu'en 1670 elle fut pillée & brûlée par des pirates. On l'a rebâtie dans un lieu plus avantageux, à quatre ou cinq milles de la

Tome VI.   A

première Place, & à trois lieues du port de Péria, formé par un grand nombre d'îles, & affez vafte pour contenir les plus nombreufes flottes. Elle donne des loix aux Provinces de Panama, de Véragoas & de Darien, régions fans habitans, fans culture & fans richeffes. De fon propre fond, Panama n'a jamais offert au commerce que des perles.

La pêche s'en fait dans quarante-trois îles de fon golfe. La plupart des habitans y emploient ceux de leurs nègres qui font bons nageurs. Ces efclaves plongent & replongent dans la mer, jufqu'à ce que cet exercice violent ait épuifé leurs forces ou laffé leur courage.

Chaque noir doit rendre un nombre fixe d'huîtres. Celles où il n'y a point de perle, celles où la perle n'eft pas entièrement formée, ne font pas comptées. Ce qu'il peut trouver au-delà de l'obligation qui lui eft impofée, lui appartient inconteftablement. Il peut le vendre à qui bon lui femble ; mais pour l'ordinaire, il le cède à fon maître pour un prix modique.

Des monftres marins, plus communs aux îles où fe trouvent les perles, que fur les côtes voifines, rendent cette pêche dangereufe. Quelques-uns dévorent en un inftant les plongeurs. Le *mantas*, qui tire fon nom de fa figure, les roule fous fon corps & les étouffe. Pour fe défendre contre de tels ennemis, chaque pêcheur est armé d'un poignard. Aussi-tôt qu'il apperçoit quelqu'un de ces poissons voraces, il l'attaque avec précaution, le blesse & le met en fuite. Cependant, il périt toujours quelques pêcheurs, & il y en a un grand nombre d'estropiés.

Les perles de Panama sont communément d'assez belle eau. Il y en a même de remarquables par leur grosseur & par leur figure. L'Europe en achetoit autrefois une partie : mais depuis que l'art est parvenu à les imiter, & que la passion pour les diamans en a fait tomber ou diminuer l'usage, c'est le Pérou qui les prend toutes.

Cette branche de commerce contribua cependant beaucoup moins à donner de la célébrité à Panama, que l'avantage dont elle jouissoit d'être l'entrepôt de toutes les productions du pays des Incas, destinées pour notre hémisphère. Ces richesses, arrivées par une flotille, étoient voiturées, les unes à dos de mulet, & les autres par le Châgre, à Porto-Bélo, situé sur la côte septentrionale de l'isthme qui sépare les deux mers.

Quoique la position de Porto-Bélo eût été reconnue & approuvée par Colomb, en 1502, elle ne fut bâtie qu'en 1584, des débris de Nombre-de-Dios. Elle est disposée, en forme de croissant, sur le penchant d'une montagne qui entoure le port. Ce port célèbre, autrefois très-bien défendu par des fortifications que l'Amiral Vernon détruisit en 1740, paroît offrir une entrée large de six cents toises; mais elle est tellement rétrécie par des rochers à fleur d'eau, qu'elle se trouve réduite à un canal étroit. Les vaisseaux n'y arrivent qu'à la toue, parce qu'ils trouvent toujours des vents contraires ou un grand calme. Ils y jouissent d'une sûreté entière.

2°. DU PÉROU.

LE Pérou occupe une partie considérable de l'Amérique Méridionale à l'Ouest. Il commence un peu au Nord de l'Equateur, & s'avance au Sud jusqu'au vingt-cinquième degré où commence le Chili.

GÉOGRAPHIE PHYSIQUE.

LES Cordilières ou Andes, qui coupent l'Amérique presqu'entière, dans sa longueur, présentent différens rameaux qui s'étendent irrégulièrement dans sa largeur. C'est sur-tout sous la Ligne & au Pérou que ces célèbres montagnes imposent par leur majesté. A travers les masses énormes de neige qui couvrent les plus considérables, on démêle aisément qu'elles furent autrefois volcans. Les tourbillons de fumée & de flamme qui sortent encore de quelques-unes ne permettent pas le moindre doute fur ces éruptions. Chimboraco, la plus élevée, & qui a près de trois mille deux cent vingt toifes au-deffus du niveau de la mer, furpaffe de plus d'un tiers le pic de Ténériffe qui n'a que dix-neuf cent quatre toifes, la plus haute montagne de l'ancien hémifphère. Le Pichincha & le Caraçou, qui ont principalement fervi de théâtre aux obfervations entreprifes pour la figure de la terre, n'en ont que deux mille quatre cent trente, & deux mille quatre cent foixante dix ; & c'eft-là cependant que les voyageurs les plus intrépides ont été forcés de s'arrêter. La neige permanente a toujours rendu inacceffibles les fommets qui avoient plus d'élévation.

Une plaine, qui a depuis trente jufqu'à cinquante lieues de largeur, & dix-neuf cent quarante-neuf toifes au-deffus de l'Océan, fert de bafe à ces étonnantes montagnes. Des lacs plus ou moins confidérables, occupent une partie de ce vafte efpace. Celui de Titi-Caca, qui reçoit dix ou douze grandes rivières & beaucoup de petites, a foixante-dix toifes de profondeur & quatre-vingt lieues de circonférence. De fon fein s'élève une île où les Inftituteurs du Pérou prétendirent avoir reçu la naiffance. Ils la devoient, difoient-ils, au Soleil qui leur avoit prefcrit d'établir fon culte, de tirer les hommes de la bar-

barie, & de leur donner des loix bienfaifantes. Cette fable rendit ce lieu vénérable; & l'on y éleva un des plus auguftes temples qui fuffent dans l'Empire. Des pélerins y accouroient en foule des Provinces avec des offrandes d'or, d'argent & de pierreries. C'eft, dans le pays, une tradition généralement reçue, qu'à l'arrivée des Efpagnols, les prêtres & les peuples jetèrent tant de richeffes dans les eaux, comme cela venoit de fe pratiquer à Cufco, dans un autre lac, fix lieues au Sud de cette célèbre Capitale. De la plupart des lacs fortent des torrens qui, avec le tems, ont creufé des gorges d'une profondeur effrayante. A leur fommet font ordinairement les mines, dans un terrein généralement aride. C'eft un peu plus bas que le blé croît, que les troupeaux paiffent. Dans le fond font cultivés le fucre, les fruits & le maïs.

La côte, d'une longueur immenfe, & depuis huit jufqu'à vingt lieues de largeur, qui s'étend de la plaine dont nous venons de parler à la mer, & que nous connoiffons fous le nom de *vallées*, n'eft qu'un amas de fables. La folitude & une éternelle ftérilité fembloient devoir être le partage de ce fol ingrat.

La nature varie, & varie d'une manière très-remarquable, dans ce terrein fi inégal. Les lieux les plus exhauffés font éternellement couverts de

neige. Viennent enfuite des rochers & des fables
nuds. Au-deffous, on commence à voir quelques
mouffes. Plus bas eft l'icho, plante que l'on brûle,
affez femblable au jonc, & qui devient plus longue & plus forte à mefure qu'on defcend. Des
arbres fe montrent enfin, au nombre de trois
efpèces particulières à ces montagnes, & qui toutes annoncent par leur ftructure & par leur
feuillage la rigueur du climat où ils font nés. Le
plus utile de ces arbres eft le caffis. Il eft pefant,
il a de la confiftance, il eft de durée; & ces avantages le font deftiner aux travaux des mines. Ces
grands végétaux ne fe retrouvent plus fous un
ciel plus doux, & ils ne font remplacés que par
un petit nombre d'autres d'une qualité différente.
Il n'y en auroit même d'aucune efpèce dans les
vallées, fi l'on n'y en avoit porté qui fe font
naturalifés.

Dans cette région, l'air a une influence marquée fur le tempérament des habitans. Ceux des
contrées les plus élevées font expofés à l'afthme,
aux pleuréfies, aux fluxions de poitrine & aux
rhumatifmes. Ces maladies dangereufes pour tous
les individus qu'elles attaquent, font communément mortelles pour quiconque a contracté des
maladies caufées par la débauche ou par l'ufage
des liqueurs fortes; & c'eft malheureufement l'état
ordinaire de ceux qui font nés ou que l'avarice a
conduits dans ces climats.   A iv

Ces calamités n'affligent pas les montagnes inférieures ; mais elles font remplacées par d'autres fléaux encore plus funeftes. Les fièvres putrides & intermittentes, inconnues dans les pays dont on vient de parler, y font habituelles. On les gagne fi aifément, que les voyageurs craindroient d'approcher des lieux qui en font infectés. Elles font fouvent fi malignes, qu'il n'échapperoit pas un feul homme à leur venin, fi les habitans n'abandonnoient leurs bourgades pour y retourner, lorfqu'une nouvelle faifon les a purifiées. Il n'en étoit pas ainfi au tems des Incas. Mais depuis que les Efpagnols ont introduit les cannes à fucre dans les gorges étroites de ces montagnes où l'air circule difficilement, il s'élève, des terres humeckées que cette culture exige, des vapeurs infectes qui, échauffées par les rayons d'un Soleil brûlant, deviennent mortelles.

Les fièvres tierces & intermittentes ne font guère moins communes, guère moins opiniâtres dans les vallées que dans les gorges des montagnes ; mais elles y font infiniment moins dangereufes. Les fuites n'en font communément funeftes que dans les campagnes où les fecours manquent, où les précautions font négligées.

Une maladie générale dans cette partie du Nouveau-Monde, c'eft la petite-vérole qui y fut

portée en 1588. Elle n'y eſt pas habituelle
comme en Europe ; mais elle y cauſe par intervalle des ravages inexprimables. Elle attaque indifféremment les Blancs, les Noirs, les Indiens,
les races mêlées. Elle eſt également meurtrière
dans tous les climats. Il faut beaucoup eſpérer de
la pratique de l'inoculation introduite depuis
deux ans à Lima, & qui ſans doute ſera bientôt
générale.

Il eſt un autre fléau auquel l'eſprit humain ne
trouvera jamais de remède. Les tremblemens de
terre, ſi rares ailleurs que les générations ſe ſuccèdent ſouvent ſans en voir un ſeul, ſont ſi ordinaires dans le Pérou, qu'on y a contracté
l'habitude de les compter comme une ſuite d'époques d'autant plus mémorables, que leur retour
fréquent n'en diminue pas la violence.

Ce phénomène, toujours irrégulier dans ſes
retours inopinés, s'annonce cependant par des
avant-coureurs ſenſibles. Lorſqu'il doit être conſidérable, il eſt précédé d'un frémiſſement dans
l'air dont le bruit eſt ſemblable à celui d'une
groſſe pluie qui tombe d'un nuage diſſout &
crevé tout-à-coup. Ce bruit paroît l'effet d'une
vibration dans l'air qui s'agite en ſens contraires.
Les oiſeaux volent alors par élancement. Leur
queue, ni leurs aîles ne leur ſervent plus de rames
ou de gouvernail pour nager dans le fluide des

cieux. Ils vont s'écraſer contre les murs, les arbres, les rochers : ſoit que ce vertige de leur nature leur cauſe des éblouiſſemens, ou que les vapeurs de la terre leur ôtent les forces & la faculté de maîtriſer leurs mouvemens.

A ce fracas des airs ſe joint le murmure de la terre, dont les cavités & les antres ſourds gémiſſent comme autant d'échos. Les chiens répondent par des hurlemens extraordinaires à ce preſſentiment d'un déſordre général. Les animaux s'arrêtent, & par un inſtinct naturel écartent les jambes pour ne pas tomber. A ces indices, les hommes fuient de leurs maiſons, & courent chercher dans l'enceinte des places ou dans la campagne un aſyle contre la chûte de leurs toîts. Les cris des enfans, les lamentations des femmes, les ténèbres ſubites d'une nuit inattendue : tout ſe réunit pour agrandir les maux trop réels d'un fléau qui renverſe tout, par les maux de l'imagination qui ſe trouble, ſe confond & perd, dans la contemplation de ce déſordre, l'idée & le courage d'y remédier.

La diverſité des aſpects ſous leſquels les volcans ſe ſont préſentés à un de nos Obſervateurs les plus infatigables & les plus intelligens, lui a déſigné différentes époques, ſéparées les unes des autres par des intervalles de tems ſi conſidérables, que la formation première de notre demeure en eſt renvoyée à une ancienneté dont l'imagination s'effraie. A la première de ces époques, les volcans jettent de leurs ſommets du feu, de la fumée, des cendres, & verſent de leurs flancs entr'ouverts des torrens de lave. A la ſeconde, ils ſont éteints, ils le ſont tous, & ne préſentent qu'une vaſte chaudière. A la troiſième, l'air, la pluie, les vents, le froid, la chaux, ont détruit la chaudière ou le crater, & il ne reſte qu'un monticule. A la quatrième, ce monticule, dépouillé de ſon enveloppe, met à découvert une eſpèce de culot, qui, miné par le tems, ne laiſſe plus que la place où la montagne & le volcan ont exiſté; & cet état eſt une cinquième époque. Du centre de cette place s'étendent au loin des chauſſées de lave; & ces chauſſées, ou entières, ou briſées, ou réduites à des fragmens iſolés, ſont encore autant d'autres époques, entre chacune deſquelles vous pouvez intercaller tant d'années, tant de ſiècles, tant de milliers de ſiècles qu'il vous plaira. Ce qu'il y a de certain, c'eſt qu'une de ces époques, quelle que ſoit celle que l'on choiſiſſe, n'eſt point liée dans la mémoire des hommes à celle qui lui ſuccède dans la nature. Et le principe que de rien, il ne ſe fait rien; & la deſtruction des êtres qui, ſe réſolvant en d'autres, nous démontre que le globe a éprouvé les plus grandes révolutions, foit de la part du feu, comme on vient de le dire, foit de la part des eaux, dont on trouve les traces en tant de lieux.

Le climat offre des fingularités très-remarquables dans le haut Pérou. On y éprouve le même jour, quelquefois à la même heure, & toujours dans un efpace très-borné, la température des Zônes les plus oppofées. Ceux qui s'y rendent des vallées, font percés en arrivant d'un froid rigoureux, dont, ni le feu, ni l'action, ni les vêtemens ne peuvent les garantir ; mais dont l'impreffion ceffe d'être défagréable, après un féjour d'un mois ou de trois femaines. Les fymptômes d'un mal de mer tourmentent les voyageurs qui y paroiffent pour la première fois, avec plus ou moins de violence, felon qu'ils en auroient eu à fouffrir fur l'Océan. Cependant, quelle qu'en foit la raifon, on n'eft pas expofé à cet accident par-tout ; & aucun des Aftronomes qui mefurèrent la figure de la terre fur les montagnes de Quito n'en fut attaqué.

Dans les vallées, on eft autant ou plus étonné. Quoique très près de l'Equateur, ce pays jouit d'une délicieufe température. Les quatre faifons de l'année y font fenfibles, fans qu'aucune puiffe paffer pour incommode. Celle de l'Hiver eft la plus marquée. On en a cherché la caufe dans les vents du pôle auftral, qui portent l'impreffion des neiges ou des glaces d'où ils ont paffé. Ils ne la confervent en partie, que parce qu'ils foufflent fous le voile d'un brouillard épais qui couvre alors la terre. A la vérité, ces vapeurs ne s'élèvent régulièrement que vers le midi ; mais il eft rare qu'elles fe diffipent. Le ciel demeure communément affez couvert, pour que ces rayons, qui quelquefois fe montrent, ne puiffent adoucir le froid que très-légèrement.

Quelle que foit la raifon d'un hiver fi conftant fous la Zone Torride, il eft certain qu'il ne pleut jamais ou qu'il ne pleut que tous les deux ou trois ans dans le Pérou. La Phyfique a fait les plus grands efforts pour trouver la caufe d'un phénomène fi extraordinaire. Ne pourroit-on pas l'attribuer au vent du Sud-Oueft qui y règne la plus grande partie de l'année, & à la hauteur prodigieufe des montagnes, dont la cime eft couverte de glaces perpétuelles ? Le pays fitué entre deux, continuellement refroidi d'un côté, continuellement échauffé de l'autre, conferve une température fi égale, que les nuages qui s'élèvent ne peuvent jamais fe condenfer au point de fe réfoudre en eaux formelles.

Il faudroit pourtant des pluies, & des pluies journalières, pour communiquer quelque fertilité aux côtes qui s'étendent depuis Tombès jufqu'à Lima, c'eft-à-dire, dans un efpace de deux cent foixante-quatre lieues. Les fables en font fi généralement arides, qu'on n'y voit pas même une herbe , excepté dans les parties qu'il eft poffible d'arrofer, & cette facilité n'eft pas ordinaire. Il n'y a pas une feule fource dans le Bas-Pérou ; les rivières ne font pas communes ; & celles qu'on y voit n'ont la plupart de l'eau que fix ou fept mois de l'année. Ce font des torrens qui fortent des lacs, plus ou moins grands, formés dans les Cordilières , qui ne parcourent qu'un court efpace , & qui tariffent durant l'Été. Du tems des Incas, ces précieufes eaux étoient recueillies avec foin, & par le fecours de divers canaux, répandus fur une affez grande fuperficie qu'elles fertilifoient. Leurs bourgades & leurs villes ont remplacé les cabanes des Indiens, qui , par cette raifon , font en moindre nombre dans le bas Pérou que fur les montagnes. Les vallées qui, de la Capitale de l'Empire , conduifent au Chili, ont une grande reffemblance avec celles dont on vient de parler ; cependant en quelques endroits elles fe refufent moins obftinément à la culture.

Defcription des mines du Pérou.

ON trouve dans le pays des Incas des mines de cuivre, d'étain , de foufre , de bitume qui font généralement négligées. L'extrême befoin a procuré quelqu'attention à celles de fel. On y taille ce foffile en pierres proportionnées à la force des lamas & des pacos deftinés à les diftribuer dans toutes les Provinces de l'Empire, éloignées de l'Océan. Ce fel eft de couleur violette, & a des veines comme le jafpe. Il n'eft vendu, ni au poids, ni à la mefure, mais en pierres, dont le volume eft à-peu-près égal.

Une nouvelle matière a été découverte depuis peu dans ces régions: c'eft la platine, ainfi appelée du mot Efpagnol *plata*, argent, dont on a fait le diminutif *platina* ou petit argent.

C'eft une fubftance métallique qui jufqu'ici n'a été apportée du Nouveau-Monde dans l'Ancien, que fous la forme de petits graviers anguleux, triangulaires & fort irréguliers, comme de la groffe limaille de fer. Sa couleur eft d'un blanc moyen, entre la blancheur de l'argent & celle du fer, ayant un peu le gras du plomb.

M. Ulloa eft le premier qui ait parlé de la platine, dans la relation qu'il publia en 1747, d'un long voyage qu'il venoit de faire au Pérou. Il apprit à l'Europe que cette fubftance extraordinaire, & qu'on doit regarder comme un huitième métal, venoit des mines d'or de l'Amérique, & fe trouvoit en particulier dans celles du nouveau Royaume.

L'année fuivante, Wood, Métallurgifte Anglois, en apporta quelques échantillons de la

Jamaïque dans la Grande-Bretagne. Il les avoit reçus huit ou neuf ans auparavant de Carthagène, & les avoit foumis, avant perfonne, à des expériences.

De très-habiles Chymiftes fe font occupés depuis d'expériences & de recherches fur la platine ; en Angleterre, M. Lewis ; en Suède, M. Scheffer ; en Pruffe, M. Margraff ; enfin, en France, MM. Macquer, Beaumé, de Buffon, de Morveau, de Sickengen, de Milly. Les travaux réunis de ces différens Chymiftes ont tellement avancé nos connoiffances fur cet objet, qu'on ne craint pas de dire, qu'il eft peu de fubftances métalliques qui nous foient aujourd'hui mieux connues que la platine. Celle qui nous arrive de France n'eft jamais abfolument pure.

Hors une feule, la nature n'a point formé des mines d'or & d'argent dans ce qu'on appelle les vallées du Pérou. Les groffes maffes de ces précieux métaux qui s'y rencontrent quelquefois, y ont été tranfportés par des embrâfemens fouterrains, des volcans, des tremblemens de terre ; par les révolutions que l'Amérique a effuyées & effuie encore tous les jours. Ces maffes détachées s'offrent auffi de tems en tems ailleurs. Vers l'an 1730, on trouva, non loin de la ville de Paz, un morceau d'or qui pefoit quatre-vingt-dix marcs. C'étoit un compofé de fix différentes

efpèces

espèces de ce précieux métal, depuis dix-huit jusqu'à vingt-trois karats & demi. On ne voit que peu de mines de bas-aloi dans les monticules voisins de la mer. C'est seulement dans les lieux très-froids & très-élevés qu'elles sont riches & multipliées.

Sans avoir des monnoies, les Péruviens connoissoient l'emploi de l'or & de l'argent qu'ils réduisoient en bijoux, ou même en vases. Les torrens & les rivières leur fournissoient le premier de ces métaux ; mais pour se procurer le second, il falloit plus de travail & d'industrie. Le plus souvent on ouvroit la terre, mais jamais si profondément que les travailleurs ne pussent jetter eux-mêmes le minéral sur les bords de la fosse qu'ils avoient creusée, ou du moins l'y faire arriver, en le transmettant de main en main. Quelquefois aussi on perçoit le flanc des montagnes, & l'on suivoit, dans un espace toujours très-peu étendu, les différentes veines que la fortune pouvoit offrir. C'étoit par le moyen du feu qu'étoient fondus les deux métaux, qu'ils étoient dégagés des matières étrangères qui s'y trouvoient mêlées. Des fourneaux, où un courant d'air remplissoit la fonction du soufflet, entièrement inconnu dans ces régions, servoient à cette opération difficile.

Porco, peu éloigné du lieu où un des lieutenans de Pizarre fonda, en 1539, la ville de la Plata, Porco étoit de toutes les mines que les Incas faisoient travailler, la plus abondante & la plus connue. Ce fut aussi la première que les Espagnols exploitèrent après la conquête. Une infinité d'autres ne tardèrent pas à suivre.

Toutes, sans exception, toutes se trouvèrent d'une exploitation très-dispendieuse. La nature les a placées dans des contrées privées d'eau, de bois, de vivres, de tous les soutiens de la vie, qu'il faut faire arriver avec de grands efforts à travers des déserts immenses. Ces difficultés ont été surmontées, le sont encore, avec plus ou moins de succès.

Plusieurs mines, qui eurent de la réputation, ont été abandonnées successivement. Leur produit, quoiqu'égal à celui des premiers tems, ne suffisoit plus pour soutenir les dépenses qu'il falloit faire pour l'obtenir. Cette révolution est réservée à beaucoup d'autres.

On a été forcé de renoncer à des mines qui avoient donné de fausses espérances. De ce nombre a été celle d'Ucantaya, découverte en 1703, soixante-lieues au Sud-Est de Cusco. Ce n'étoit qu'une croûte d'argent presque massif, qui rendoit d'abord beaucoup, mais qui fut bientôt épuisée.

Des mines très-riches ont été négligées, parce

que les eaux s'en étoient emparées. La difpofition du terrein qui, du fommet des Cordilières, va toujours en pente jufqu'à la mer du Sud, a dû rendre ces événemens plus communs au Pérou qu'ailleurs. Le mal s'eft trouvé quelquefois fans remède; d'autres fois on l'a réparé; le plus fouvent il s'eft perpétué, faute de moyens, d'activité ou d'intelligence.

On s'attacha d'abord de préférence aux mines d'or. Les gens fages ne tardèrent pas à fe décider pour celles d'argent, généralement plus fuivies, plus égales, & par conféquent moins trompeufes. Plufieurs des premières font cependant encore exploitées. Des fuccès affez fuivis font regarder celles de Lutixaca, d'Araca, de Suches, de Caracaua, de Fipoani, de Cachacamba comme les plus riches.

Entre celles d'argent qui, de nos jours, ont le plus de réputation, il faut placer celle de Huantajaha, exploitée depuis quarante ou cinquante ans, à deux lieues de la mer, près de la rade d'Iqueyque. En creufant cinq à fix pieds dans la plaine, on trouve fouvent des maffes détachées qu'on ne prendroit d'abord que pour un mélange confus de gravier & de fable, & qui à l'épreuve rendent en argent les deux tiers de leur péfanteur. Quelquefois, il y en a de fi confidérables, qu'en 1749, on en envoya deux à la Cour d'Ef-

pagne, l'une de cent foixante-quinze livres, &
l'autre de trois cent foixante-quinze. Dans les
montagnes, le métal eft en filon & de deux
efpèces. Celle que dans la contrée on nomme
barra fe coupe comme le roc, & prend la route
de Lima, où elle eft travaillée. Elle donne le plus
fouvent une, deux, trois, quatre & jufqu'à cinq
parties d'argent pour une de pierre. L'autre eft
purifiée par le moyen du feu dans le pays même.
Si cinq de fes quintaux ne produifent pas un
marc d'argent, elle eft jettée dans les décombres.
Ce mépris vient de l'exceffive cherté des vivres,
de l'obligation de tirer l'eau potable de quatorze
lieues, de la néceffité d'aller moudre le minérai
à une diftance très-confidérable.

A trente lieues Nord-Eft d'Arequipa, eft
Caylioma. Ses mines furent découvertes très-an-
ciennement; on ne ceffa jamais de les exploiter,
& leur abondance eft toujours la même.

Celles du Potofi furent trouvées en 1545. Un
Indien, nommé *Hualpa*, qui pourfuivoit des
chevreuils, faifit, dit-on, pour efcalader des
rocs efcarpés, un arbriffeau dont les racines fe
détachèrent & laiffèrent appercevoir un lingot
d'argent. Ce Péruvien s'en fervit pour fes ufages,
& ne manqua pas de retourner à fon tréfor
toutes les fois que fes befoins ou fes defirs l'en
follicitoient. Le changement arrivé dans fa for-

tune fut remarqué par fon concitoyen Guanca, auquel il avoua fon fecret. Les deux amis ne furent pas jouir de leur bonheur. Ils fe brouillè-rent, & l'indifcret confident découvrit tout à fon maître Villaroel, Efpagnol, établi dans le voifinage.

Cette connoiffance échauffa rapidement les efprits. Plufieurs mines furent auffi-tôt ouvertes dans une montagne qui a la forme d'un cône, une lieue de circonférence, cinq à fix toifes d'élé-vation, & la couleur d'un rouge obfcur. Avec le tems, une montagne moins confidérable, & qui fort de la première, fut également & auffi heureufement fouillée. Les tréfors qu'on tiroit de l'une & de l'autre furent l'origine d'une des plus grandes & des plus opulentes cités du Nou-veau-Monde.

Dans aucune contrée du Globe, la nature n'offrit jamais à l'avidité humaine d'auffi riches mines que celles du Potofi. Indépendamment de ce qui ne fut pas enregiftré, & qui s'écoula en fraude, le quint du Gouvernement, depuis 1545 jufqu'en 1564, monta à 36,450,000 liv. chaque année. Mais cette prodigieufe abondance de mé-taux ne tarda pas à diminuer. En 1763, le quint du Roi ne paffa pas 1,364,582 liv. 12 f.

Dans les premiers tems, chaque quintal de minérai donnoit cinquante livres d'argent. Cinquante quintaux de minérai ne produifent plus que deux livres d'argent. C'eſt un , au lieu de douze cent cinquante.

Mais , pendant que les mines du Potoſi voyoient s'éclipſer graduellement leur éclat, s'élevoient non loin d'elles à une grande réputation celles d'Oruro. Leur proſpérité augmentoit même , lorſque les eaux s'emparèrent des plus abondantes. Au tems où nous écrivons , on n'a pas encore réuſſi à les ſaigner , & tant de tréſors reſtent toujours ſubmergés. Les mines de Popo, les plus importantes de celles qui ont échappé à ce grand déſaſtre , ne ſont éloignées que de douze lieues de la ville de San-Philippe de Auſtria de Gruro , bâtie dans ce canton, autrefois ſi célèbre.

Nul accident ne troubla jamais les travaux d'aucun des mineurs établis à l'Oueſt de la Plata , dans le diſtrict de Carangas. Cependant ceux que le haſard avoit attirés à Turco furent conſtamment les plus heureux , parce que cette montagne leur offrit toujours un minérai incorporé ou comme fondu dans la pierre , & par conſé-quent plus riche que tous les autres.

Dans le diocèſe de la Paz , & aſſez près de la petite ville de Puno, Joſeph Salcedo découvrit , vers l'an 1660 , la mine de Layca-Cota. Elle étoit ſi abondante qu'on coupoit ſouvent l'argent au ciseau. La prospérité , qui rabaisse les petites ames , avoit tellement élevé celle du propriétaire de tant de richesses , qu'il permettoit à tous les Espagnols qui venoient chercher fortune dans cette partie du Nouveau-Monde , de travailler quelques jours à leur profit , sans peser & sans mesurer le don qu'il leur faisoit. Cette générosité attira autour de lui une multitude d'aventuriers. Leur avidité leur mit les armes à la main. Ils se chargèrent ; & leur bienfaiteur, qui n'avoit rien négligé pour prévenir ou pour étouffer leurs divisions sanglantes, fut pendu comme en étant l'auteur. De pareils traits seroient capables d'affoiblir dans les ames le penchant à la bienfaisance.

Pendant que Salcedo étoit en prison , l'eau gagna sa mine. La superstition fit imaginer que c'étoit en punition de l'attentat commis contre lui. On respecta long-tems cette idée de la vengeance céleste. Mais enfin , en 1740, Diego de Baena & quelques autres hommes entreprenans , s'associèrent pour détourner les sources qui avoient noyé tant de trésors. L'ouvrage étoit assez avancé en 1754 , pour qu'on en retirât déjà quelque utilité.

Toutes les mines du Pérou étoient originairement exploitées par le moyen du feu. Dans la plupart, on lui substitua, en 1571 , le Mercure.

Ce puiſſant agent ſe trouve en deux états différens dans le ſein de la terre. S'il y eſt tout pur
& ſous la forme fluide qui lui eſt propre, on le
nomme *Mercure vierge*, parce qu'il n'a point
éprouvé l'action du feu pour être tiré de la mine.
S'il y eſt combiné avec le ſoufre, il forme une
ſubſtance d'un rouge plus ou moins vif, qu'on
nomme *Cinnabre*.

La mine de Cinabre de Guanca-Vélica étoit,
dit-on, connue des anciens Péruviens qui s'en
ſervoient uniquement pour peindre leur viſage.
On l'oublia dans le cahos où la conquête plon-
gea cette région infortunée. Elle fut retrouvée
en 1556, ſelon quelques Hiſtoriens, & en 1564
ſelon d'autres : mais Pedro-Fernandez Velaſco
fut le premier qui, en 1571, imagina de la faire
ſervir à l'exploitation des autres mines. Le Gouvernement s'en réſerva la propriété. Dans la
crainte même que les droits qu'il mettoit ſur le
Mercure ne fuſſent fraudés, il défendit d'ouvrir,
ſous quelque prétexte que ce fût, d'autres mines
du même genre.

La mine de Guanca-Velica a éprouvé pluſieurs révolutions. Au tems où nous écrivons,
ſa circonférence eſt de cent quatre-vingt vares,
ſon diamètre de ſoixante, & ſa profondeur de
cinq cent treize. Elle a quatre ouvertures, toutes au ſommet de la montagne, un petit nombre

d'arc-boutans deftinés à foutenir les terres, &
trois foupiraux qui donnent de l'air ou fervent à
l'écoulement des eaux. Elle eft exploitée par
quelques Affociés, la plupart fans fortune, auxquels le Souverain fait les avances dont ils ont
befoin, & qui lui livrent le Mercure à un prix
convenu. Les hommes employés à ces travaux
éprouvoient autrefois affez généralement des
mouvemens convulfifs. Cette calamité eft maintenant beaucoup moins commune, foit parce que
le mercure que le minerai contenoit a diminué
de plus de moitié, foit qu'on ait imaginé quelques précautions qui avoient été d'abord négligées. Ceux qui ont foin des fourneaux font
prefque les feuls expofés aujourd'hui à ce malheur; & encore leur guérifon eft-elle affez facile.
Il n'y a qu'à les faire paffer dans un climat chaud,
qu'à les occuper à la culture des terres. Le mercure qui infeftoit leurs membres fort par la tranfpiration.

La ftérilité de Guanca-Velica & des terres limitrophes eft remarquable. Aucun arbre fruitier
n'a pu y être naturalifé. De toutes les efpèces de
blé qu'on a femées, l'orge feul a germé; & encore n'eft-il jamais parvenu à former du grain.
Il n'y a que la pomme de terre qui ait profpéré.

L'air n'eft pas plus falubre que le fol n'eft fertile. Les enfans, nouvellement nés, périffent par

le tetanos encore plus fouvent que dans le refte du Nouveau - Monde. Ceux qui ont échappé à ce danger, font attaqués à trois ou quatre mois d'une toux violente, & meurent la plupart dans des convulfions, à moins qu'on n'ait l'attention de les tranfporter fous un ciel plus doux. Cette précaution néceffaire pour les Indiens, pour les Métis, l'eft beaucoup plus pour les Efpagnols qui font moins robuftes. La rigueur extrême du climat, les vapeurs fulfureufes qui couvrent l'horifon, le tempérament généralement vicié des pères & des mères, doivent être les caufes principales d'une fi grande calamité.

Il y avoit long-tems que les monts très-élevés de Guanca-Velica occupoient les hommes avides de richeffes, lorfqu'ils font venus intéreffer la Phyfique.

Les Aftronomes, envoyés en 1735 au Pérou pour mefurer les degrés du Méridien, parcoururent un efpace de quatre-vingt-dix lieues, en commençant un peu au Nord de l'Equateur jufqu'au Midi de la ville de Cuenca, & n'apperçurent aucun figne qui leur donnât lieu de croire que ces montagnes, les plus hautes de l'univers, euffent été jamais couvertes par l'Océan. Les bancs de coquillage qu'on découvrit quelque tems après au Chili, ne prouvoient pas le contraire, parce qu'ils étoient fur des hauteurs qui n'avoient que cinquante toiſes. Mais depuis que Guanca-Velica a offert des coquilles en nature & des coquilles pétrifiées, les unes & les autres en très-grand nombre, c'eſt une néceſſité de revenir ſur ſes pas, & d'abandonner toutes les conſé-quences qu'on avoit tirées de ce phénomène.

Ce n'eſt pas à Guanca-Velica que le Mercure eſt livré au Public. Le Gouvernement l'envoie dans les Provinces où ſont les mines. Les dépôts ſont au nombre de douze.

GÉOGRAPHIE POLITIQUE.

DES PÉRUVIENS.

L'EMPIRE du Pérou, ſelon quelques Hiſ-toriens Eſpagnols, floriſſoit depuis quatre ſiè-cles. Il avoit été fondé par Manco-Capac & ſa femme Mama-Ocello, qui furent appelés *Incas*, ou *Seigneurs du Pérou*. On a ſoupçonné que ces perſonnages pouvoient être les deſcendans de quelques Navigateurs d'Europe ou des Canaries jetés par la tempête ſur les côtes du Bréſil.

Pour donner une baſe à cette conjecture, on a dit que les Péruviens diviſoient, comme nous, l'année en trois cent ſoixante jours, & qu'ils avoient quelques notions aſtronomiques, telles que les points de l'horizon où le Soleil ſe couche dans les ſolſtices & les équinoxes; bornes que les Espagnols détruisirent comme des monumens de la superstition Indienne. On a dit que la race des Incas étoit plus blanche que les naturels du pays, & que plusieurs individus de la famille du souverain avoient de la barbe : or, on sait qu'il y a des traits, ou difformes ou réguliers, qui se conservent dans quelques races, quoique ces traits ne passent pas constamment de génération en génération. On a dit enfin que c'étoit une tradition généralement répandue dans le Pérou & transmise d'âge en âge, qu'un jour il viendroit par mer des hommes barbus, avec des armes si supérieures que rien ne pourroit leur résister.

Les législateurs se dirent enfans du Soleil, envoyés par leur père pour rendre les hommes bons & heureux. Ils pensèrent, sans doute, que ce préjugé enflammeroit l'ame des peuples qu'ils vouloient civiliser, éléveroit leur courage, & leur inspireroit plus d'amour pour leur patrie, plus de soumission aux loix.

C'étoit à des êtres nuds, errans, sans culture, sans industrie, sans aucune de ces idées morales, qui font les premiers liens de l'union sociale, que ces discours étoient adressés. Quelques-uns de ces barbares, que beaucoup d'autres imitèrent depuis, s'assemblèrent autour des législateurs dans le pays montueux de Cusco.

Manco apprit à ses nouveaux Sujets à féconder la terre, à semer des grains & des légumes, à se vêtir, à se loger. Ocello montra aux Indiennes à filer, à tisser le coton & la laine ; elle leur enseigna tous les exercices convenables à leur sexe, tous les arts de l'économie domestique.

L'astre du feu qui dissipe les ténèbres qui couvrent la terre, qui tire le rideau de la nuit & étale subitement aux regards de l'homme étonné la scène la plus vaste, la plus auguste & la plus riante ; que la gaieté des animaux, le ramage des oiseaux, le cantique de l'être qui pense, saluent à son lever ; qui s'avance majestueusement au-dessus de leurs têtes ; qui embrasse un espace immense dans sa marche à travers les espaces du ciel ; dont le coucher replonge l'univers dans le silence & la tristesse ; qui caractérise les saisons & les climats ; qui forme & dissipe les orages ; qui allume la foudre & qui l'éteint ; qui verse sur les campagnes les pluies qui les fécondent, sur les forêts les pluies qui les nourrissent ; qui anime tout par sa chaleur, embellit tout par sa présence, & dont l'absence jette par-tout la langueur & la mort : le Soleil fut le dieu des Péruviens. Son culte fut institué. On lui bâtit des temples, & on abolit les sacrifices humains. Les descendans des législateurs furent les seuls prêtres de la Nation.

Les loix prononcèrent la peine de mort contre l'homicide, le vol & l'adultère. Cette sévérité ne s'étendit guère à d'autres crimes.

La polygamie étoit défendue. Il n'étoit permis qu'à l'Empereur d'avoir plusieurs femmes, parce qu'on ne pouvoit trop multiplier la race du Soleil. Il les choisissoit parmi les vierges consacrées au temple de Cusco, qui étoient toutes de son sang.

Une institution très-sage ordonnoit qu'un jeune homme qui commettroit une faute seroit légérement puni; mais que son père en seroit responsable. C'est ainsi que la bonne éducation veilloit à la perpétuité des bonnes mœurs.

Il n'y avoit point d'indulgence pour l'oisiveté, regardée avec raison comme la source de tous les désordres. Ceux que l'âge ou les incommodités avoient mis hors d'état de travailler, étoient nourris par le Public, mais avec l'obligation de préserver du dégât des oiseaux les terres ensemencées. Tous les citoyens étoient obligés de faire eux-mêmes leurs habits, d'élever leurs maisons, de fabriquer leurs instrumens d'agriculture. Chaque famille savoit seule pourvoir à ses besoins.

Il étoit ordonné aux Péruviens de s'aimer, & tout les y portoit. Ces travaux communs, toujours égayés par des chants agréables; l'objet

même de ces travaux, qui étoit d'aider quiconque avoit befoin de fecours ; ces vêtemens faits
par les filles vouées au culte du Soleil , & diftribués par les Officiers de l'Empereur aux pauvres , aux vieillards , aux orphelins ; l'union qui
devoit régner dans les décuries , où tout le monde
s'infpiroit mutuellement le refpect des loix , l'a-
mour de la vertu , parce que les châtimens pour
les fautes d'un feul , tomboient fur toute la dé-
curie ; cette habitude de fe regarder comme membres d'une feule famille , qui étoit l'Empire : tous
ces ufages entretenoient parmi les Péruviens , la
concorde , la bienveillance , le patriotifme , un
certain efprit de communauté ; & fubftituoient ,
autant qu'il eft poffible , à l'intérêt perfonnel , à
l'efprit de propriété , aux refforts communs des
autres législations , les vertus les plus fublimes
& les plus aimables.

Elles étoient honorées , ces vertus , comme
les fervices rendus à la patrie. Ceux qui s'étoient
diftingués par une conduite exemplaire , ou par
les actions d'éclat utiles au bien public , portoient pour marque de décoration des habits travaillés par la famille des Incas. Il eft fort vraifemblable que ces ftatues que les Efpagnols prétendoient avoir trouvées dans les temples du Soleil ,
& qu'ils prirent pour des idoles , étoient les ftatues des hommes qui , par la grandeur de leurs

talens, ou par une vie remplie de belles actions, avoient mérité l'hommage ou l'amour de leurs concitoyens.

Ces grands hommes étoient encore les sujets ordinaires des Poëmes composés par la famille des Incas, pour l'instruction des peuples.

Il y avoit un autre genre de Poëme utile aux mœurs. On représentoit à Cusco, & peut être ailleurs, des Tragédies & des Comédies. Les premières donnoient aux Prêtres, aux Guerriers, aux Juges, aux hommes d'Etat, des leçons de leurs devoirs, & des modèles de vertus publiques. Les Comédies servoient d'instruction aux conditions inférieures, & leur enseignoient les vertus privées, & jusqu'à l'économie domestique.

L'Etat entier étoit distribué en décuries, avec un Officier chargé de veiller sur dix familles qui lui étoient confiées. Un Officier supérieur avoit la même inspection sur cinquante familles ; d'autres enfin sur cent, sur cinq cents, sur mille.

Les décurions, & les autres Inspecteurs, en remontant jusqu'au millenaire, devoient rendre compte à celui-ci des bonnes & des mauvaises actions, solliciter le châtiment ou la récompense, avertir si l'on manquoit de vivres, d'habits, de grains pour l'année. Le millenaire rendoit compte au Ministre de l'Inca.

Rarement

Rarement avoit-il à porter des plaintes contre la partie de la Nation confiée à sa vigilance. Dans une région où tous les devoirs étoient censés prescrits par le Soleil, où le moindre manquement étoit regardé comme un sacriiege, les règles ne devoient guère être transgressées. Lorsque ce malheur arrivoit, les coupables alloient eux-mêmes révéler leurs fautes les plus secrettes, & demander à les expier. Ces peuples disoient aux Espagnols, qu'il n'étoit jamais arrivé qu'un homme de la famille des Incas eût mérité d'être puni.

Les terres du Royaume, susceptibles de culture, étoient partagées en trois parts, celle du Soleil, celle de l'Inca, & celle des peuples. Les premières se cultivoient en commun, ainsi que les terres des orphelins, des veuves, des vieillards, des infirmes, & des soldats qui étoient à l'armée. Celles-ci se cultivoient immédiatement après celles du Soleil, & avant celles de l'Empereur. Des fêtes annonçoient ce travail; on le commençoit & on le continuoit au son des instrumens, & en chantant des cantiques.

L'Empereur ne levoit aucun tribut, & n'exigeoit de ses Sujets que la culture de ses terres, dont le produit, déposé par-tout dans des magasins publics, suffisoit à toutes les dépenses de l'Empire.

Les terres consacrées au Soleil fournissoient à l'entretien des prêtres & des temples, à tout ce qui concernoit le culte religieux. Elles étoient en partie labourées par des Princes de la famille Royale, revêtus de leurs plus riches habits.

A l'égard des terres qui étoient entre les mains des Particuliers, elles n'étoient ni un héritage, ni même une propriété à vie. Leur partage varioit continuellement, & se régloit avec une équité rigoureuse sur le nombre de têtes qui composoient chaque famille. Les richesses se bornoient toujours au produit des champs dont l'Etat avoit confié l'usufruit passager.

Les peuples encouragés par ces commodités, qui laissoient peu de chose à faire à leur industrie, se livrèrent à des travaux que la nature de leur sol, de leur climat & de leurs consommations rendoit très-légers. Mais malgré tous ces avantages; malgré la vigilance, toujours active, du Magistrat; malgré la certitude de ne pas voir leurs moissons ravagées par un voisin inquiet, les Péruviens ne s'élevèrent jamais au-dessus du plus étroit nécessaire.

Les Péruviens, à la source de l'or & de l'argent, ne connoissoient pas l'usage de la monnoie. Ils n'avoient pas proprement de commerce; & les arts de détail, qui tiennent aux premiers besoins de la vie sociale, étoient for imparfaits chez eux. Toutes leurs sciences étoient dans la mémoire , & toute leur industrie dans l'exemple. Ils apprenoient leur religion & leur histoire par des cantiques , leurs devoirs & leurs professions par le travail & l'imitation.

Leur législation étoit sans doute imparfaite & très-bornée , puisqu'elle supposoit le Prince toujours juste & infaillible , & les Magistrats intègres comme le Prince ; puisque non-seulement le Monarque , mais un décurion , un centenaire , un millenaire , tous les Préposés pouvoient changer à leur gré la destination des peines & des récompenses. Chez ce peuple , privé de l'avantage inappréciable de l'écriture , les loix les plus sages n'ayant aucun principe de stabilité , devoient s'altérer insensiblement , sans qu'il restât aucun moyen pour les ramener à leur caractère primitif.

Les contre-poids de ces dangers se trouvoient dans l'ignorance absolue des monnoies d'or & d'argent : ignorance qui rendoit impossible dans un despote Péruvien la funeste manie de thésauriser. Ils se trouvoient dans la constitution de l'Empire , qui avoit déterminé la quotité du revenu du Souverain , en déterminant la portion des terres qui lui appartenoient. Ils se trouvoient dans des besoins plus étendus , toujours faciles à satisfaire , & qui rendoient le peuple heureux

& attaché à son Gouvernement. Ils se trouvoient dans la force des opinions religieuses, qui faisoient de l'observation des loix un principe de conscience. Le despotisme des Incas étoit ainsi fondé sur une confiance mutuelle entre le Souverain & les peuples ; confiance qui étoit le fruit des bienfaits du Prince , de la protection constante qu'il accordoit à tous ses Sujets , & de l'intérêt sensible qu'ils avoient à lui être soumis.

Quant aux monumens publics, aux grandes villes, aux fortifications, on peut croire que les Espagnols les ont fort exagérés dans leurs récits. Un peuple qui n'avoit que la ressource de ses bras pour porter ou traîner les plus grosses masses , un peuple qui ignoroit l'usage des leviers & des poulies, pouvoit-il exécuter de plus grandes choses ?

Les *quipos* remplaçoient, chez les Péruviens, l'art de l'écriture qui leur étoit inconnu. C'étoient, a-t-on dit, des registres de corde, où des nœuds variés & des couleurs diverses retraçoient les faits dont il étoit important ou agréable de conserver le souvenir , & qui étoient gardés par des dépositaires de confiance établis par l'autorité publique. Il seroit peut-être téméraire d'affirmer que ces espèces d'hyérogliphes, dont nous n'avons jamais eu que des descriptions obscures, ne pouvoient donner aucune lumière sur les événemens paffés. Cependant, en voyant les erreurs qui fe gliffent dans nos Hiftoires, malgré tant de facilités pour les éviter, on ne fera guère porté à croire que des annales auffi fingulières que celles dont il s'agit ici, aient jamais pu mériter beaucoup de confiance.

Quelques figures d'animaux, d'infectes d'or maffif, long-tems confervées dans le tréfor de Quito, auroient pu nous donner une idée de leurs talens dans l'art d'employer les métaux. Mais elles furent fondues en 1740, pour fecourir Carthagène affiégée par les Anglois; & il ne fe trouva pas dans tout le Pérou un Efpagnol affez curieux, pour acheter une feule pièce au poids.

Il eft probable que les Péruviens n'étoient guère avancés dans les fciences un peu compliquées. La plupart dépendent du progrès des arts, & ceux-ci des hafards qui ne font produits par la nature que dans la fuite des fiècles, & dont la plupart font perdus pour les peuples qui reftent fans communication avec les peuples éclairés.

En réduifant les chofes à la vérité, nous trouverons que les Péruviens étoient parvenus à fondre l'or & l'argent, & à les mettre en œuvre. Avec ces métaux, ils faifoient des ornemens, la plupart très-minces, pour les bras, pour le cou, pour le nez, pour les oreilles ; & des statues creuses, sans soudure, qui, sculptées ou fondues, n'avoient pas plus d'épaisseur. Rarement ces riches matières étoient-elles converties en vases. Leurs vases ordinaires étoient d'une argille très fine, facilement travaillée, & de la grandeur, de la forme convenables aux usages pour lesquels ils étoient destinés. Les poids n'étoient pas inconnus, & l'on découvre de tems en tems des balances dont les bassins sont d'argent & ont la figure d'un cône renversé. Deux espèces de pierres, l'une molle & l'autre dure, l'une entièrement opaque & l'autre un peu transparente, l'une noire & l'autre couleur de plomb, servoient de miroir : on étoit parvenu à leur donner un poli suffisant pour réfléchir les objets. La laine, le coton, les écorces d'arbres recevoient des mains de ce peuple un tissu plus ou moins serré, plus ou moins grossier, dont on s'habilloit, dont on faisoit même quelques meubles. Ces étoffes, ces toiles étoient teintes en noir, en bleu & en rouge par le moyen du rocou, de différentes herbes, & d'une fève sauvage qui croît dans les montagnes. On donnoit aux émeraudes toutes les figures. Ce qu'on en tire assez souvent des tombeaux, la plupart fort élevés, où les citoyens distingués se faisoient enterrer avec ce qu'ils possédoient de plus rare, prouve que ces pierres précieuses avoient une perfection qu'on ne leur a pas retrouvée ailleurs. D'heureux hasards offrent quelquefois des ouvrages de cuivre rouge, des ouvrages de cuivre jaune, & d'autres ouvrages qui participent de ces deux couleurs ; d'où l'on a conclu que les Péruviens connoissoient le mélange des métaux. Une chose plus importante, c'est que ce cuivre n'est jamais rouillé, qu'il ne s'y attache jamais de verd-de-gris ; ce qui paroît prouver que ces Indiens faisoient entrer dans sa préparation quelques matières qui le préservoient de ces inconvéniens funestes. Il faut regretter que l'art utile de le tremper ainsi ait été perdu, ou par le découragement des naturels du pays, ou par le mépris que les conquérans avoient pour tout ce qui n'avoit point de rapport avec leur passion pour les richesses.

Mais avec quels instrumens s'exécutoient tous ces ouvrages, chez un peuple qui ne connoissoit pas le fer, regardé, avec raison, comme l'ame de tous les arts ? Il ne s'est rien conservé dans les maisons particulières, & l'on ne découvre rien dans les monumens publics ni dans les tombeaux, qui donne les lumières qu'il faudroit pour résoudre ce problême. Peut-être les marteaux, les maillets dont on se servoit étoient-ils de quelque matière que le tems aura pourrie ou défigurée ? Si l'on fe refufoit à cette conjecture, il faudroit dire que tout s'opéroit avec des haches de cuivre qui fervoient auffi d'armes à la guerre. En ce cas, il falloit que le travail, le tems, la patience tinffent lieu aux Péruviens des outils qui leur manquoient.

Ce fut peut-être encore avec les haches de cuivre ou de caillou & un frottement opiniâtre, qu'ils parvinrent à tailler les pierres, à les bien équarrir, à les rendre parallèles, à leur donner la même hauteur & à les joindre fans ciment. Malheureufement, ces inftrumens n'avoient pas la même activité fur le bois que fur la pierre. Auffi les mêmes hommes, qui travailloient le granit, qui foroient l'émeraude, ne furent-ils jamais affembler une charpente par des mortaifes, des tenons & des chevilles ; elle ne tenoit aux murailles que par des liens de jonc. Les bâtimens les plus remarquables n'avoient qu'un couvert de chaume foutenu par des mâts, comme les tentes de nos armées. On ne leur donnoit qu'un étage. Iis ne prenoient de jour que par la porte, & n'avoient que des pièces détachées fans communication.

État du Pérou.

La côte immenfe qui s'étend depuis Panama jufqu'à Tombès, & qui, en 1718, fut détachée du Pérou, pour être incorporée au nouveau Royaume, est une des plus misérables régions du globe. Des marais vastes & nombreux en occupent une grande partie. Ce qu'ils ne couvrent pas est inondé durant plus de six mois chaque année par des pluies qui tombent en torrens. Du sein de ces eaux croupissantes & mal-saines s'élèvent des forêts aussi anciennes que le monde, & tellement embarrassées de lianes, que l'homme le plus fort ou le plus intrépide ne sauroit y pénétrer. Des brouillards épais & fréquens jettent un voile obscur sur ces hideuses campagnes. Aucune des productions de l'ancien hémisphère ne sauroit croître dans ce sol ingrat, & celles mêmes du nouveau n'y prospèrent guère. Aussi n'y voit-on qu'un très-petit nombre de sauvages la plupart errans, & si peu d'Espagnols, qu'on pourroit presque dire qu'il n'y en a point. La côte est heureusement terminée par le golfe de Guayaquil, où la nature est moins dégradée.

Le fleuve de ce nom vit s'élever, en 1533, la seconde ville que les Espagnols bâtirent dans le Pérou. Les Indiens ne laissèrent pas subsister longtems ce monument érigé contre leur liberté : mais il fut rétabli quatre ans après par Orellana. Ce ne fut plus dans la baie de Charopte, qui avoit été d'abord choisie, qu'on le plaça. La croupe d'une montagne éloignée de la rivière de cinq à six cents toises, fut préférée. Les besoins de commerce déterminèrent dans la suite les Négocians à former leurs habitations sur la rive même. L'espace qui les séparoit de leur première demeure a été occupé successivement ; & aujourd'hui les deux quartiers sont entièrement réunis. Dans la ville basse & dans la ville haute, les maisons sont généralement en bois. Autrefois, toutes étoient couvertes de chaume. Il disparoît peu-à-peu par les ordres du Gouvernement , qui a cru ce réglement nécessaire pour prévenir les accidens du feu si ordinaires dans ces climats. Guayaquil étoit naguère un lieu absolument ouvert. Il est maintenant sous la protection de trois Forts, gardés seulement par ses habitans. Ce sont de grosses poutres disposées en palissades. Sur ce sol toujours humide & submergé une grande partie de l'année , du bois que l'eau ne pourrit jamais , est préférable aux ouvrages en terre ou en pierre les mieux entendus.

C'est une particularité aujourd'hui connue, que sur la côte de Guayaquil , aussi-bien que sur celle de Guatimala, se trouvent les limaçons qui donnent cette pourpre si célébrée par les Anciens , & que les Modernes ont cru perdue. La coquille qui les renferme est attachée à des rochers que la mer baigne. Elle a le volume d'une grosse noix. On peut extraire la liqueur de cet animal de deux manières. Les uns le tuent après l'avoir tiré de fa coquille, le preffent avec un couteau depuis la tête jufqu'à la queue, féparent du corps la partie où s'eft amaffée la liqueur, & jettent le refte. Quand cette manœuvre, répétée fur plufieurs limaçons, a donné une certaine quantité de liqueur, on y plonge le fil qu'on veut teindre, & l'opération eft faite. La couleur, d'abord blanc de lait, devient enfuite verte, & n'eft pourpre que lorfque le fil eft fec.

Ceux qui n'aiment pas cette méthode, tirent en partie l'animal de fa coquille, &, en le comprimant, lui font rendre fa liqueur. On répète cette opération jufqu'à quatre fois en différens tems, mais toujours moins utilement. Si l'on continue, l'animal meurt à force de perdre ce qui faifoit le principe de fa vie, & qu'il n'a plus la force de renouveller.

On ne connoît point de couleur qui puiffe être comparée à celle dont nous parlons, ni pour l'éclat, ni pour la durée. Elle réuffit mieux avec le coton qu'avec la laine, le lin ou la foie.

Ce n'eft guère qu'un objet de curiofité: mais Guayaquil fournit aux Provinces voifines des bœufs, des mulets, du fel, du poiffon. Il fournit une grande abondance de cacao au Mexique & à l'Europe. C'eft le chantier univerfel de la mer du Sud, & il pourroit le devenir en partie de la Métropole. On ne connoît point de contrée sur la terre qui soit plus riche en mâtures & en bois de construction. Le chanvre & le goudron qui lui manquent, lui viennent du Chili & du Guatimala.

Cette ville est l'entrepôt nécessaire de tout le commerce que le bas Pérou, Panama & le Mexique veulent faire avec le pays de Quito. Toutes les marchandises que ces contrées échangent, passent par les mains de ses Négocians. Les plus gros des navires s'arrêtent à l'île de Puna, à six ou sept lieues de la Place. Les autres peuvent remonter trente-cinq lieues dans le fleuve jusqu'à Caracol.

Malgré tant de moyens de s'élever, Guayaquil, dont la population est de vingt mille ames, n'a que de l'aisance. Les fortunes y ont été successivement renversées par neuf incendies, & par des corsaires qui ont deux fois saccagé la ville. Celles qui ont été faites depuis ces funestes époques n'y sont pas restées. Un climat où les chaleurs sont intolérables toute l'année, où les pluies sont continuelles pendant six mois, où des insectes dégoûtans & dangereux ne laissent pas un instant de tranquillité, où paroissent s'être réunies les maladies des températures les plus opposées, où l'on vit dans la crainte continuelle de perdre la vue : un tel climat n'est guère propre à fixer fes habitans. Auffi n'y voit-on que ceux qui n'ont pas acquis affez de bien pour aller couler ailleurs des jours heureux dans l'oifiveté & dans la molleffe.

En quittant le territoire de Guayaquil, on entre dans les vallées du Pérou. Elles occupent quatre cents lieues d'une côte, femées d'un grand nombre de mauvaifes rades, parmi lefquelles un heureux hafard a placé un ou deux affez bons ports. Dans tout ce vafte efpace, il n'y a pas la trace d'un feul chemin ; & il faut la parcourir fur des mules pendant la nuit, parce que la réverbération du Soleil en rend les fables impraticables durant le jour. A des diftances de trente ou quarante lieues, on trouve les petites villes de Piura, de Peyta, de Santa, de Pifco, de Nafca, d'Ica, de Moquequa, d'Arica, & dans l'intervalle un petit nombre de hameaux ou de bourgades. Il n'y a dans toute cette étendue que trois villes dignes de ce nom : Truxillo, qui a neuf mille habitans, Arequipa qui en a quarante mille, & Lima qui en a cinquante-quatre mille. Ces divers Etabliffemens ont été formés par-tout où il y avoit quelque veine de terre végétale, & par-tout où les eaux pouvoient fertilifer un limon naturellement aride.

Le pays offre les fruits propres à ce climat & la plupart de ceux de l'Europe. La culture du maïs, du piment & du coton qui s'y trouvoit établie, ne fut pas abandonnée ; on y porta celle du froment, de l'orge, du manioc, des pommes de terre, du fucre, de l'olivier & de la vigne. La chèvre y a beaucoup réuffi ; mais la brebis a dégénéré, & fa toifon eft extrêmement groffière. Dans toutes les vallées, il n'y a qu'une mine ; & c'eft celle de Huantajaha.

Dans le haut Pérou, à cent vingt lieues de la mer, eft Cufco, bâtie par le premier des Incas, dans un terrein fort inégal, & fur le penchant de plufieurs collines. Ce ne fut d'abord qu'une foible bourgade qui, avec le tems, devint une cité confidérable qu'on divifa en autant de quartiers qu'il y avoit de Nations incorporées à l'Empire. Chaque peuple avoit la liberté de fuivre fes anciens ufages : mais tous devoient adorer l'aftre brillant qui féconde le globe. Aucun édifice n'avoit de la majefté, de l'agrément, des commodités, parce qu'on ignoroit les premiers principes de l'architecture. Le temple du Soleil lui-même ne pouvoit être diftingué des autres bâtimens publics ou particuliers, que par fon étendue, & par l'abondance des métaux prodigués pour fon ornement.

Au Nord de cette Capitale étoit une efpèce de citadelle, élevée avec beaucoup de foin, de travail & de dépenfe. Les Efpagnols parlèrent long-tems de ce monument de l'induſtrie Péruvienne avec une admiration qui ſubjugua l'Europe entière. Des gens éclairés ont vu ces ruines, & le merveilleux a diſparu. On s'eſt enfin convaincu que cette fortification n'avoit guère d'autre ſupériorité ſur les autres ouvrages du même genre érigés dans le pays, que d'avoir été conſtruite avec des pierres plus conſidérables.

A quatre lieues de la ville étoient les maiſons de campagne des Grands & des Incas, dans la ſalubre & délicieuſe vallée d'Yucai. C'eſt-là qu'on alloit rétablir ſa ſanté ou ſe délaſſer des fatigues du Gouvernement.

Après la conquête, la Place ne conſerva guère que ſon nom. Ce furent d'autres édifices, d'autres habitans, d'autres occupations, d'autres mœurs, d'autres préjugés, une autre religion. Cuſco compte ſous ces nouveaux maîtres 26,000 habitans.

Au milieu des montagnes ſe voient encore quelques autres villes : Chupuiſaca ou la Plata qui a treize mille ames ; Potoſi, vingt-cinq mille ; Oropeſa, dix-ſept mille ; la Paz, vingt mille ; Guanca-Velica, huit mille ; Huamanga, dix-huit mille cinq cents.

Mais qu'on le remarque bien, aucune de ces villes ne fut élevée dans les contrées qui offroient un terroir fertile, des moiſſons abondantes, des pâturages excellens, un climat doux & ſain, toutes les commodités de la vie. Ces lieux , ſi bien cultivés juſqu'alors par des peuples nombreux & floriſſans , n'attirèrent pas un ſeul regard. Bientôt , ils ne préſentèrent que le tableau déplorable d'un déſert affreux , & cette confuſion plus triſte & plus hideuſe que ne devoit l'être l'aſpect ſauvage de la terre avant l'origine des ſociétés.

Les naturels du pays n'avoient guère vécu juſqu'alors que de maïs , de fruits & de légumies , où il n'entroit d'autre aſſaiſonnement que du ſel & du piment. Leurs liqueurs , compoſées de différentes racines , étoient plus variées. La chica étoit la plus commune. C'eſt du maïs trempé dans l'eau , & retiré du vaſe lorſqu'il commence à pouſſer ſon germe. On le fait ſécher au ſoleil , puis un peu rôtir & enfin moudre. La farine bien pétrie & miſe avec de l'eau dans de grandes cruches , la fermentation ne ſe fait pas attendre plus de deux ou trois jours , & ne doit pas durer plus long-tems. Le grand inconvénient de cette boiſſon qui , priſe avec peu de modération , enivre infailliblement , eſt de ne pouvoir pas ſe conſerver plus de ſept ou huit jours ſans s'aigrir. Son goût reſſemble aſſez à celui du cidre inférieur.

Toutes les cultures établies dans l'Empire avoient uniquement pour but les premiers beſoins.

foins. Il n'y avoit pour la volupté que la feule coca. C'eft un arbriffeau qui fe ramifie beaucoup, & ne s'élève guère au-deffus de trois ou quatre pieds.

La feuille de la coca faifoit les délices des Péruviens. Ils la mâchoient après l'avoir mêlée avec une terre d'un gris blanc, & de nature favonneufe, qu'ils nommoient *tocera*. C'étoit, dans leur opinion, un des plus falutaires reftaurans qu'ils puffent prendre. Leur goût pour la coca a fi peu varié, que fi elle venoit à manquer à ceux d'entr'eux qui font enterrés dans les mines, ils cefferoient de travailler, quelques rigueurs qu'on pût employer pour les y contraindre.

Les conquérans ne s'accommodèrent, ni de la nourriture, ni des boiffons du peuple vaincu. Ils naturalisèrent librement & avec fuccès tous les grains, tous les fruits, tous les quadrupèdes de l'Ancien Hémifphère dans le Nouveau. La métropole, qui s'étoit propofée de fournir à fa Colonie des vins, des huiles, des eaux-devie, voulut d'abord interdire la culture de la vigne & de l'olivier; mais on ne tarda pas à comprendre qu'il feroit impoffible de faire paffer régulièrement au Pérou des objets fujets à tant d'accidens & d'un fi gros volume, & il fut per-

mis de les y multiplier , autant que le climat &
les befoins le comporteroient.

Après avoir pourvu à une fubfiſtance meilleure
& plus variée , les Efpagnols voulurent avoir un
habillement plus commode & plus agréable que
celui des Péruviens. C'étoit pourtant le peuple
de l'Amérique le mieux vêtu. Il devoit cette
fupériorité à l'avantage qu'il avoit d'avoir des
animaux domeſtiques qui lui fervoient à cet
ufage , le lama & le paco.

Le lama eſt un animal haut de quatre pieds &
long de cinq ou fix ; mais le cou feul occupe la
moitié de cette longueur. Il a la tête bien faite ,
avec de grands yeux , un mufeau alongé & les
lèvres épaiſſes. Sa bouche n'a point de dents incifives à la mâchoire fupérieure. Il a les pieds
fourchus comme le bœuf , mais aidés d'un éperon
en arrière qui lui fert à s'accrocher dans les endroits efcarpés où il aime à grimper. Une laine
courte fur le dos , mais longue fur les flancs &
fous le ventre , fait partie de fon utilité. Les
femelles du lama n'ont que deux mamelles , jamais plus de deux petits , & communément un
feul qui fuit la mère en naiſſant. Son accroiſſement eſt prompt , & fa vie aſſez courte. A trois
ans , il fe reproduit , conferve fa vigueur jufqu'à
douze , puis dépérit & finit vers quinze.

On emploie les lamas, comme les mulets, à
tranſporter ſur le dos des charges d'environ cent
livres. Ils vont lentement, mais d'un pas grave
& ferme ; faiſant quatre ou cinq lieues par jour,
dans des pays impraticables pour les autres animaux ; deſcendant des ravines & graviſſant des
rochers où les hommes ne ſauroient les ſuivre.
Après quatre ou cinq jours de marche, ils prennent d'eux-mêmes un repos de vingt-quatre
heures.

La nature les a faits pour les hommes du climat
où ils naiſſent, doux, meſurés & flegmatiques
comme les Péruviens. Pour s'arrêter, ils plient
les genoux & baiſſent le corps avec la précaution de ne pas déranger leur charge. Au coup du
ſifflet de leur conducteur, ils ſe relèvent avec la
même attention & marchent. Ils broutent en
chemin l'herbe qu'ils rencontrent, & ruminent
la nuit, même en dormant, appuyés ſur la poitrine & les pieds repliés ſous le ventre. Le jeûne
ni le travail ne les rebuent point, tandis qu'ils
ont des forces ; mais quand ils ſont excédés ou
qu'ils ſuccombent ſous le faix, il eſt inutile de
les harceler ou de les fraper ; ils s'obſtinent juſqu'à ſe tuer en frappant de la tête contre la
terre. Jamais ils ne ſe défendent, ni des pieds,
ni des dents ; & dans la fureur de l'indignation,

ils fe contentent de cracher à la face de ceux qui les infultent.

Le paco eft au lama, ce que l'âne eft au cheval, une efpèce de fuccurfale plus petite, avec des jambes plus courtes, un muffle plus ramaffé; mais du même naturel, des mêmes mœurs, du même tempéramment que le lama; fait, comme lui, à porter des fardeaux; plus obftiné dans fes caprices, peut-être parce qu'il eft plus foible.

Les lamas & les pacos font d'autant plus utiles à l'homme, que leur fervice ne lui coûte rien. Leur fourrure épaiffe leur tient lieu de bât. Le peu d'herbe qu'ils trouvent en marchant fuffit pour leur nourriture, & leur fournit une falive abondante & fraîche qui les difpenfe de boire.

Du tems des Incas, les peuples montroient un grand attachement pour ces animaux utiles, & cette bienveillance s'eft perpétuée. Avant de les employer aux travaux pour lefquels ils font propres, les Péruviens affemblent leurs parens, leurs amis, leurs voifins. Auffi-tôt que l'affemblée eft formée, ils commencent des danfes & des feftins qui durent deux jours & deux nuits. De tems en tems, les convives vont rendre vifite aux lamas & aux pacos, leur tiennent des difcours pleins de fentiment, & leur prodiguent toutes les tendreffes qu'on feroit à la perfonne la plus chérie. On commence enfuite à s'en fervir ; mais fans les dépouiller des rubans & des bandelettes dont on avoit paré leur tête.

Parmi les lamas, il y a une efpèce fauvage, qu'on nomme *guanacos*, plus forts, plus vifs & plus légers que les lamas domeftiques, courant comme le cerf, grimpant comme le chamois, couvert d'une laine courte & de couleur fauve. Quoique libres, ils aiment à fe raffembler en troupes, quelquefois de deux ou trois cents. S'ils voient un homme, ils le regardent d'abord d'un air plus étonné que curieux. Enfuite foufflant des narines & henniffant, ils courent tous enfemble au fommet des montagnes. Ces animaux cherchent le Nord, voyagent dans les glaces, féjournent au-deffus de la ligne de neige ; vigoureux & nombreux dans les hauteurs des Cordilières ; chétifs & rares au bas de montagnes. Quand on en fait la chaffe pour avoir leur toifon, s'ils gagnent leurs rochers, ni les chiens, ni les chaffeurs ne peuvent les atteindre.

Les vigognes, efpèce fauvage de pacos, fe plaifent encore plus dans le froid & fur les montagnes. Elles font fi timides que leur frayeur même les livre au chaffeur. Des hommes les entourent & les pouffent dans des défilés, à l'iffue defquels on a fufpendu des morceaux de drap ou de linge fur des cordes élevées de trois ou quatre pieds. Ces lambeaux agités par le vent, leur font tant de peur, qu’elles restent accroupies & serrées l’une contre l’autre, se laissant plutôt tuer que de s’enfuir. Mais s’il se trouve parmi les vigognes quelque guanaco, qui plus hardi, saute par-dessus les cordes, elles le suivent & s’échappent.

Tous ces animaux appartiennent tellement à l’Amérique Méridionale, & sur-tout aux plus hautes Cordilières, qu’on n’en voit jamais du côté du Mexique, où ces montagnes s’abaissent considérablement. On a tenté de les naturaliser en Europe; mais ils y ont tous péri. Sans penser que ces animaux, au Pérou même, cherchoient le plus grand froid, les Espagnols les ont transportés dans les plaines brûlantes de l’Andalousie. Ces espèces auroient peut-être réussi sur les Alpes ou les Pyrénées.

La chair des lamas & des pacos peut être mangée quand ils sont jeunes. La peau des vieux sert aux Indiens de chaussure, aux Esagnols pour des harnois. Il est possible aussi de se nourrir du guanaco; mais la vigogne n’est recherchée que pour sa toison & pour les bezoards qu’elle produit.

Tous ces animaux n’ont pas une laine égale. Celle du lama & du paco, qui sont domestiques, est fort inférieure à celle du guanaco, & sur-tout à celle du vigogne. On trouve même une grande différence dans la laine du même animal. Celle du dos eſt communément d'un blond clair & de qualité médiocre ; ſous le ventre, elle eſt blanche & fine ; blanche & groſſière dans les cuiſſes. Son prix, en Eſpagne, eſt depuis quatre juſqu'à neuf francs la livre peſant, ſelon ſa qualité.

Ces toiſons étoient utilement employées au Pérou, avant que l'Empire eût ſubi un joug étranger. Cuſco en fabriquoit, pour l'uſage de la Cour, des tapiſſeries ornées de fleurs, d'oiſeaux, d'arbres aſſez bien imités. Elles ſervoient ailleurs à faire des mantes qui couvroient une chemiſe de coton. On les retrouſſoit pour avoir les bras libres. Les Grands les attachoient avec des agraphes d'or & d'argent : leurs femmes avec des épingles des mêmes métaux couronnées d'émeraudes, & le peuple avec des épines. Dans les pays chauds, les mantes des hommes en place étoient de toile de côton aſſez fine & teinte de pluſieurs couleurs. Les gens du commun, ſous le même climat, n'avoient pour tout vêtement qu'une ceinture tiſſue de filamens d'écorce d'arbre, qui couvroit, dans les deux ſexes, ce que la pudeur défend de montrer.

Avec la laine de vigogne, on fabrique, dans pluſieurs Provinces, des bas, des mouchoirs, des écharpes. Cette laine, mêlée avec la laine extrêmement dégénérée des moutons venus d'Europe, fert à faire des tapis & des draps paffables. Cette dernière feule eft convertie en ferges & en d'autres étoffes groffières.

Les manufactures de luxe font établies à Arequipa, à Cufco & à Lima. De ces trois grandes villes partent tous les bijoux & tous les diamans, toute la vaiffelle des particuliers & toute l'argenterie des Eglifes. Ces ouvrages font groffiérement travaillés & mêlés de beaucoup de cuivre. On ne retrouve guère plus de goût & de perfection dans les galons, dans les broderies, dans les dentelles qui fortent des mêmes atteliers.

D'autres mains s'exercent à dorer les cuirs, à faire avec du bois & de l'ivoire des morceaux de marqueterie & de fculpture, à tracer quelques figures fur des marbres trouvés depuis peu à Cuenca, ou fur des toiles de lin venues de l'Ancien Hémifphère. Ces productions, d'un art imparfait, fervent à la décoration des maifons, des palais, des temples. Le deffein n'en eft pas abfolument mauvais; mais les couleurs manquent de vérité & ne font pas durables. Cette induftrie appartient prefqu'exclufivement aux Indiens fixés à Cufco, & moins opprimés, moins abrutis fur ce théatre de leur première gloire, que dans tout le refte. Si ces Américains, à qui la nature a refufé l'efprit d'invention, mais qui favent imiter, avoient eu d'excellens modèles & des maîtres habiles, ils feroient devenus du moins de bons copiftes. On porta à Rome, fur la fin du fiècle dernier, des ouvrages d'un Peintre Péruvien, nommé *Michel de Saint-Jacques*, où les connoiffeurs trouvèrent du génie.

Singularités remarquables dans la Province de Quito.

CETTE Province a une étendue immenfe ; mais la plus grande partie de ce vafte efpace eft remplie de forêts, de marais, de déferts où l'on ne rencontre que de loin en loin quelques fauvages errans. Il n'y a proprement d'occupé, de gouverné par les Efpagnols, qu'une vallée de quatre-vingts lieues de long & de quinze de large, formée par deux branches des Cordilières.

C'eft un des plus beaux pays du monde. Même au centre de la Zone Torride, le printems eft perpétuel. La nature a réuni fous la ligne, qui couvre tant de mers & fi peu de terre, tout ce qui pouvoit tempérer les ardeurs de l'aftre bienfaifant qui féconde tout : l'élévation du globe dans cette fommité de la fphère : le voifinage des montagnes d'une hauteur, d'une étendue prodigieufes & toujours couvertes de neige : des vents continuels qui rafraîchiffent les campagnes toute l'année, en interrompant l'activité des rayons perpendiculaires de la chaleur. Cependant, après une matinée généralement délicieuse, des vapeurs commencent à s'élever vers une heure ou deux. L'air se couvre de sombres nuées qui se convertissent en orages. Tout luit alors, tout paroît embrâsé du feu des éclairs. Le tonnerre fait retentir les monts avec un fracas horrible. De tems en tems d'affreux tremblemens s'y joignent. Quelquefois la pluie ou le soleil sont constans quinze jours de suite ; & , à cette époque, la consternation est universelle. L'excès de l'humidité ruine les semences , & la sécheresse enfante des maladies dangereuses.

Mais , si l'on excepte ces contre-tems, infiniment rares , le climat est un des plus sains. L'air y est si pur , qu'on n'y connoît pas ces insectes dégoûtans qui affligent l'Amérique presque entière.

L'humidité & l'action du soleil étant continuelles & toujours suffisantes pour développer & pour fortifier les germes, l'habitant a sans cesse sous les yeux l'agréable tableau des trois belles saisons de l'année. A mesure que l'herbe se desséche, il en revient d'autre ; & l'émail des prairies est à peine tombé qu'on le voit renaître. Les arbres sont sans cesse couverts de feuilles vertes & ornés de fleurs odoriférantes; sans cesse chargés de fruits , dont la couleur, la forme & la beauté varient par tous les degrés de développement qui vont de la naiffance à la maturité. Les grains s'élèvent dans les mêmes progreffions d'une fécondité toujours renaiffante. On voit d'un coup d'œil germer les femences nouvelles ; d'autres grandir & fe hériffer d'épis ; d'autres jaunir ; d'autres enfin tomber fous la faucile du moiffonneur. Toute l'année fe paffe à femer & à recueillir dans l'enceinte du même horizon. Cette variété conftante tient uniquement à la diverfité des expofitions.

C'eft la partie du Continent américain la plus peuplée. On voit dix ou douze mille habitans à Saint-Michel d'Ibarra. Dix-huit ou vingt mille à Otabalo. Dix à douze mille à Latacunga. Dix-huit à vingt mille à Riobamba. Huit à dix mille à Hambato. Vingt-cinq à trente mille à Cuenca. Dix mille à Loxa, & fix mille à Zaruma. Les campagnes n'offrent pas moins d'hommes que les villes.

La population feroit certainement moins confidérable, fi, comme en tant d'autres lieux, elle avoit été enterrée dans les mines. Des écrits fans nombre ont blâmé les habitans de cette contrée d'avoir laiffé tomber celles qui furent ouvertes au tems de la conquête, & d'avoir négligé celles qui ont été découvertes fucceffivement. Le reproche paroît mal fondé à des gens éclairés qui ont vu les chofes de très-près. Ils penfent généralement que les mines de ce diftrict ne font pas affez abondantes pour foutenir les frais qu'il faudroit faire pour les exploiter.

Dans le pays de Quito, les manufactures exercent les bras qu'énervent ailleurs les mines. On y fabrique beaucoup de chapeaux, beaucoup de toiles de coton, beaucoup de draps groffiers. Avec le produit de ce qu'en confommoient les différentes contrées de l'Amérique Méridionale, il payoit les vins, les eaux-de-vie, les huiles qu'il ne lui fut jamais permis de demander à fon fol ; le poiffon fec & falé qui lui venoit des côtes ; le favon fait avec de la graiffe de chèvre, que lui fourniffoient Piura & Truxillo ; le fer en nature ou travaillé qu'exigeoient fa culture & fes atteliers ; le peu qu'il lui étoit poffible de confommer des marchandifes de notre Hémifphère. Ces reffources ont bien diminué depuis qu'il s'eft établi des fabriques du même genre dans les Provinces voifines, fur-tout depuis que le meilleur marché des toileries & des lainages de l'Europe en a fingulièrement étendu l'ufage. Auffi le pays eft-il tombé dans la plus extrême mifère.

Il faut que les richeffes naturelles foient confommées fur le même terrein qui les a produites. Le quinquina eft la feule production qui jufqu'ici ait pu être exportée de cette Province.

L'arbre qui donne ce précieux remède pousse une tige droite, & s'élève beaucoup lorsqu'on l'abandonne à lui-même. Son tronc & ses branches sont proportionnés à sa hauteur. Les feuilles opposées, réunies à leur base par une membrane ou stipule intermédiaire, sont ovales, élargies par le bas, aiguës à leur sommet, très-lisses & d'un beau verd.

Cet arbre croît sur la pente des montagnes. Sa seule partie précieuse est son écorce, connue par sa vertu fébrifuge, & à laquelle on ne donne d'autre préparation que de la faire sécher. La plus épaisse a été préférée, jusqu'à ce que des analyses & des expériences réitérées aient démontré que l'écorce mince avoit plus de vertu.

Les habitans distinguent trois espèces, ou plutôt trois variétés de quinquina. Le jaune & le rouge qui sont également estimés & ne diffèrent que par l'intensité de leur couleur ; le blanc, qui est peu recherché à cause de sa vertu très-inférieure. On le reconnoît à sa feuille moins lisse & plus ronde, à sa fleur plus blanche, à sa graine plus grosse, & à son écorce blanche à l'extérieur. L'écorce de la bonne espèce est ordinairement brune, cassante & rude à la surface, avec des brisures.

Sur les bords du Maragnon, le pays de Jaen fournit beaucoup de quinquina blanc ; mais on crut long-tems que le jaune & le rouge ne fe trouvoient que fur le territoire de Loxa , ville fondée , en 1546 , par le Capitaine Alonzo de Mercadillo. Le plus eftimé étoit celui qui croif-foit à deux lieues de cette Place , fur la montagne de Cajanuma ; & il n'y a pas plus de cinquante ans que les Négocians cherchoient à prouver par des certificats que l'écorce qu'ils vendoient ve-noit de ce lieu renommé. En voulant multiplier les récoltes , on détruifit les arbres anciens , & on ne laiffa pas aux nouveaux le tems de prendre toute leur croiffance ; de forte que les plus forts ont maintenant à peine trois toifes de hauteur. Cette difette fit multiplier les recherches. Enfin , on retrouva le même arbre à Riobamba , à Cuenca , dans le voifinage de Loxa , & plus récemment à Bogota dans le nouveau Royaume.

Le quinquina fut connu à Rome en 1639. Les Jéfuites , qui l'y avoient porté , le diftribuèrent gratuitement aux pauvres , & le vendirent très-cher aux riches. L'année fuivante , Jean de Vega , Médecin d'une Vice-Reine du Pérou , l'établit en Efpagne à cent écus la livre. Ce remède eut bien-tôt une grande réputation , qui fe foutint jufqu'à ce que les habitans de Loxa , ne pouvant fournir aux demandes qu'on leur faifoit , s'avisèrent de mêler d'autres écorces à celle qui étoit fi re-cherchée. Cette infidélité diminua la confiance qu'on avoit au quinquina. Les mesures que prit la Cour de Madrid pour remédier à un désordre si dangereux, n'eurent pas un succès complet. Les nouvelles découvertes ont été plus efficaces que l'autorité pour empêcher la falsification. Aussi l'usage du remède est-il devenu de plus en plus général, sur-tout en Angleterre.

C'est une opinion généralement reçue que les naturels du pays connurent fort anciennement le quinquina, & qu'ils recouroient à sa vertu contre les fièvres intermittentes. On le faisoit simplement infuser dans l'eau, & l'on donnoit la liqueur à boire au malade, sans le marc. M. Joseph de Jussieu les enseigna à en tirer l'extrait, dont l'usage est bien préférable à celui de l'écorce en nature.

Ce Botaniste, le plus habile de ceux que leur passion pour les progrès de l'histoire naturelle aient conduits dans les possessions Espagnoles du Nouveau-Monde, avoit un zèle bien plus étendu. Il parcourut la plupart des montagnes de l'Amérique Méridionale avec des fatigues incroyables, & il se disposoit à enrichir l'Europe des grandes découvertes qu'il avoit faites, lorsque ses papiers lui furent volés. Une mémoire excellente pouvoit remédier en partie à cette infortune. Cette ressource lui fut encore ôtée. Au Pérou, on eut un besoin pressant d'un Médecin & d'un

Ingénieur. M. de Juffieu avoit les connoiffances que demandent ces deux profeffions, & l'Adminiftration du pays en exigea l'emploi. Les nouveaux travaux furent accompagnés de tant de contradiction, de dégoûts & d'ingratitude, que cet excellent homme n'y put réfifter. Son efprit étoit entièrement aliéné, lorfqu'en 1771, on l'embarqua fans fortune pour la patrie qu'il avoit quittée depuis trente-fix ans. Ni le Gouvernement qui l'avoit envoyé dans l'autre Hémifphère, ni celui qui l'y avoit retenu ne daignérent s'occuper de fa deftinée. Elle auroit été affreufe, fans la tendreffe d'un frere, auffi refpecté pour fa vertu que célèbre par fes lumières. Les dignes neveux de M. Bernard de Juffieu ont hérité des follicitudes de leur oncle pour l'infortuné voyageur, mort en 1779. Puiffe cette conduite d'une famille illuftre dans les fciences fervir de modèle à tous ceux qui, pour leur bonheur ou pour leur malheur, cultivent les Lettres !

M. Jofeph de Juffieu, qui avoit trouvé les peuples dociles aux inftructions qu'il leur donnoit fur le quinquina, voulut leur perfuader encore de perfectionner, par des foins fuivis, & la cochenille fylveftre que le pays même fourniffoit à leurs manufactures, & la canelle groffière qu'ils tiroient de Quixos & de Macas; mais fes confeils n'ont rien produit jufqu'ici, foit que ces productions

ductions se soient refusées à toute amélioration, soit qu'on n'ait fait aucun effort pour les y amener.

Les habitans de Quito, plus généralement encore que les autres Espagnols Américains, vivent dans une oisiveté dont rien ne les fait sortir, dans des débauches qu'aucun motif ne peut interrompre. Quito, Capitale de la Province, est très-agréablement bâtie sur le penchant de la célèbre montagne de Pichincha. Cinquante mille Métis, Indiens ou Nègres, excités par ces exemples séduisans, infestent aussi ce séjour de leurs vices, & y poussent en particulier la passion pour l'eau-de-vie de sucre & pour le jeu à des excès inconnus dans les autres grandes cités du Nouveau-Monde.

DE LIMA.

LIMA, bâtie en 1535, par François Pizarre, & devenue depuis si célèbre, est située à deux lieues de la mer, dans une plaine délicieuse : elle est la Capitale du Pérou. Sa vue se promène, d'un côté, sur un Océan tranquille, & de l'autre, s'étend jusqu'aux Cordilières. Son territoire n'est qu'un amas de pierres à fusil que la mer y a sans doute entaillées avec les siècles, mais couverte d'un pied de terre que les eaux de source qu'on y trouve par-tout en circulant, ont dû y amener des montagnes.

Des cannes à fucre, des oliviers fans nombre, quelques vignes, des prairies artificielles,
des pâturages pleins de fel qui donnent aux viandes un goût exquis, de menus grains deftinés à
la nourriture des volailles qui font parfaites, des
arbres fruitiers de toutes les efpèces, quelques
autres cultures couvrent ces campagnes fortu-
nées. L'orge & le froment y profpérèrent long-
tems : mais un tremblement de terre y fit, il y a
plus d'un fiècle, une fi grande révolution, que
les femences pourriffoient fans germer. Ce ne fut
qu'après quarante ans de ftérilité que le fol rede-
vint tout ce qu'il avoit été. Lima, ainfi que les
autres villes des vallées, doit principalement fes
fubfiftances aux fueurs des noirs. Ce n'eft guère
que dans l'intérieur du pays que les champs font
exploités par les Indiens.

Avant l'arrivée des Efpagnols, toutes les conftructions fe faifoient au Pérou fans aucuns fondemens. Les murs des maifons particulières &
des édifices publics étoient également jetés fur
la fuperficie de la terre, avec quelques matériaux qu'ils fuffent élevés. L'expérience avoit
appris à ces peuples que, dans la région qu'ils
habitoient, c'étoit l'unique manière de fe loger
folidement. Leurs conquérans, qui méprifoient
fouverainement ce qui s'écartoit de leurs ufages, & qui portoient par-tout les pratiques de

l'Europe , sans examiner si elles convenoient aux contrées qu'ils envahissoient , leurs conquérans s'éloignèrent en particulier à Lima de la manière de bâtir qu'ils trouvoient généralement établie. Aussi , lorsque les naturels du pays virent ouvrir les profondes tranchées & employer le ciment , dirent-ils que leurs tyrans creusoient des tombeaux pour s'enterrer.

La prédilection s'est accomplie. La Capitale du Pérou , renversée en détail par onze tremblemens de terre , fut enfin détruite par le douzième. Le 28 Octobre 1746, à dix heures & demie du soir, tous ou presque tous les édifices , grands & petits, s'écroulèrent en trois minutes. Sous ces décombres furent écrasées treize cents personnes. Un nombre infiniment plus considérable furent mutilées, & la plupart périrent dans des tourmens horribles.

Callao, qui sert de port à Lima, fut également bouleversée ; & ce fut le moindre de ses malheurs. La mer qui avoit reculé au moment de cette terrible catastrophe, revint bientôt assaillir de ses vagues impétueuses l'espace qu'elle avoit abandonné. Le peu de maisons & de fortifications qui avoient échappé , devinrent sa proie. De quatre mille habitans que comptoit cette rade célèbre, il n'y en eut que deux cents de sauvés. Elle avoit alors vingt-trois navires,

Dix-neuf furent engloutis, & les autres jetés bien avant dans les terres par l'Océan irrité.

Le ravage s'étendit sur toute la côte. Le peu qu'il y avoit de batimens dans ses mauvais ports furent fracassés. Les villes des vallées souffrirent généralement quelques dommages ; plusieurs mêmes furent totalement bouleversées. Dans les montagnes, quatre ou cinq volcans vomirent des colonnes d'eau si prodigieuses, que le pays en fut inondé.

Les esprits tombés depuis long-tems, comme en léthargie, furent réveillés par cette funeste catastrophe ; & ce fut Lima qui donna l'exemple de ce changement. Il falloit déblayer d'immenses décombres entassés les uns sur les autres. Il falloit retirer les richesses immenses enterrées sous ces ruines. Il falloit aller chercher à Guayaquil, & plus loin encore, tout ce qui étoit nécessaire pour d'innombrables constructions. Il falloit avec des matériaux rassemblés de tant de contrées, élever une cité supérieure à celle qui avoit été détruite. Ces prodiges, qu'on ne devoit pas attendre d'un peuple oisif & efféminé, s'exécutèrent très-rapidement. Le besoin donna de l'activité, de l'émulation, de l'industrie. Lima, quoique peut-être moins riche, est actuellement plus agréable que lorsqu'en 1682, ses murs offrirent à l'entrée du Vice-Roi, Duc de Palata, des rues pavées d'argent. Il est aussi plus solidement bâti, & voici pourquoi.

La vanité d'avoir des Palais aveugla long-tems les habitans de la Capitale du Pérou sur les dangers auxquels cette folle ostentation les exposoit. Inutilement la terre engloutit, à diverses époques, ces masses énormes ; l'instruction ne fut jamais assez forte pour les corriger. La dernière catastrophe leur a ouvert les yeux. Ils se sont soumis à la nécessité, & ont enfin suivi l'exemple des autres Espagnols fixés dans les vallées.

Les maisons sont actuellement fort basses, & n'ont la plupart qu'un rez-de-chaussée. Elles ont pour mur des poteaux placés de distance en distance. Ces intervalles sont remplis par des cannes assez semblables aux nôtres, mais qui n'ont point de cavité, qui sont très-solides, qui pourrissent difficilement, & qui sont enduites d'une terre glaise. Ces singuliers édifices sont couronnés par un toît de bois entièrement plat, recouvert aussi de terre glaise, précaution suffisante dans un climat où il ne pleut jamais. Un osier de grande résistance, que dans le pays on nomme *chaglas*, lie les différentes parties de ces bâtimens les unes aux autres, & les unit toutes aux fondemens. Avec cette construction, les maisons entières se prêtent aisément aux mouvemens qui leur sont communiqués par les tremblemens de terre. Elles

peuvent bien être endommagées par ces mouvemens convulsifs de la nature : mais il est difficile
qu'elles soient renversées.

Cependant ces bâtimens ne manquent pas d'apparence. L'attention qu'on a d'en peindre en
pierres de taille les murailles & les corniches, ne
laissent pas soupçonner la qualité des matériaux
dont ils sont formés. On leur trouve même un
air de grandeur & de solidité auquel il ne seroit
pas naturel de s'attendre. Le vice de construction
est encore mieux sauvé dans l'intérieur des maisons où tous les ornemens sont peints aussi d'une
manière plus ou moins élégante. Dans les édifices publics, on s'est un peu écarté de la méthode ordinaire. Plusieurs ont dix pieds d'élévation en brique cuite au Soleil ; quelques Eglises
mêmes ont en pierre une hauteur pareille. Le
reste de ces monumens est en bois peint ou doré,
ainsi que les colonnes, les frises & les statues qui
les décorent.

Les rues de Lima sont larges, parallèles, & se
coupent à angles droits. Des eaux tirées de la rivière de Rimac qui baigne ses murs, les lavent,
les rafraîchissent continuellement. Ce qui n'est
pas employé à cet usage salutaire, est heureusement distribué pour la commodité des citoyens,
pour l'agrément des jardins, pour la fertilité des
campagnes.

Les fléaux de la nature qui ont ranimé à un certain point les travaux à Lima, ont eu moins d'influence fur les mœurs. La fuperftition y règne fur toute l'étendue de la domination Efpagnole.

Les femmes du Pérou, celles de Lima principalement, ont des yeux brillans, une peau blanche, un teint délicat, animé, plein de fraîcheur & de vie; une taille moyenne & bien prife, un pied mieux fait & plus petit que celui des Efpagnoles mêmes; des cheveux épais & noirs qui flottent, comme au hafard & fans ornement, fur des épaules & un fein d'albâtre.

Tant de graces naturelles font relevées par tout ce que l'art a pu y ajouter. C'eft la plus grande fomptuofité dans les vêtemens; c'eft une profufion fans bornes de perles & de diamans dans toutes les efpèces de parure où il eft poffible de les faire entrer. On met-même une forte de grandeur & de dignité à laiffer égarer, à laiffer détruire ces objets précieux. Rarement une femme, même fans titre & fans nobleffe, fe montre-t-elle en public fans étcffes d'or & fans pierreries. Jamais elle ne fort que fuivie de trois ou quatre efclaves, la plupart mulâtreffes, en livrée comme les laquais, en dentelles comme leurs Maîtreffes.

Les odeurs font d'un ufage général à Lima. Les

femmes n'y font jamais fans ambre. Elles en répandent dans leur linge & dans leurs habits,
même dans leurs bouquets, comme s'il manquoit
quelque chofe au parfum naturel des fleurs.
L'ambre eft fans doute une ivreffe de plus pour
les hommes, & les fleurs donnent un nouvel
attrait aux femmes. Elles en garniffent leurs man-
ches & quelquefois leurs cheveux, comme des
bergères.

Le goût de la mufique, répandu dans tout le
Pérou, fe change en paffion dans la Capitale.
Ses murs ne retentiffent que de chanfons, que de
concerts de voix & d'inftrumens. Les bals font
fréquens. On y danfe avec une légèreté furpre-
nante : mais on néglige trop les graces des bras,
pour s'attacher à l'agilité des pieds, fur-tout aux
inflexions du corps.

Tels font les plaifirs que les femmes, toutes
vêtues d'une manière plus élégante que modefte,
goûtent & répandent dans Lima. Mais c'eft particulièrement dans les délicieux fallons où elles
reçoivent compagnie qu'on les trouve fédui-
fantes. Là, nonchalamment couchées fur une
ftrade qui a un demi-pied d'élévation & cinq ou
fix de large, & fur des tapis & des carreaux fu-
perbes, elles coulent des jours tranquilles dans
un délicieux repos. Les hommes qui font admis
à leur converfation s'affeient à quelque diftance,

à moins qu'une grande familiarité n'appelle ces adorateurs jusqu'à la ſtrade qui eſt comme le ſanctuaire du culte & de l'idole. Cependant, les divinités aiment mieux y être libres que fières; & , banniſſant le cérémonial, elles jouent de la harpe ou de la guitarre, chantent même & danſent quand on les en prie.

Les citoyens les plus diſtingués trouvent, dans les majorats ou ſubſtitutions perpétuelles que leur ont tranſmis les premiers conquérans leurs ancêtres, de quoi fournir à ces profuſions : mais les biens-fonds n'ont pas ſuffi à un grand nombre de familles, même très-anciennes. La plupart ont cherché des reſſources dans le commerce. Une occupation ſi digne de l'homme, dont il étend à la fois l'activité, les lumières & la puiſſance, ne leur a jamais paru déroger à leur nobleſſe; & les loix les ont confirmés dans une manière de penſer ſi utile & ſi raiſonnable. Leurs fonds, joints aux remiſes qu'on fait ſans ceſſe de l'intérieur de l'Empire, ont rendu Lima le centre de toutes les affaires que les Provinces du Pérou font entre elles; des affaires qu'elles font avec le Mexique & le Chili; des affaires plus importantes qu'elles font avec la Métropole.

✳

§. VII.

DU CHILI.

Premières irruptions des Espagnols dans le Chili.

CETTE région, telle qu'elle est possédée par l'Espagne, a une largeur commune de trente lieues entre la mer & les Cordilières, & neuf cents lieues de côte depuis le grand désert d'Atacamas qui la sépare du Pérou, jusqu'aux îles de Chiloé qui la séparent du pays des Patagons. Les Incas soumirent à leurs sages loix une partie de cette vaste contrée, & ils se proposoient d'assujettir le reste ; mais ils trouvèrent des difficultés qu'ils ne purent vaincre.

Ce grand projet fut repris par les Espagnols, aussi-tôt qu'ils eurent fait la conquête des principales Provinces du Pérou. Almagro, parti de Cusco au commencement de 1535, avec cinq cent soixante-dix Européens & quinze mille Péruviens, parcourut d'abord le pays des Charcas, auquel les mines du Potosi donnèrent depuis un si grand éclat. Pour se porter de cette contrée au Chili, on ne connoissoit que deux chemins, & ils étoient regardés l'un & l'autre comme presque impraticables. Le premier n'offroit sur les bords de la mer que des sables brûlans , fans eau & fans fubfiftances. Pour fuivre le fecond , il falloit traverfer des montagnes très-efcarpées , d'une hauteur prodigieufe , & couvertes de neiges auffi anciennes que le monde. Ces difficultés ne rebutèrent pas le Général ; & il fe décida pour le dernier paffage , par la feule raifon qu'il étoit le moins long. Son ambition coûta la vie à cent cinquante Efpagnols & à dix mille Indiens ; mais enfin il atteignit le terme qu'il s'étoit propofé , & il fut reçu avec une foumiffion entière par les peuples anciennement dépendans du trône qu'on venoit de renverfer. La terreur de fes armes lui auroit fait obtenir vraifemblablement de plus grands avantages , fi des intérêts particuliers ne lui euffent fait défirer de fe trouver au centre de l'Empire. Sa petite armée refufa de repaffer les Cordilières. Il fallut la ramener par la voie qui avoit été d'abord négligée ; & les hafards furent fi heureux , qu'elle fouffrit beaucoup moins qu'on ne l'avoit craint. Ce bonheur étendit les vues d'Almagro , & le précipita peut-être dans les entreprifes où il trouva une fin tragique.

Les Efpagnols reparurent au Chili en 1541. Valdivia, qui les conduifoit, y pénétra fans réfiftance. Mais les Nations qui l'habitoient ne furent pas plutôt revenues de l'étonnement où les armes & la difcipline de l'Europe les avoient

jetées, qu'elles voulurent recouvrer leur indépendance. La guerre dura dix ans fans interruption. Si quelques cantons, découragés par des
pertes réitérées, fe déterminoient à la foumiffion,
un plus grand nombre s'obftinoit à défendre leur
liberté , quoiqu'avec un défavantage prefque
continuel.

Un Capitaine Indien, à qui fon âge & fes infirmités ne permettoient pas de fortir de fa cabane, entendoit toujours parler de ces malheurs.
Le chagrin de voir les fiens conftamment battus
par une poignée d'Etrangers , lui donna des forces. Il forma treize Compagnies de mille hommes
chacune, qu'il mit à la file l'une de l'autre, & les
mena à l'ennemi. Si la première étoit mife en
déroute, elle devoit, au lieu de fe replier fur la
feconde , aller fe rallier fous la protection de la
dernière. Cet ordre , qui fut fidèlement fuivi,
déconcerta les Efpagnols. Ils enfoncèrent fucceffivement tous les Corps , fans en tirer aucun
avantage confidérable. Les hommes & les chevaux ayant également befoin de repos, Valdivia
ordonna la retraite vers un défilé où il prévoyoit
qu'il feroit aifé de fe défendre. On ne lui donna
pas le tems d'y arriver. Les Indiens de l'arrière-
garde s'en étant emparés par des voies détour-
nées, tandis que les autres fuivoient fes pas
avec précaution, il fut enveloppé & maffacré

avec les cent cinquante Cavaliers qui formoient fa troupe. On lui verfa, dit-on, de l'or fondu dans la bouche. *Abreuve-toi donc de ce métal dont tu es fi altéré*, lui crioient avec fatisfaction ces fauvages. Ils profitèrent de leur victoire pour porter la défolation & le feu dans les Etabliffemens Européens. Plufieurs furent détruits, & tous auroient eu la même deftinée, fi des forces confidérables, arrivées à propos du Pérou, n'euffent mis les vaincus en état de défendre les poftes qui leur reftoient, & de recouvrer ceux qu'on leur avoit enlevés.

Ces hoftilités meurtrières fe font renouvelées, à mefure que les ufurpateurs ont voulu étendre leur empire, fouvent même lorfqu'ils n'avoient pas cette ambition. Les combats ont été fanglans, & n'ont guère été interrompus que par des trèves plus ou moins courtes. Cependant, depuis 1771, la tranquillité n'a pas été troublée.

Les Araucos font, dans ces contrées, les ennemis les plus ordinaires, les plus intrépides, les plus irréconciliables de l'Efpagne. Souvent ils font joints par les habitans de Tucapel & de la rivière Biobio, par ceux qui s'étendent vers les Cordilières. Comme ces peuples font plus rapprochés, par leurs habitudes, des fauvages de l'Amérique Septentrionale que des Péruviens leurs voisins, les confédérations qu'ils forment font toujours à craindre.

Ils ne portent à la guerre que leurs corps, & ne traînent après eux ni tentes ni bagages. Les mêmes arbres, dont ils tirent leur nourriture, leur fournissent les lances & les javelots dont ils font armés. Assurés de trouver dans un lieu ce qu'ils avoient dans un autre, ils abandonnent sans regret le pays qu'ils ne peuvent plus défendre. Tout séjour leur est égal. Leurs troupes, sans embarras de vivres ni de munitions, se meuvent avec une agilité surprenante. Ils exposent leur vie en gens qui n'y font pas attachés; & s'ils perdent le champ de bataille, ils retrouvent leurs magasins & leurs campemens par-tout où il y a des terres couvertes de fruits.

Ce font les seuls peuples du Nouveau-Monde qui aient osé se mesurer avec les Européens en rase campagne, & qui aient imaginé l'usage de la fronde pour lancer de loin la mort à leurs ennemis. Leur audace s'élève jusqu'à attaquer les postes les mieux fortifiés. Ces emportemens leur réussissent quelquefois, parce qu'ils reçoivent continuellement des secours qui les empêchent de sentir leurs pertes. S'ils en font d'assez marquées pour se rebuter, ils se retirent à quelques lieues, & cinq ou six jours après, ils vont fondre d'un autre côté. Ces barbares ne se croient battus que lorfqu'ils font enveloppés. S'ils peuvent gagner un lieu d'un accès difficile, ils fe jugent vainqueurs. La tête d'un Efpagnol qu'ils portent en triomphe les confole de la mort de cent Indiens.

Quelquefois les hoftilités font prévues de loin & concertées avec prudence. Le plus fouvent un ivrogne crie qu'il faut prendre les armes ; les efprits s'échauffent ; on choifit un Chef ; & voilà la guerre. Dans les ténèbres de la nuit fixée pour la rupture, on tombe fur le premier village où il y a des Efpagnols, & de-là le carnage eft porté dans d'autres. Tout y eft maffacré, excepté les femmes Européennes qu'on ne manque jamais de s'approprier. De-là l'origine de tant d'Indiens blancs & blonds.

Comme ces Américains font la guerre fans frais, fans embarras, ils n'en craignent pas la durée, & ont pour principe de ne jamais demander la paix. La fierté Efpagnole doit fe plier à en faire toujours les premières ouvertures. Lorfqu'elles font favorablement reçues, on tient une conférence. Le Gouverneur du Chili & le Général Indien, accompagnés des Capitaines les plus diftingués des deux partis, règlent, dans les plaifirs de la table, les conditions de l'accommodement. La frontière étoit autrefois le théâtre de ces affemblées. Les deux dernières ont été tenues dans la Capitale de la Colonie. On a même obtenu des sauvages, qu'ils y auroient habituellement quelques Députés, chargés de maintenir l'harmonie entre les deux peuples.

Malgré la chaleur & l'opiniâtreté de tant de combats, il s'est formé au Chili plusieurs assez bons Etablissemens, principalement sur les bords de l'Océan.

Coquimbo ou la Serena, ville élevée, en 1544, à cinq ou six cents toises de la mer, pour contenir les Indiens & pour assurer la communication du Chili avec le Pérou, ne fut jamais considérable. On la vit diminuer encore après que des pirates l'eurent saccagée & brûlée. Malgré la fertilité de ses campagnes, quoiqu'on ait ouvert d'abondantes mines du meilleur cuivre à son voisinage, elle ne s'est jamais bien relevée de cette infortune.

Valparaiso ne fut d'abord qu'un amas de cabanes destinées à recevoir les marchandises qui venoient du Pérou, les denrées qu'on vouloit y envoyer. Peu-à-peu les agens de ce commerce, qui appartenoient en entier aux Négocians de la Capitale, réussirent à se l'approprier. Alors, ce vil hameau, quoique placé dans une situation très - désagréable, devint une ville florissante. Son port s'enfonce une lieue dans les terres. Le fond en est d'une vase gluante & ferme. A mille

toises

toifes du rivage, il y a trente-fix ou quarante braffes d'eau, & quinze ou feize tout près de la plage. Dans les mois d'Avril & de Mai, les vents du Nord feroient courir quelques dangers aux navires, fi on négligeoit de les amarrer fortement. L'avantage qu'a cette rade d'être la plus voifine des meilleures cultures & de Sant-Yago, doit la raffurer contre la crainte de voir diminuer fes profpérités.

Ce fut en 1550 que fut bâtie la Conception, dans un terrein inégal, fabloneux, un peu élevé, fur les bords d'une baie, dont le développement embraffe près de quatre lieues, & qui a trois ports, dont un feul eft fûr. La ville fe vit d'abord le chef-lieu de la Colonie : mais les Indiens voifins s'en rendirent fi fouvent les maîtres, qu'en 1574, il fut jugé convenable de la dépouiller de cette utile & honorable prérogative. En 1603, elle fut de nouveau détruite par un ennemi implacable. Depuis cette époque, plufieurs tremblemens de terre lui ont caufé des dommages très-confidérables. Telle eft cependant l'excellence de fon territoire, qu'il lui refte encore quelque éclat.

A foixante-quinze lieues de la Conception, toujours fur les bords de l'Océan Pacifique, eft Valdivia, ville plus importante que peuplée. Son port & fa forterefie, regardés comme la clef de la mer du Sud, furent long-tems sous l'infpection immédiate des Vice-Rois du Pérou. On comprit à la fin que c'étoit une furveillance trop éloignée ; & la Place fut incorporée au Gouvernement de la Province.

Perfonne ne penfoit aux îles de Chiloé. Le bonheur qu'avoient eu les Jéfuites de réunir & de civilifer un grand nombre de fauvages dans la principale, qui a cinquante lieues de long & fept ou huit de large, fit naître le defir de l'occuper. Au centre font les Indiens convertis. Sur la côte Orientale a été conftruite une fortification nommée *Chacao*, où l'on entretient la garnifon néceffaire pour fa défenfe.

Dans l'intérieur des terres du Chili eft Sant-Yago, bâti précipitamment en 1541, détruit en 1730 par un tremblement de terre, & rétabli auffi-tôt avec un agrément & des commodités qu'on ne trouve que très-rarement dans le Nouveau-Monde. Les maifons y font, à la vérité, fort baffes, & conftruites avec des briques durcies au Soleil; mais elles font toutes blanchies au-dehors, toutes peintes en-dedans, toutes accompagnées de jardins fpacieux, toutes rafraîchies par des eaux courantes. On compte quarante mille habitans dans cette cité; & le nombre en feroit plus grand, fans neuf Couvens de Moines & fept de Religieufes que la fuperftition y a érigés.

Sant-Yago est la Capitale de l'Etat & le Siège
de l'Empire. Celui qui y commande est subor-
donné au Vice-Roi du Pérou pour tous les objets relatifs au Gouvernement , aux finances &
à la guerre : mais il en est indépendant comme
Chef de la Justice & Président de l'Audience
Royale. Onze Corrégidors , répandus dans la
Province , sont chargés , sous ses ordres, des
détails de l'Administration.

Il s'est successivement formé dans cette contrée une population de quatre à cinq cent mille
ames. On n'y voit que peu de ces infortunés esclaves que fournit l'Afrique ; & la plupart sont
consacrés au service domestique. Les descendans
des premiers sauvages, que de féroces aventuriers asservirent avec tant de peine, ou se sont
refugiés dans des montagnes inaccessibles, ou se
sont perdus dans le sang de leurs conquérans.
Tous les Colons sont regardés & traités comme
Espagnols. La noblesse de cette origine ne leur
a pas inspiré cet éloignement invincible pour
les occupations utiles, qui est si général dans
leur Nation. La plupart de ces hommes sains,
agiles & robustes, vivent sur des plantations
éparses, & cultivent de leurs propres masin un
terrein plus ou moins vaste.

Fertilité du Chili , & fon état actuel.

ILS font encouragés à ces louables travaux par un ciel toujours pur & toujours ferein ; par le climat le plus agréablement tempéré des deux hémifphères ; fur-tout par un fol dont la fertilité étonne tous les voyageurs. Sur cette heureufe terre, les récoltes de vin, de blé, d'huile, quoique affez négligemment préparées, font quadruples de celles que nous obtenons, avec toute notre activité & toutes nos lumières. Aucun des fruits de l'Europe n'a dégénéré. Plufieurs de nos animaux fe font perfectionnés, & les chevaux, en particulier , ont acquis une vîteffe & une fierté que n'ont jamais eues les andalous dont ils defcendent. La nature a pouffé plus loin fes faveurs encore. Elle a prodigué à cette région un excellent cuivre qui eft utilement employé dans l'Ancien & le Nouveau-Monde. Elle lui a donné de l'or.

Le Chili a toujours eu des liaifons de commerce avec les Indiens voifins de fa frontière, avec le Pérou & le Paraguai.

Les Sauvages lui fourniffoient principalement le *poncho*. C'eft une étoffe de laine, quelquefois blanche, & ordinairement bleue, d'environ trois aunes de long fur deux de large. On y paffe la tête par un trou pratiqué au milieu, & elle fe

déploie fur toutes les parties du corps. Hors
quelques cérémonies infiniment rares, les hommes, les femmes, les gens du commun, ceux
d'une condition plus relevée ne connoiffent pas
d'autre vêtement. Il coûte depuis trente jufqu'à
mille livres, felon la fineffe plus ou moins
grande de fon tiffu, & principalement felon les
bordures plus ou moins élégantes, plus ou moins
riches qu'on y ajoute. Ces peuples reçoivent en
échange de petits miroirs, des quincailleries,
quelques autres objets de peu de valeur. Quelle
que foit leur paffion pour ces bagatelles, lorfqu'on les expofe à leurs yeux avides, jamais ils
ne fortiroient de leurs forêts & de leurs campagnes pour les aller chercher. Il faut les leur porter. Le marchand, qui veut entreprendre ce petit
négoce, s'adreffe d'abord aux chefs de famille,
feuls dépofitaires de l'autorité publique. Lorfqu'il a obtenu la permiffion de vendre, il par-
court les habitations, & donne indiftinctement
fa marchandife à tous ceux qui la demandent.
Ses opérations finies, il annonce fon départ, &
tous les acheteurs s'empreffent de lui livrer,
dans le premier village où il s'eft montré, les
effets dont on eft convenu. Jamais il n'y eut
dans ces contrats la moindre infidélité. On donne
au marchand une efcorte qui l'aide à conduire

jusqu'à la frontière les draps & les troupeaux qu'il a reçus en paiement.

Jusqu'en 1724, on vendit à ces Sauvages du vin & des eaux-de-vie, dont ils ont la passion comme presque tous les peuples. Dans leur ivresse, ils prenoient les armes; ils massacroient tous les Espagnols qu'ils rencontroient; ils dévastoient les champs de leur voisinage. L'Espagne enfin a renoncé à vendre aux sauvages du Chili des vins & des eaux-de-vie.

Le Chili fournit au Pérou des cuirs, des fruits secs, du cuivre, des viandes salées, des chevaux, du chanvre, des grains; & reçoit en échange du sucre, du tabac, du cacao, de la fayance, plusieurs articles fabriqués à Quito, & quelques objets de luxe arrivés d'Europe. C'étoit autrefois à la Conception, c'est maintenant à Valparayso qu'abordent les navires expédiés de Cailao, pour cette communication réciproquement utile. Durant près d'un siècle, aucun navigateur de ces mers paisibles n'osa perdre les terres de vue; & alors ces voyages duroient une année entière.

Un pilote de l'Ancien-Monde, qui avoit enfin observé les vents, n'y employa qu'un mois. Il passa pour sorcier. L'inquisition, souvent ridicule par son ignorance, & plus souvent encore odieuse

par fes tureurs, le fit arrêter. Son journal le
juftifia. On y reconnut que, pour avoir le même
fuccès, il ne falloit que s'éloigner des côtes ; &
cette méthode fut adoptée généralement.

Le Chili envoie au Paraguai des vins, des
eaux-de-vie, des huiles, & fur-tout de l'or. On
lui donne en paiement des mulets, de la cire,
du coton, l'herbe du Paraguai, des nègres, &
on lui donnoit beaucoup de marchandifes de
notre hémifphère, avant que les Négocians de
Lima euffent obtenu, par leur argent ou par
leur crédit, que cette dernière branche de commerce feroit interdite. La communication des
deux Colonies ne fe fait point par l'Océan. On a
jugé plus court, plus fûr & même moins difpen-
dieux de fe fervir de la voie de terre, quoiqu'il
y ait trois cent foixante-quatre lieues de Sant-
Yago à Buenos-Aires, & qu'il en faille faire plus
de quarante dans les neiges & les précipices des
Cordilières.

Si les rapports des deux Etabliffemens viennent à fe multiplier ou à s'étendre, ce fera par
le détroit de Magellan ou par le cap de Horn,
qu'il faudra les entretenir. On a douté jufqu'ici
laquelle des deux voies étoit la meilleure. Le problême paroît réfolu par les obfervations des derniers Navigateurs. Ils fe déclarent affez généralement pour le détroit de Magellan où l'on trouve de

l'eau, du bois, du poiſſon, des coquillages, mille plantes ſouveraines contre le ſcorbut. Mais cette préférence ne doit avoir lieu que depuis Septembre juſqu'en Mars, c'eſt-à-dire, dans les mois d'Eté. Durant les courts jours de l'Hiver, il faudroit borner ſa marche à quelques heures, ou braver dans un canal le plus ſouvent étroit, la violence des vents, la rapidité des courans, l'impétuoſité des vagues avec une certitude morale du naufrage. Dans cette ſaiſon, il convient de préférer la mer ouverte, & par conſéquent de doubler le cap de Horn.

Des combinaiſons d'une abſurdité palpable privèrent conſtamment le Chili de toute liaiſon directe avec l'Eſpagne. Le peu qu'il pouvoit conſommer de marchandiſes de notre hémiſphère lui venoient du Pérou, qui lui-même les recevoit difficilement & à grands frais par la voie de Panama. Un Soleil plus favorable vient enfin de ſe lever ſur cette belle contrée. Depuis le mois de Février 1778, il eſt permis à tous les ports de la Métropole d'y faire à leur gré des expéditions. De grandes proſpérités doivent ſuivre cet heureux retour aux bons principes. Cette innovation aura la même influence ſur le Paraguai.

Détroit de Magellan.

On ſait que Magellan découvrit, en 1520, à l'extrémité méridionale de l'Amérique, le fa-

meux détroit qui porte son nom. Il y vit, & l'on
y a vu souvent depuis, des hommes qui avoient
environ un pied de plus que les Européens.
D'autres Navigateurs n'ont rencontré sur les
mêmes plages que des hommes d'une taille ordinaire. Pendant deux siècles, on s'est mutuellement accusé d'ignorance, de prévention, d'imposture. Enfin, il est arrivé des voyageurs auxquels un heureux hasard a présenté des hordes
d'une hauteur commune, des hordes d'une sta-
ture élevée, & qui ont conclu d'un événement
aussi décisif, que leurs précurseurs avoient eu
raison dans ce qu'ils affirmoient, & tort dans ce
qu'ils avoient nié. Alors seulement on a fait attention qu'il n'y avoit point d'habitans séden-
taires dans ces lieux incultes; qu'ils y arrivoient
de différentes régions plus ou moins éloignées;
& qu'il étoit vraisemblable que les sauvages
d'une contrée étoient plus grands que ceux
d'une autre. La Physique a appuyé cette conjecture. Jamais, en effet, on ne pourra raison-
nablement penser que la nature s'éloigne plus de
ses voies en engendrant ce qu'il nous a plu de
nommer *géants*, qu'en donnant le jour à ce que
nous appelons *nains*.

Il y a des géants & des nains dans toutes les
contrées. Il y a des géants, des nains & des
hommes d'une taille commune, nés d'un même

père & d'une même mère. Il y a des géants, des nains dans toutes les espèces d'animaux, d'arbres, de fruits, de plantes; &, quel que soit le syftême qu'on préfère fur la génération, on ne doit non plus s'étonner de la diverfité de la taille entre les hommes dans la même famille ou dans des familles différentes, que de voir des fruits différens en volume à un arbre voifin ou fur le même arbre. Celui qui expliquera un de ces phénomènes les aura tous expliqués.

Le détroit de Magellan a cent quatorze lieues de long, & en quelques endroits moins d'une lieue de large. Il fépare la terre des Patagons de celle de Feu, qu'on préfume n'avoir formé autrefois qu'un même Continent. La conformité de leurs ftériles côtes, de leur âpre climat, de leurs monftrueux rochers, de leurs montagnes inacceffibles, de leurs neiges éternelles, de leurs fauvages habitans : tout doit faire penfer que ce grand canal de navigation eft l'ouvrage de quelqu'une de ces révolutions phyfiques, qui changent fi fouvent la face du globe.

Quoique ce fût long-tems le feul paffage connu pour arriver à la mer du Sud, les dangers qu'on y trouvoit le firent prefque oublier. La hardieffe du célèbre Drake, qui porta, par cette voie, le ravage fur les côtes du Pérou, infpira aux Efpagnols la réfolution d'y former un grand Etabliffement, deftiné à préferver de toute invafion cette riche partie du Nouveau-Monde.

Pedro Sarmiento, chargé de cette entreprife importante, partit d'Europe, en 1581, avec vingt-trois navires & trois mille cinq cents hommes. L'expédition fut contrariée par des calamités fi multipliées, que l'Amiral n'arriva l'année fuivante au détroit qu'avec quatre cents hommes, trente femmes, & des vivres pour fept ou huit mois. Les reftes déplorables d'une fi belle peuplade furent établis à Philippeville, dans une baie fûre, commode, fpacieufe. Mais l'infortune qui avoit fi cruellement affailli les Efpagnols dans la traverfée, les pourfuivit obftinément au terme de leur voyage. On ne leur envoya aucun fecours; le pays ne fourniffoit point de fubfiftances, & ils périrent de mifère. De vingt-quatre malheureux qui avoient échappé à ce fléau terrible, vingt-trois, dont la deftinée eft toujours reftée inconnue, s'embarquèrent pour la rivière de la Plata. Fernando Gomez, le feul qui reftoit, fut recueilli, en 1587, par le corfaire Anglois Cawendish, qui donna au lieu où il l'avoit trouvé le nom de *port Famine.*

Cependant, la deftruction de la Colonie eut de moindres fuites qu'on ne le craignoit. Le détroit de Magellan ceffa bientôt d'être la route des pirates que leur avidité conduifoit dans ces régions éloignées. En 1616, des Navigateurs Hollandois ayant doublé le cap de Horn, ce fut dans la suite le chemin que suivirent les ennemis de l'Espagne qui vouloient passer dans la mer du Sud. Il fut encore plus fréquenté par les vaisseaux François durant la guerre qui bouleversa l'Europe au commencement du siècle. L'impossibilité où se trouvoit Philippe V d'approvisionner lui-même ses Colonies, enhardit les Sujets de son aïeul à aller au Pérou. Le besoin où l'on y étoit de toutes choses fit recevoir ces alliés avec joie, & ils gagnèrent dans les premiers tems jusqu'à huit cents pour cent. Les Négocians de Saint-Malo qui s'étoient emparés de ce commerce, n'acquirent pas des richesses pour eux seuls. En 1709, ils les livrèrent à leur patrie accablée par l'inclémence des saisons, par des défaites réitérées, par une administration ignorante, arbitraire & fiscale. Une navigation qui permettoit de si nobles sacrifices, excita bientôt une émulation trop universelle. La concurrence devint si considérable, les marchandises tombèrent dans un tel avilissement, qu'il fut impossible de les vendre, & que plusieurs Armateurs les brûlèrent, pour n'être pas réduits à les remporter. L'équilibre ne tarda pas à se rétablir ; & ces Etrangers faisoient des bénéfices assez considérables, lorsque la Cour de Madrid prit, en 1718, des mesures efficaces pour les éloigner de ces parages qu'on trouvoit qu'ils fréquentoient depuis trop long-tems.

Cependant, ce ne fut qu'en 1740 que les Espagnols commencèrent à doubler eux-mêmes le cap de Horn. Ils employèrent des bâtimens & des pilotes Malouins dans leurs premiers voyages: mais une assez courte expérience les mit en état de se passer des secours étrangers ; & ces mers orageuses furent bientôt plus familières à leurs Navigateurs qu'elles ne l'avoient jamais été à leurs maîtres dans cette carrière. On sait que depuis, M. de Bougainville a passé le détroit de Magellan; que les Anglois ont passé celui de la Maire, & qu'enfin ces passages sont actuellement aussi fréquentés que les occasions l'exigent.

CHAPITRE III.

DE L'AMÉRIQUE SEPTENTRIONALE.

L'Amérique Septentrionale communique, comme on l'a vu, avec l'Amérique Méridionale par l'isthme de Panama. Cette vaste région est aujourd'hui partagée entre trois Puissances, dont une seule y forme un Etat indépendant. Les deux autres n'y ont que des Colonies : ce sont les Anglois, au Sud des Etats-Unis, & les Espagnols au Sud & à l'Ouest.

Je commencerai par les possessions de ces derniers en parlant successivement du *Mexique*, de la *Californie*, du *Nouveau-Mexique*, de la *Louisiane* & de la *Floride*.

Les Etats unis forment treize Provinces, que je ferai connoître ensuite.

Enfin je parlerai des possessions de l'Angleterre, dont les principales sont le *Canada* & la *Nouvelle-Ecosse.*

PARAGRAPHE PREMIER.

DU MÉXIQUE.

1°. GÉOGRAPHIE PHYSIQUE.

LA grande Cordilière, après avoir traverſé toute l'Amérique Méridionale, s'abaiſſe & ſe ré-trécit dans l'iſthme de Panama ; ſuit dans la même forme les Provinces de Coſta-Ricca, de Nicara-gua, de Guatimala ; s'élargit, s'élève de nou-veau dans le reſte du Mexique, mais ſans ap-procher jamais de la hauteur prodigieuſe qu'elle a dans le Pérou. Ce changement eſt ſur-tout re-marquable vers la mer du Sud. Les rives y ſont très-profondes, & n'offrent un fond que fort près de terre, tandis que dans la mer du Nord on le trouve à une très-grande diſtance du Conti-nent. Auſſi les rades ſont-elles auſſi bonnes, auſſi multipliées dans la première de ces mers, qu'elles ſont rares & mauvaiſes dans l'autre.

Le climat d'une région ſituée preſqu'entière-ment dans la Zone Torride, eſt alternativement humide & chaud. Ces variations ſont plus ſen-ſibles & plus communes dans les contrées baſſes, marécageuſes, remplies de forêts & incultes de l'Eſt, que dans les parties de l'Empire qu'une nature bienfaisante a traitée plus favorablement.

La qualité du sol est aussi très-différente. Il est quelquefois ingrat, quelquefois fertile, selon qu'il est montueux, uni ou submergé.

Les Espagnols ne se virent pas plutôt les maîtres de cette riche & vaste région, qu'ils s'empressèrent d'y édifier des villes dans les lieux qui leur paroissoient le plus favorables au maintien de leur autorité, dans ceux qui leur promettoient de plus grands avantages de leur conquête. Ceux des Européens qui vouloient s'y fixer, obtenoient une possession assez étendue : mais ils étoient réduits à chercher des cultivateurs que la loi ne leur donnoit pas.

Un autre ordre de choses s'observoit dans les campagnes. Elles étoient la plupart distribuées aux conquérans pour prix de leur sang ou de leurs services. L'étendue de ces domaines, qui n'étoient accordés que pour deux ou trois générations, étoit proportionnée au grade & à la faveur. On y attacha, comme serfs, un nombre plus ou moins grand de Mexicains. Cortès en eut vingt-trois mille dans les Provinces de Mexico, de Tlascala, de Mechoacan & de Oaxaca, avec cette distinction qu'ils devoient être l'apanage de la famille à perpétuité. Il faut que l'oppression ait été moindre dans ces possessions héréditaires que dans le reste de l'Empire, puisqu'en qu'en 1746 on y comptoit encore quinze mille neuf cent quarante Indiens, dix-huit cents Efpagnols, métis ou mulâtres, & feize cents efclaves noirs.

Le pays n'avoit aucun des animaux néceffaires pour la fubfiftance de fes nouveaux habitans, pour le labourage & pour les autres befoins inféparables d'une fociété un peu compliquée. On les fit venir des îles déjà foumifes à la Caftille qui elles-mêmes les avoit naguère reçus de notre hémifphère. Ils propagèrent avec une incroyable célérité. Tous dégénérèrent ; & comment, affoiblis par le trajet des mers, privés de leur nourriture originaire, livrés à des mains incapables de les élever & de les foigner ; comment n'auroient-ils pas fouffert des altérations fenfibles ? La plus marquée fut celle qu'éprouva la brebis. Mendoza fit venir des béliers d'Efpagne pour renouveler des races abâtardies ; &, depuis cette époque, les toifons fe trouvèrent de qualité fuffifante pour fervir d'aliment à plufieurs manufactures affez importantes.

La multiplication des troupeaux amena une grande augmentation dans les cultures. Au maïs, qui avoit toujours fait la principale nourriture des Mexicains, on affocia les grains de nos contrées. Dans l'origine, ils ne réuffirent pas. Leurs femences jetées au hafard dans des ronces, ne

donnèrent d'abord que des herbes épaiſſes &
ſtériles. Une végétation trop rapide & trop vi-
goureuſe ne leur laiſſoit pas le tems de mûrir,
ni même de ſe former : mais cette ſurabondance
de ſucs diminua peu-à-peu ; & l'on vit enfin proſ-
pérer la plupart de nos grains, de nos légumes
& de nos fruits. Si la vigne & l'olivier ne furent
pas naturaliſés dans cette partie du Nouveau-
Monde, ce fut le Gouvernement qui l'empêcha,
dans la vue de laiſſer des débouchés aux productions de la Métropole. Peut-être le ſol & le climat auroient-ils eux-mêmes repouſſé ces pré-
cieuſes plantes. Du moins eſt-on autoriſé à le
penſer, quand on voit que les eſſais que vers
1706 il fut permis aux Jéſuites & aux héritiers
de Cortès de tenter, ne furent pas heureux, &
que les expériences qu'on a tentées depuis ne
l'ont pas été beaucoup davantage.

Le coton, le tabac, le cacao, le ſucre, quelques autres productions réuſſirent généralement :
mais faute de bras ou d'activité, ces objets furent
concentrés dans une circulation intérieure. Il n'y
a que le jalap, la vanille, l'indigo & la cochenille qui entrent dans le commerce de la Nouvelle-Eſpagne avec les autres Nations.

Le jalap eſt un des purgatifs les plus employés
dans la médecine. Il tire ſon nom de la ville de
Xalapa, aux environs de laquelle il croît abon-

damment. Sa racine, la feule partie qui foit d'u-
fage, eft tubéreufe, groffe, alongée en forme
de navet, blanche à l'intérieur, & remplie d'un
fuc laiteux. La plante qu'elle produit a été long-
tems inconnue.

Cette plante fe trouve non-feulement dans le
voifinage de Xalapa, mais encore fur les fables
de la Vera-Cruz. On la cultive facilement. Le
poids des racines eft depuis douze jufqu'à vingt
livres. On les coupe par tranches pour les faire
fécher. Elles acquièrent alors une couleur brune,
un œil réfineux. Leur goût eft un peu âcre &
caufe des naufées. Le meilleur jalap eft compact,
réfineux, brun, difficile à rompre & inflamma-
ble. On ne le donne qu'à une dofe très-petite,
parce qu'il eft très actif & purge violemment.
Son extrait réfineux, fait par l'efprit-de-vin, eft
employé aux mêmes ufages, mais avec plus de
précaution. L'Europe en confomme annuellement fept mille cinq cents quintaux, qu'elle
paie 972,000 livres.

La vanille eft une plante qui, comme le lierre,
s'accroche aux arbres qu'elle rencontre, les couvre prefqu'entièrement, & s'élève par leur fecours. Elle produit un fruit charnu, compofé
comme une gouffe de fept à huit pouces de longueur qui s'ouvre en trois vulves chargées de
mêmes femences. Cette plante croît naturelle-

ment dans les terreins incultes, toujours humides, souvent inondés & couverts de grands arbres ; d'où l'on peut inférer que ces terreins sont les plus propres à sa culture. Pour la multiplier, il suffit de piquer au pied des arbres quelques rameaux ou sarmens qui prennent racine & s'élèvent en peu de tems. Quelques cultivateurs, pour préserver leurs plants de la pourriture, préfèrent de les attacher aux arbres mêmes à un pied de terre. Ces plants ne tardent pas à pousser des filets qui, descendant en ligne droite, vont s'enfoncer dans la terre & y former des racines.

La récolte des gousses commence vers la fin de Septembre, & dure environ trois mois. L'aromate qui leur est particulier ne s'acquiert que par la préparation. Elle consiste à enfiler plusieurs gousses, à les tremper un moment dans une chaudière d'eau bouillante pour les blanchir. On les suspend ensuite dans un lieu exposé à l'air libre & aux rayons du Soleil. Il découle alors de leur extrémité une liqueur visqueuse, surabondante, dont on facilite la sortie par une pression légère, réitérée deux ou trois fois le jour. Pour retarder la desiccation qui doit se faire lentement, on les enduit à plusieurs reprises d'huile, qui conserve leur mollesse & les préserve des insectes. On les entoure aussi d'un fil de coton pour empêcher qu'elles ne s'ouvrent. Lorsqu'elles sont suffisamment desséchées, on les passe dans des mains ointes d'huile, & on les met dans un pot vernissé pour les conserver fraîchement.

Voilà tout ce qu'on sait sur la vanille particulièrement destinée à parfumer le chocolat dont l'usage a passé des Mexicains aux Espagnols, & des Espagnols aux autres peuples ; & encore ces notions, tout-à-fait modernes, sont-elles dues à un Naturaliste François. Il n'en vient annuellement en Europe que cinquante quintaux, & elle n'y est pas vendue au-dessus de 431,568 livres.

L'indigotier est une plante droite & assez touffue. Le pistil se change en une petite gousse arrondie, légèrement courbe, d'un pouce de longueur, & d'une ligne & demie de largeur, remplie de semences cylindriques, luisantes & rembrunies.

Cette plante veut une terre légère, bien labourée, & qui ne soit jamais inondée. On préfère pour cette raison des lieux qui ont de la pente, parce que cette position préserve les champs du séjour des pluies qui flétriroient l'indigotier, & des inondations qui le couvriroient d'un limon nuisible. Les terreins bas & plats peuvent être encore employés pour cette culture, si l'on pratique des rigoles & des fossés pour l'écoulement des eaux, & si on a la précaution de ne planter qu'après la saison des pluies qui occasionnent souvent des débordemens. On jette la graine dans de petites fosses faites avec la houe, de deux ou trois pouces de profondeur, éloignées d'un pied les unes des autres, & en ligne droite le plus qu'il est possible. Il faut avoir une attention continuelle à arracher les mauvaises herbes qui étoufferoient aisément l'indigotier. Quoiqu'on le puisse semer en toutes les saisons, on préfère communément le Printems. L'humidité fait lever la plante dans trois ou quatre jours. Elle est mûre au bout de deux mois. On la coupe avec des couteaux courbés en serpettes, lorsqu'elle commence à fleurir; & les coupes continuent de six semaines en six semaines, si le tems est un peu pluvieux. Sa durée est d'environ deux ans. Après ce terme elle dégénère. On l'arrache, & on la renouvelle.

Comme cette plante épuise bientôt le sol, parce qu'elle ne pompe pas assez d'air & de rosée par ses feuilles pour humecter la terre, il est avantageux au cultivateur d'avoir un vaste espace qui demeure couvert d'arbres, jusqu'à ce qu'il convienne de les abattre, pour faire occuper leur place par l'indigo: car il faut se représenter les arbres comme des siphons par lesquels la terre & l'air se communiquent réciproquement leur substance fluide & végétative, des siphons où les vapeurs & les sucs s'attirant tour-à-tour, se mettent en équilibre. Ainsi, tandis que la sève de la terre monte par les racines jusqu'aux branches, les feuilles aspirent l'air & les vapeurs qui, circulant par les fibres de l'arbre, redescendent dans la terre, & lui rendent en rosée ce qu'elle perd en sève. C'est pour obéir à cette influence réciproque, qu'au défaut des arbres qui conservent les champs vierges pour y semer de l'indigo, on couvre ceux qui sont usés par cette plante de patates ou de lianes, dont les branches rampantes conservent la fraîcheur de la terre, & dont les feuilles brûlées renouvellent la fertilité.

On distingue plusieurs espèces d'indigo, mais on n'en cultive que deux. Le franc dont nous venons de parler, & le bâtard qui en diffère par sa tige beaucoup plus élevée, plus ligneuse & plus durable; par ses folioles plus longues & plus étroites; par ses gousses plus courbes; par ses semences noirâtres. Quoique l'un obtienne un plus haut prix, il est communément avantageux de cultiver l'autre, parce qu'on le renouvelle moins souvent, qu'il est plus pesant, qu'il donne plus de feuilles dont le produit est cependant moindre, à volume égal. On trouve un plus grand nombre de terres propres au premier; le fecond réuffit mieux dans celles qui font plus expofées à la pluie. Tous deux font fujets à de grands accidens dans le premier âge. Ils font quelquefois brûlés par l'ardeur du Soleil , ou étouffés fous une toile dont un ver particulier à ces régions les entoure. On en voit dont le pied sèche & tombe par la piquure d'un autre ver fort commun, ou dont les feuilles qui font leur prix , font dévorées en vingt-quatre heures par les chenilles. Ce dernier accident trop ordinaire a fait dire que les cultivateurs d'indigo fe cou-choient riches & fe levoient ruinés.

Cette production doit-être ramaffée avec pré-caution , de peur qu'en la fecouant on ne faffe tomber la farine attachée aux feuilles , qui eft très-précieufe. On la jette dans la *trempoire.* C'eft une grande cuve, remplie d'eau. Il s'y fait une fermentation qui , dans vingt-quatre heures au plus tard , arrive au degré qu'on defire. On ouvre alors un robinet pour faire couler l'eau dans une feconde cuve, appelée la *batterie.* On nettoie auffi-tôt la trempoire , afin de lui faire recevoir de nouvelles plantes , & de continuer le travail fans interruption.

L'eau qui a paffé dans la batterie fe trouve imprégnée d'une terre très-fubtile qui conftitue feule la fécule ou fubftance bleue que l'on cher-che , & qu'il faut féparer du fel inutile de la plante , parce qu'il fait furnager la fécule. Pour y parvenir, on agite violemment l'eau avec des feaux de bois percés & attachés à un long manche. Cet exercice exige la plus grande précaution. Si on ceffoit trop tôt de battre, on perdroit la partie colorante qui n'auroit pas encore été féparée du fel. Si au contraire, on continuoit de battre la teinture après l'entière féparation , les parties fe rapprocheroient, formeroient une nouvelle combinaifon ; & le fel, par fa réaction fur la fécule, exciteroit une feconde fermentatation qui altéreroit la teinture , en noirciroit la couleur, & feroit ce qu'on appelle *indigo brûlé.* Ces accidens font prévenus par une attention fuivie aux moindres changemens que fubit la teinture , & par la précaution que prend l'ouvrier d'en puifer un peu , de tems en tems, avec un vafe propre. Lorfqu'il s'apperçoit que les molécules colorées fe raffemblent en fe féparant du refte de la liqueur, il fait ceffer le mouvement des feaux pour donner le tems à la fécule bleue de fe précipiter au fond de la cuve, où on la laiffe raffeoir jufqu'à ce que l'eau foit totalement éclaircie. On débouche alors fuccef-fivement des trous percés à différentes hauteurs, par lefquels cette eau inutile fe répand en dehors.

La fécule bleue qui eft reftée au fond de la

batterie, ayant acquis la confiftance d'une boue liquide, on ouvre des robinets qui la font paffer dans le *repofoir*. Après qu'elle s'eft encore dégagée de beaucoup d'eau fuperflue dans cette troifième & dernière cuve, on la fait égoutter dans des facs ; d'où, quand il ne filtre plus d'eau au travers de la toile, cette matière devenue plus épaiffe, eft mife dans des caiffons où elle achève de perdre fon humidité. Au bout de trois mois, l'indigo eft en état d'être vendu.

Les blanchiffeufes l'emploient pour donner une couleur bleuâtre au linge. Les Peintres s'en fervent dans leurs détrempes. Les Teinturiers ne fauroient faire du beau bleu fans indigo. Les Anciens le tiroient de l'Inde Orientale. Il a été tranfplanté, dans des tems modernes, en Amérique. Sa culture, effayée fucceffivement en différens endroits, paroît fixée à la Caroline, à la Géorgie, à la Floride, à la Louifiane, à Saint-Domingue & au Mexique. Ce dernier, le plus recherché de tous, eft connu fous le nom de *Guatimala*, parce qu'il croît fur le territoire de cette cité fameufe. On fe l'y procure d'une manière qui mérite d'être remarquée.

Dans ces belles contrées où chaque propriété a quinze ou vingt lieues d'étendue, une portion de ce vafte efpace eft employé tous les ans à la culture de l'indigo. Pour l'obtenir, les travaux fe réduifent à brûler les arbuftes qui couvrent les campagnes, à donner aux terres un feul labour fait avec négligence. Ces opérations ont lieu dans le mois de Mars, faifon où il ne pleut que très-rarement dans ce délicieux climat. Un homme à cheval jette enfuite la graine de cette plante de la même manière qu'on sème le blé en Europe. Perfonne ne s'occupe plus de cette riche production jufqu'à la récolte.

Il arrive de-là que l'indigo lève dans un endroit, & qu'il ne lève point dans d'autres ; que celui qui eft levé eft fouvent étouffé par les plantes parafites dont des farclages faits à propos l'auroient débarraffé. Auffi les Efpagnols recueillent-ils moins d'indigo fur trois ou quatre lieues de terrein ; que les Nations rivales dans quelques arpens bien travaillés. Auffi leur indigo, quoique fort fupérieur à tous les autres, n'a-t il pas toute la perfection dont il feroit fufceptible. L'Europe en reçoit annuellement fix mille quintaux, qu'elle paie 7,626,960 livres.

La cochenille, à laquelle nous devons nos belles couleurs de pourpre & d'écarlate, n'a exifté jufqu'ici qu'au Mexique.

C'eft un infecte de la groffeur & de la forme d'une punaife. La femelle, fixée fur un point de la plante prefque au moment de fa naiffance, y refte toujours attachée par une efpèce de trompe,

& ne préfente qu'une croûte prefque hémifphé-
rique qui recouvre toutes les autres parties.
Cette enveloppe change deux fois en vingt-cinq
jours, & eft enduite d'une poufsière blanche,
grafse, impénétrable à l'eau. Son volume augmente fenfiblement jufqu'à ce qu'une goutte de
liqueur, échappée de defsous elle, annonce la
fortie prochaine des œufs qui font en grand
nombre. Les petits rompent leur enveloppe en
naifsant, & fe répandent bientôt fur la plante
pour choifir une place favorable & pour s'y
fixer. Ils cherchent fur-tout à fe mettre à l'abri
du vent d'Eft. Aufsi l'arbrifseau fur lequel ils vivent, vu de ce côté-là, paroît-il tout verd; tandis qu'il eft blanc du côté oppofé fur lequel les
infectes fe font portés de préférence.

Cet arbrifseau, connu fous le nom de *nopal*,
de *raquette* & de *figue d'Inde*, a environ cinq
pieds de haut. Sa tige eft charnue, large, appla-
tie, veloutée, un peu âpre, couverte de houp-
pes d'épines répandues fymétriquement fur fa
furface.

Dix-huit mois après la plantation, on couvre
le nopal de cochenilles : mais pour les diftribuer
plus régulièrement fur toute la plante, & empêcher qu'elles ne fe nuifent par leur rapproche-
ment, on attache aux épines, de diftance en diftance, de petits nids faits avec la bourre de coco,

ouverts du côté de l'Ouest, remplis de douze à quinze mères prêtes à pondre. Les petits qui en sortent s'attachent au nopal, & parviennent à leur plus grande consistance en deux mois qui font la durée de leur vie. On en fait alors la récolte, qui se renouvelle tous les deux mois depuis Octobre jusqu'en Mai. Elle peut être moins avantageuse s'il y a un mélange d'une autre cochenille de moindre prix, ou s'il y a abondance de mâles dont on fait peu de cas, parce qu'ils font plus petits & qu'ils tombent avant le tems. Cette récolte doit précéder de quelques jours le moment de la ponte, soit pour prévenir la perte des œufs qui font riches en couleur, soit pour empêcher les petits de se répandre sur une plante déjà épuisée, qui a besoin de quelques mois de repos. En commençant par le bas, on détache successivement les cochenilles avec un couteau, & on les fait tomber dans un bassin placé au-dessous, dont un des bords applati s'applique exactement contre la plante que l'on nettoie ensuite avec le même couteau ou avec un linge.

Immédiatement avant la saison des pluies, pour prévenir la destruction totale des cochenilles qui pourroit être occasionnée par l'intempérie de l'air, on coupe les branches de nopal chargées d'infectes encore jeunes. On les serre dans les habitations, où elles conservent leur fraîcheur comme toutes les plantes qu'on nomme *graffes*. Les cochenilles y croiffent pendant la mauvaife faifon. Dès qu'elle eft paffée, on les met fur des arbres extérieurs où la fraîcheur vivifiante de l'air leur fait bientôt faire leurs petits.

Les cochenilles n'ont pas été plutôt recueillies, qu'on les plonge dans l'eau chaude pour les faire mourir. Il y a différentes manières de les fécher. La meilleure eft de les expofer pendant plufieurs jours au Soleil, où elles prennent une teinte de brun roux, ce que les Efpagnols appellent *renegrida*. La feconde eft de les mettre au four, où elles prennent une couleur grifâtre, veinée de pourpre, ce qui leur fait donner le nom de *jafpeada*. Enfin, la plus imparfaite, qui eft celle que les Indiens pratiquent le plus communément, confifte à les mettre fur des plaques avec leurs gâteaux de maïs : elles s'y brûlent fouvent. On les appelle *negra*.

Quoique la cochenille appartienne au règne animal qui eft l'efpèce la plus périffable, elle ne fe gâte jamais. Sans autre attention que celle de l'enfermer dans une boîte, on la garde des fiècles entiers avec toute fa vertu.

Cette riche production réuffiroit vraifemblablement dans différentes parties du Mexique : mais jufqu'à nos jours, il n'y a guère que la Province d'Oaxaca qui s'en foit férieufement occupée. Les récoltes ont été plus abondantes fur un terrein aride, où le nopal fe plaît, que fur un fol naturellement fécond; elles ont éprouvé moins d'accidens dans les expofitions agréablement tempérées, que dans celles où le froid & le chaud fe faifoient fentir davantage. Les Mexicains connoiffoient la cochenille avant la deftruction de leur Empire. Ils s'en fervoient pour peindre leurs maifons & pour teindre leur coton. On voit dans Herrera que, dès 1523, le Miniftère ordonnoit à Cortès de la multiplier. Les conquérans repouffèrent ce travail comme ils méprifoient tous les autres, & il refta tout entier aux Indiens. Eux feuls s'y livrent encore: mais trop fouvent avec les fonds avancés par les Efpagnols, à des conditions plus ou moins ufuraires. Le fruit de leur induftrie eft tout porté dans la Capitale de la Province, qui fe nomme auffi *Oaxaca.*

Cette ville, où l'on arrive par de beaux chemins, & où l'on jouit d'un Printems continuel, s'élève au milieu d'une plaine fpacieufe, couverte de jolis hameaux & bien cultivée. Ses rues font larges, tirées au cordeau, & formées par des maifons un peu baffes, mais agréablement bâties. Ses places, fon aqueduc, fes édifices publics font d'affez bon goût. Elle a quelques manufactures de foie & de coton. Les marchandifes d'Afie & celles d'Europe y font d'un ufage général. Nous avons eu occasion de voir plusieurs voyageurs que les circonstances avoient conduits à Oaxaca. Tous nous ont assuré que de tous les Etablissemens formés par les Espagnols dans le Nouveau-Monde, c'étoit celui où l'esprit de société avoit fait le plus de progrès. Tant d'avantages paroissent une suite du commerce de la cochenille.

Indépendamment de ce que consomment l'Amérique & les Philippines, l'Europe reçoit tous les ans quatre mille quintaux de cochenille fine, deux cents quintaux de granille, cent quintaux de poussière de cochenille, & trois cents quintaux de cochenille sylvestre, qui, rendus dans ses ports, sont vendus 8,610,140 livres.

Cette riche production n'a crû jusqu'ici qu'au profit de l'Espagne. M. Thiery, Botaniste François, bravant plus de dangers qu'on n'en sauroit imaginer, l'a enlevée à Oaxaca même, & l'a transplantée à Saint-Domingue, où il la cultive avec une persévérance digne de son premier courage. Ses premiers succès ont surpassé son attente, & tout porte à espérer que la suite répondra à de si heureux commencemens.

Aux grandes exportations dont on a parlé, il faut ajouter l'envoi que fait le Mexique de dix mille trois cent cinquante quintaux de bois de campêche, qui produisent 112,428 livres; de

trois

trois cent dix quintaux de bresillet, qui produisent 4,266 livres; de quarante-sept quintaux de carmin, qui produisent 81,000 livres; de six quintaux d'écaille, qui produisent 24,300 livres; de quarante-sept quintaux de rocou, qui produisent 21,600 livres; de trente quintaux de salsepareille, qui produisent 4,147 livres; de quarante quintaux de baume, qui produisent 45,920 livres; de cinq quintaux de sang de dragon, qui produisent 270 livres; de cent cuirs en poil, qui produisent 1,620 livres.

Mais, comme si la nature n'avoit pas fait assez pour l'Espagne, en lui accordant presque gratuitement tous les trésors de la terre que les autres Nations ne doivent qu'aux travaux les plus rudes, elle lui a encore prodigué, sur-tout au Mexique, l'or & l'argent qui font le véhicule ou le signe de toutes les productions.

De l'exploitation des mines.

Chaque métal se montre à nous, tantôt sous la forme qui le caractérise, & tantôt sous des formes variées, dans lesquelles il n'y a que des yeux exercés qui puissent le reconnoître. Dans le premier cas, on l'appelle *vierge*, & dans le second, *minéralisé.*

Soit vierges, soit minéralisés, les métaux sont quelquefois épars par fragmens, dans les couches horizontales ou inclinées de la terre. Le travail du Minéralogiste consiste à retirer ces différens métaux de la terre avec le plus d'avantage possible.

Lorsque le travail de la minéralogie est fini, celui de la métallurgie commence. Son objet est de séparer les métaux les uns des autres, & de les dégager des matières étrangères qui les enveloppent.

Pour séparer l'or des pierres qui le contiennent, il suffit de les écraser & de les réduire en poudre. On triture ensuite la matière pulvérisée avec du vif argent, qui s'unit avec ce précieux métal, mais sans s'unir, ni avec le roc, ni avec le sable, ni avec la terre qui s'y trouvoient mêlés. Avec le secours du feu, on distille ensuite le mercure, qui, en partant, laisse l'or au fond du vase dans l'état d'une poudre qu'on purifie à la coupelle. L'argent vierge n'exige pas d'autres préparations.

Mais quand l'argent est combiné avec des substances étrangères, ou avec des métaux d'une nature différente, il faut une grande capacité & une expérience consommée pour le purifier. Tout autorise à penser qu'on n'a pas ce talent dans le Nouveau-Monde. Aussi est-il généralement reçu, que des mineurs Allemands ou Suédois, trouveroient dans le minéral déjà exploité, plus de richesses que l'Espagnol n'en a déjà tirées.

Avant l'arrivée des Castillans, les Mexicains n'avoient d'or que ce que les torrens en détachoient des montagnes; ils avoient moins d'argent encore, parce que les hasards qui pouvoient en faire tomber dans leurs mains, étoient infiniment plus rares. Ces métaux n'étoient pas pour eux un moyen d'échange, mais de pur ornement & de simple curiosité. Ils y étoient peu attachés. Aussi prodiguèrent-ils d'abord le peu qu'ils en avoient à une Nation étrangère qui en faisoit son idole; aussi en jettoient-ils aux pieds de ses chevaux, qui, en mâchant leurs mords, devoient paroître s'en nourrir. Mais, lorsque les hostilités entre les deux peuples eurent commencé, & à mesure que l'animosité augmentoit, ces perfides trésors furent jetés en partie dans les lacs & dans les rivières, pour en priver un ennemi implacable qui sembloit n'avoir passé tant de mers que pour en obtenir la possession. Ce fut sur-tout dans la Capitale & à son voisinage qu'on prit ce parti. Après la soumission, le conquérant parcourut l'Empire pour satisfaire sa passion dominante. Les temples, les Palais, les maisons des Particuliers, les moindres cabanes : tout fut visité, tout fut dépouillé. Cette source épuisée, il fallut recourir aux mines.

Celles qui pouvoient donner des plus grandes

efpérances fe trouvoient dans des contrées qui n'avoient jamais fubi le joug Mexicain. Nuno de Gufman fut chargé, en 1530, de les affervir. Ce que ce Capitaine devoit à un nom illuftre ne l'empêcha pas de furpaffer en férocité tous les aventuriers, qui jufqu'alors avoient inondé de fang les infortunées campagnes du Nouveau-Monde. Sur des milliers de cadavres, il vint à bout, en moins de deux ans, d'établir une domination très-étendue, dont on forma l'audience de Guadalaxara. Ce fut toujours la partie de la Nouvelle Efpagne la plus abondante en métaux. Ces richeffes font fur-tout communes dans la Nouvelle-Galice, dans la Nouvelle-Bifcaye, & principalement dans le pays de Zacatecas. Du fein de ces arides montagnes fort la plus grande partie des 80,000,000 de liv. qu'on fabrique annuellement dans les monnoies du Mexique. La circulation intérieure, les Indes Orientales, les îles nationales & la contrebande, abforbent près de la moitié de ce numéraire. On en porte dans la Métropole 44,196,047 livres, à quoi il faut ajouter cinq mille fix cent trente quatre quintaux de cuivre qui font vendus en Europe 453,600 liv.

Dans les premières années qui fuivirent la conquête, tous les paiemens fe faifoient avec des lingots d'argent, avec des morceaux d'or, dont le poids & la valeur avoient reçu la fanction du Gouvernement. Le befoin d'une monnoie régulière ne tarda pas à fe faire fentir, & vers 1542 ces premiers métaux furent convertis en efpèces de différentes grandeurs. On en fabriqua même de cuivre, mais les Indiens les dédaignèrent. Forcés d'en recevoir, ils les jetoient avec mépris dans les lacs & dans les rivières. En moins d'un an, il en difparut pour plus d'un million; & ce fut une néceffité de renoncer à un moyen d'échange qui révoltoit les dernières claffes du peuple.

Quoique l'éducation des troupeaux, les cultures & l'exploitation des mines foient reftées, au Mexique, fort loin du terme où une Nation active n'eût pas manqué de les porter, les manufactures y font dans un plus grand défordre encore. Celles de laine & de coton font affez généralement répandues : mais comme elles font entre les mains des Indiens, des métis, des mulâtres, & qu'elles ne fervent qu'aux vêtemens des gens peu riches, leur imperfection furpaffe tout ce qu'on peut dire. Il ne s'en eft formé de moins défectueufes qu'à Quexetaco où l'on fabrique d'affez beaux draps. Mais c'eft fur tout dans la Province de Tlafcala que les travaux font animés. Sa pofition entre Vera-Crux & Mexico, la douceur du climat, la beauté du pays, la fertilité des terres y ont fixé la plupart des ouvriers qui

H iij

paſſoient de l'Ancien dans le Nouveau-Monde. On en a vu ſortir ſucceſſivement des étoffes de ſoie, des rubans, des galons, des dentelles, des chapeaux qu'ont conſommés ceux des métis, ceux des Eſpagnols qui n'étoient pas en état de payer les marchandiſes apportées d'Europe. C'eſt los-Angeles, ville étendue, riche & peuplée, qui eſt le centre de cette induſtrie. Toute la fayance, la plupart des verres & des cryſtaux qui ſe vendent dans l'Empire, ſortent de ſes atteliers. Le Gouvernement y fait même fabriquer des armes à feu.

Dans cette multitude d'immenſes conſtructions que l'on voit à Mexico, il n'y a que deux monumens dignes de fixer l'attention d'un voyageur. L'un eſt le Palais du Vice-Roi où s'aſſemblent auſſi les Tribunaux, où l'on fabrique la monnoie, où eſt le dépôt du vif-argent. Un peuple, que la famine pouſſoit au déſeſpoir, le brûla en 1692. On l'a rebâti depuis sur un meilleur plan. C'eſt un quarré qui a quatre tours & ſept cent cinquante pieds de long ſur ſix cent quatre-vingt-dix de large. La Cathédrale, commencée en 1573 & finie en 1667, feroit également honneur aux meilleurs Artiſtes. Sa longueur eſt de quatre cents pieds, ſa largeur de cent quatre-vingt-quinze ; elle a coûté 9,460,800 l. Malheureuſement, ces édifices n'ont pas la ſolidité qu'on leur deſireroit,

On a vu que Mexico eſt ſitué dans un lac conſidérable qu'une langue de terre fort étroite diviſe en deux parties, l'une remplie d'eaux douces & l'autre d'eaux ſalées. Ces eaux paroiſſent également ſortir d'une haute montagne ſituée à peu de diſtance de la ville, avec cette différence que les dernières doivent traverſer des mines qui leur communiquent leur qualité. Mais indépendamment de ces ſources régulières, il exiſte un peu plus loin quatre petits lacs qui, dans le tems des orages, ſe déchargent quelquefois dans le grand avec une violence deſtructive.

Les anciens habitans avoient été toujours expoſés à des inondations qui leur faiſoient payer fort cher les avantages que leur procuroit l'emplacement qu'ils avoient choiſi pour en faire le centre de leur puiſſance. Aux calamités inſéparables de ces débordemens trop répétés ſe joignit pour leur vainqueur le chagrin de voir ſes bâtimens plus peſans s'enfoncer, quoiqu'élevés ſur pilotis, en fort peu de tems, de quatre, de cinq, de ſix pieds dans un terrein qui n'avoit pas aſſez de ſolidité pour les porter.

On eſſaya à pluſieurs repriſes de détourner des torrens ſi terribles : mais les Directeurs de ces grands ouvrages n'avoient pas des connoiſſances ſuffiſantes pour employer les méthodes les plus efficaces, ni les agens ſubalternes aſſez de zèle pour suppléer par leurs efforts à l'incapacité des Chefs.

L'Ingénieur Martinès eut, en 1607, l'idée d'un grand canal qui parut généralement préférable à tous les moyens mis en usage jusqu'à cette époque. Pour fournir à cette dépense, on exigea le centième du prix des maisons, des terres, des marchandises : impôt inconnu dans le Nouveau-Monde. Quatre cent soixante-onze mille cent cinquante-quatre Indiens furent occupés pendant six mois à ce travail, & l'entreprise fut jugée ensuite impraticable.

La Cour, fatiguée de la diversité des opinions & des troubles qu'elle occasionnoit, arrêta, en 1631, que Mexico seroit abandonnée, & qu'on construiroit ailleurs une nouvelle Capitale. L'avarice qui ne vouloit rien sacrifier, la volupté qui craignoit d'interrompre ses plaisirs, la paresse qui redoutoit les soins ; toutes les passions se réunirent pour faire changer les résolutions du Ministère, & leur espérance ne fut pas trompée.

Il se passa un siècle & plus, sans que le Gouvernement s'occupât de l'obligation de prévenir des malheurs dont les peuples avoient à gémir sans cesse. A la fin, les esprits se sont réveillés. On s'est déterminé, en 1763, à couper une montagne où l'on s'étoit contenté jusqu'alors de faire des excavations ; & depuis les eaux ont eu tout l'écoulement que la sûreté publique pouvoit exiger. C'est le commerce qui s'est chargé de ce grand ouvrage pour 4,320,000 liv. Lui-même il a voulu supporter tout ce que cette entreprise coûteroit de plus; & que si, on faisoit des économies, elles tournassent au profit du fisc. Cette générosité n'a pas été une vertu d'ostentation. Il en a coûté 1,890,000 liv. aux Négocians pour avoir servi leur patrie.

On médite d'autres travaux. Le projet de dessécher le grand lac qui entoure Mexico paroît arrêté; & les gens de l'art demandent 8,100,000 liv. pour conduire le nouveau plan à un heureux terme. C'est beaucoup. Mais qu'est-ce que l'argent, quand il s'agit de la salubrité de l'air, de la conservation des hommes, de la multiplication des denrées?

GÉOGRAPHIE POLITIQUE.

Conquête & révolutions.

MONTEZUMA régnoit au Mexique lorsque Cortès arriva dans ce pays pour en faire la conquête. Depuis que ce Prince étoit sur le trône, il ne montroit aucun des talens qui l'y avoient fait monter. Du sein de la mollesse, il méprisoit ses sujets, il opprimoit ses tributaires. L'arrivée des Espagnols ne rendit pas du ressort à cette ame avilie & corrompue. Il perdit en négociant le tems qu'il falloit employer en combats, & voulut renvoyer avec des préfens des ennemis qu'il falloit détruire. Cortès, à qui cet engourdiffement convenoit beaucoup, n'oublioit rien pour le perpétuer. Ses difcours étoient d'un ami. Sa miffion fe bornoit, difoit-il, à entretenir, de la part du plus grand Monarque de l'Orient, le puiffant Maître du Mexique. A toutes les inftances qu'on faifoit pour preffer fon rembarquement, il répondoit toujours qu'on n'avoit jamais renvoyé un Ambaffadeur fans lui donner audience. Cette obftination ayant réduit les Envoyés de Montezuma à recourir, felon leurs inftructions, aux menaces, & à vanter les tréfors & les forces de leur patrie : *Voilà*, dit le Général Efpagnol, en fe tournant vers fes foldats, *voilà ce que nous cherchons, de grands périls & de grandes richeffes.* Il avoit alors fini fes préparatifs, & acquis toutes les connoiffances qui lui étoient néceffaires. Réfolu à vaincre ou à périr, il brûla fes vaiffeaux, & marcha vers la Capitale de l'Empire.

Sur fa route fe trouvoit la République de Tlafcala, de tout tems ennemie des Mexicains, qui vouloient la foumettre à leur domination. Cortés ne doutant pas qu'elle ne dût favorifer fes projets, lui fit demander paffage, & propo-

fer une alliance. Des peuples qui s'étoient interdit presque toute communication avec leurs voisins, & que ce principe insociable avoit accoutumés à une défiance universelle, ne devoient
pas être favorablement disposés pour des Etrangers dont le ton étoit impérieux, & qui avoient
signalé leur arrivée par des insultes faites aux
dieux du pays. Aussi repoussèrent-ils, sans mé-
nagement, les deux ouvertures. Les merveilles
qu'on racontoit des Espagnols étonnoient les
Tlascalteques, mais ne les effrayoient pas. Ils
livrèrent quatre ou cinq combats. Une fois les
Espagnols furent rompus. Cortès se crut obligé
de se retrancher, & les Indiens se firent tuer sur
les parapets. Que leur manquoit-il pour vaincre ?
Des armes.

Un point d'honneur qui tient à l'humanité ;
un point d'honneur qu'on trouva chez les Grecs
au siège de Troye, qui se fit remarquer chez
quelques peuples des Gaules, & qui paroît établi chez plusieurs Nations, contribua beaucoup
à la défaite des Tlascalteques. C'étoit la crainte
& la honte d'abandonner à l'ennemi leurs blessés
& leurs morts. A chaque moment, le soin de
les enlever rompoit les rangs & ralentissoit les
attaques.

Une constitution politique, qu'on ne se feroit
pas attendu à trouver dans le Nouveau-Monde,

s'étoit formée dans cette contrée. Le pays étoit partagé en plusieurs cantons, où régnoient des hommes qu'on appelloit *Caciques*. Ils conduisoient leurs sujets à la guerre, levoient les impôts & rendoient la justice ; mais il falloit que leurs Edits fussent confirmés par le Sénat de Tlascala, qui étoit le véritable Souverain. Il étoit composé de citoyens choisis dans chaque district par les assemblées du peuple.

Les Tlascalteques avoient des mœurs extrêmement sévères. Ils punissoient de mort le mensonge, le manque de respect du fils à son père, le péché contre nature. Le larcin, l'adultère & l'ivrognerie étoient en horreur : ceux qui étoient coupables de ces crimes étoient bannis. Les loix permettoient la pluralité des femmes ; le climat y portoit, & le Gouvernement y encourageoit.

Le mérite militaire étoit le plus honoré, comme il l'est toujours chez les peuples sauvages ou conquérans. A la guerre, les Tlascalteques portoient dans leurs carquois deux flèches, sur lesquelles étoient gravées les images de leurs anciens heros. On commençoit le combat par lancer une de ces flèches, & l'honneur obligeoit à la reprendre.

Dans la ville, ils étoient vêtus ; mais ils se dépouilloient de leurs habits pour combattre.

On vantoit leur bonne-foi & leur franchise dans les Traités : & entr'eux ils honoroient les vieillards.

Leur pays, quoiqu'inégal, quoique peu étendu, quoique médiocrement fertile, étoit fort
peuplé, assez bien cultivé, & l'on y vivoit heureux.

Voilà les hommes que les Espagnols ne dai-
gnoient pas admettre dans l'espèce humaine. Une
des qualités qu'ils méprisoient le plus chez les
Tlascalteques, c'étoit l'amour de la liberté. Ils
ne trouvoient pas que ce peuple eût un Gouvernement, parce qu'il n'avoit pas celui d'un seul ;
ni une police, parce qu'il n'avoit pas celle de
Madrid ; ni des vertus, parce qu'il n'avoit pas
leur culte ; ni de l'esprit ; parce qu'il n'avoit pas
leurs opinions.

Jamais peut-être aucune Nation ne fut idolâtre
de ses préjugés, au point où l'étoient alors, où
le sont peut-être encore aujourd'hui les Espagnols. Ces préjugés faisoient le fond de toutes
leurs pensées, influoient sur leurs jugemens,
formoient leur caractère. Ils n'employoient le
génie ardent & vigoureux que leur a donné la
nature, qu'à inventer une foule de sophismes,
pour s'affermir dans leurs erreurs. Jamais la dé-
raison n'a été plus dogmatique, plus décidée,
plus ferme & plus subtile. Ils étoient attachés à
leurs usages comme à leurs préjugés. Ils ne recon-
noissoient qu'eux dans l'univers de sensés, d'é-
clairés, de vertueux. Avec cet orgueil national,
le plus aveugle qui fut jamais, ils auroient eu

pour Athènes le mépris qu'ils avoient pour Tlaſ-
cala.

Malgré cette manière de penſer ſi hautaine & ſi dédaigneuſe, les Eſpagnols firent alliance avec les Tlaſcalteques, qui leur donnèrent ſix mille ſoldats pour les conduire & les appuyer.

Avec ce ſecours, Cortès s'avançoit vers Me-xico, à travers un pays abondant, arroſé, cou-vert de bois, de champs cultivés, de villages & de jardins. La campagne étoit féconde en plantes inconnues à l'Europe. On y voyoit une foule d'oiſeaux d'un plumage éclatant, des animaux d'eſpèces nouvelles. La nature étoit différente d'elle-même, & n'en étoit que plus agréable & plus riche. Un air tempéré, des chaleurs conti-nues, mais ſupportables, entretenoient la parure & la fécondité de la terre. On voyoit dans le même canton, des arbres couverts de fleurs, des arbres chargés de fruits. On ſemoit dans un champ le grain qu'on moiſſonnoit dans l'autre.

Les Eſpagnols ne parurent point ſenſibles à ce nouveau ſpectacle. Tant de beautés ne les tou-choient pas. Ils voyoient l'or ſervir d'ornement dans les maiſons & dans les temples, embellir les armes des Méxicains, leurs meubles & leurs per-ſonnes; ils ne voyoient que ce métal. Sembla-bles à ce Mammona, dont parle Milton, qui, dans le ciel, oubliant la Divinité même, avoit toujours les yeux fixés fur le parvis , qui étoit d'or.

Montézuma, que fes incertitudes , & peut-être la crainte de commettre fon ancienne gloire , avoient empêché d'ataquer les Efpagnols à leur arrivée ; de fe joindre depuis aux Tlafcalteques, plus hardis que lui ; d'affaillir enfin des vainqueurs , fatigués de leurs propres triomphes : Montézuma, dont les mouvemens s'étoient réduits à détourner Cortès du deffein de venir dans fa Capitale , prit le parti de l'y introduire lui-même. Il commandoit à trente Princes , dont plufieurs pouvoient mettre fur pied des armées. Ses richeffes étoient confidérables , & fon pouvoir abfolu. Il paroît que fes fujets avoient quelques connoiffances & de l'induftrie. Ce peuple étoit guerrier & rempli d'honneur.

Si l'Empereur du Mexique eût fu faire ufage de ces moyens , fon trône eût été inébranlable. Mais ce Prince , oubliant ce qu'il fe devoit, ce qu'il devoit à fa Couronne , ne montra pas le moindre courage , la moindre intelligence. Tandis qu'il pouvoit accabler les Efpagnols de toute fa puiffance , malgré l'avantage de leur difcipline & de leur armes, il voulut employer contr'eux la perfidie.

Il les combloit à Mexico de préfens , d'égards, de careffes, & il faifoit attaquer la Vera-Cruz,

Colonie que les Espagnols avoient fondée dans le lieu où ils avoient débarqué pour s'assurer une retraite, ou pour recevoir des secours. *Il faut*, dit Cortès à ses compagnons, en leur apprenant cette nouvelle, *il faut étonner ces barbares par une action d'éclat : j'ai résolu d'arrêter l'Empereur, & de me rendre maître de sa personne.* Ce dessein fut approuvé. Aussi-tôt, accompagné de ses Officiers, il marche au palais de Montézuma, & lui déclare qu'il faut le suivre, ou se résoudre à périr. Ce Prince, par une bassesse égale à la témérité de ses ennemis, se met entre leurs mains. Il est obligé de livrer au supplice les Généraux qui n'avoient agi que par ses ordres ; & il met le comble à son avilissement, en rendant hommage de sa Couronne au Roi d'Espagne.

Au milieu de ces succès, on apprend que Narvaès vient d'arriver de Cuba avec huit cents fantassins, avec quatre-vingts chevaux, avec douze pièces de canon, pour prendre le commandement de l'armée & pour exercer des vengeances. Ces forces étoient envoyées par Velasquès, mécontent que des aventuriers partis sous ses auspices eussent renoncé à toute liaison avec lui ; qu'ils se fussent déclarés indépendans de son autorité, & qu'ils eussent envoyé des députés en Europe, pour obtenir la confirmation des pouvoirs qu'ils s'étoient arrogés eux-mêmes. Quoique Cortès
n'ait

n'ait que deux cent cinquante hommes, il marche à son rival; il le combat, le fait prisonnier, oblige les vaincus à mettre bas les armes, puis les leur rend en leur proposant de le suivre. Il gagne leur cœur par sa confiance & sa magnanimité. Ces soldats se rangent sous ses drapeaux; &, avec eux, il reprend, sans perdre un moment, la route de Mexico, où il n'avoit pu laisser que cent cinquante Espagnols, qui, avec les Tlascalteques, gardoient étroitement l'Empereur.

Il y avoit des mouvemens dans la noblesse Mexicaine, qui étoit indignée de la captivité de son Prince; & le zèle indiscret des Espagnols, qui, dans une fête publique en l'honneur des dieux du pays, renversèrent les autels & massacrèrent les adorateurs & les prêtres, avoit fait prendre les armes au peuple.

Les Mexicains avoient des superstitions barbares; & leurs prêtres étoient des monstres, qui faisoient l'abus le plus affreux du culte abominable qu'ils avoient imposé à la crédulité de la Nation. Elle reconnoissoit, comme tous les peuples policés, un Être Suprême, une vie à venir, avec ses peines & ses récompenses : mais ces dogmes sublimes étoient mêlés d'absurdités, qui les rendoient incroyables.

Dans la religion du Mexique, on attendoit

la fin du monde à la fin de chaque siècle ; & cette année étoit dans l'Empire un tems de deuil & de désolation.

Les Mexicains invoquoient des Puissances subalternes, comme les autres Nations en ont invoquées, sous le nom de *Génies*, de *Camis*, de *Manitous*, d'*Anges*, de *Fétiches*. La moindre de ces Divinités avoit ses temples, ses images, ses fonctions, son autorité particulière, & toutes faisoient des miracles.

Ils avoient une eau sacrée dont on faisoit des aspersions. On en faisoit boire à l'Empereur. Les pélerinages, les processions, les dons faits aux prêtres, étoient de bonnes œuvres.

On connoissoit chez eux des expiations, des pénitences, des macérations, des jeûnes.

Quelques-unes de leurs superstitions leur étoient particulières. Tous les ans ils choisissoient un esclave. On l'enfermoit dans le temple, on l'adoroit, on l'encensoit, on l'invoquoit, & on finissoit par l'égorger en cérémonie.

Voici encore une superstition qu'on ne trouvoit pas ailleurs. Les Prêtres pétrissoient en certains jours une statue de pâte qu'ils faisoient cuire. Ils la plaçoient sur l'autel, où elle devenoit un Dieu. Ce jour-là, une foule innombrable de peuple se rendoit dans le temple. Les Prêtres découpoie nt la statue. Ils en donnoient

un morceau à chacun des assistans, qui le man-
geoit.

Il vaut mieux manger des statues que des hommes ; mais les Mexicains immoloient aussi des
prisonniers de guerre dans leur temple. Les
Prêtres, dit-on, mangeoient ensuite ces prisonniers, & en envoyoient des morceaux à l'Empereur & aux principaux Seigneurs de l'Empire.

Quand la paix avoit duré quelque tems, les
Prêtres faisoient dire à l'Empereur que les dieux
avoient faim ; & , dans la seule vue de faire des
prisonniers, on recommençoit la guerre.

A tous égards, cette religion étoit atroce &
terrible. Toutes ses cérémonies étoient lugubres
& sanglantes. Elle tenoit sans cesse l'homme dans
la crainte. Elle devoit rendre les hommes inhu-
mains, & les Prêtres tout puissans.

On ne peut faire un crime aux Espagnols d'a-
voir été révoltés de ces absurdes barbaries ; mais
il ne falloit pas les détruire par de plus grandes
cruautés ; il ne falloit pas se jetter sur le peuple
assemblé dans le premier temple de la ville, &
l'égorger ; il ne falloit pas assassiner les Nobles
pour les dépouiller.

Cortès, à son retour à Mexico , trouva les
siens assiégés dans le quartier où il les avoit laissés.
C'étoit un espace assez vaste pour contenir les
Espagnols & leurs alliés , & entouré d'un mur

épais, avec des tours placées de diſtance en diſtance. On y avoit diſpoſé l'artillerie le mieux qu'il avoit été poſſible ; & le ſervice s'y étoit toujours fait avec autant de régularité & de vigilance que dans une Place aſſiégée ou dans le camp le plus expoſé. Le Général ne pénétra dans cette eſpèce de fortereſſe qu'après avoir ſurmonté beaucoup de difficultés ; & , quand il y fut enfin parvenu , les dangers continuoient encore. L'acharnement des naturels du pays étoit tel qu'ils haſardoient de pénétrer par les embrâſures du canon, dans l'aſyle qu'ils vouloient forcer.

Pour ſe tirer d'une ſituation déſeſpérée, les Eſpagnols ont recours à des ſorties. Elles ſont heureuſes , ſans être déciſives. Les Mexicains montrent un courage extraordinaire. Ils ſe dévouent gaiement à une mort certaine. On les voit ſe précipiter nuds & ſans défenſe dans les rangs de leurs ennemis pour rendre leurs armes inutiles ou pour les leur arracher. Tous veulent périr pour délivrer leur patrie de ces étrangers, qui prétendoient y régner.

Le combat le plus ſanglant ſe donne ſur une élévation, dont les Américains s'étoient emparés , & d'où ils accabloient de traits plus ou moins meurtriers tout ce qui ſe préſentoit. La troupe chargée de les déloger eſt trois fois repouſſée. Cortès s'indigne de cette réſiſtance , &

quoiqu'assez grièvement blessé, veut se charger lui-même de l'attaque. A peine est-il en possession de ce poste important, que deux jeunes Mexicains jettent leurs armes & viennent à lui comme déserteurs. Ils mettent un genou à terre, dans la posture de supplians, le saisissent & s'élancent avec une extrême vivacité, dans l'espérance de le faire périr, en l'entraînant avec eux. Sa force ou son adresse le débarrassèrent de leurs mains, & ils meurent victimes d'une entreprise généreuse & inutile.

Cette action, mille autres d'une vigueur pareille, font desirer aux Espagnols qu'on puisse trouver des moyens de conciliation. Montézuma, toujours prisonnier, consent à devenir l'instrument de l'esclavage de son peuple, & il se montre, avec tout l'appareil du trône, sur la muraille pour engager ses sujets à cesser les hostilités. Leur indignation leur apprend que son règne est fini; & les traits qu'ils lui lancent le percent d'un coup mortel.

Un nouvel ordre de choses suit de près cet événement tragique. Les Mexicains voient à la fin que leur plan de defense, que leur plan d'attaque sont également mauvais; & ils se bornent à couper les vivres à un ennemi que la supériorité de sa discipline & de ses armes rend invincible. Cortès ne s'apperçoit pas plutôt de ce changement de fyftême, qu'il penfe à fe retirer chez les Tlafcaltèques.

L'exécution de ce projet exigeoit une grande célérité, un fecret impénétrable, des mefures bien combinées. On fe met en marche vers le milieu de la nuit. L'armée défiloit en filence & en ordre fur une digue, lorfque fon arrière-garde fut attaquée avec impétuofité par un corps nombreux, & fes flancs par des canots diftribués aux deux côtés de la chauffée. Si les Mexicains, qui avoient plus de forces qu'ils n'en pouvoient faire agir, euffent eu la précaution de jetter des troupes à l'extrémité des ponts qu'ils avoient fagement rompus, les Efpagnols & leurs alliés auroient tous péri dans cette action fanglante. Leur bonheur voulut que leur ennemi ne fut pas profiter de tous fes avantages ; & ils arrivèrent enfin fur les bords du lac, après des dangers & des fatigues incroyables. Le défordre où ils étoient, les expofoit encore à une défaite entière. Une nouvelle faute vint à fon fecours.

L'aurore permit à peine aux Mexicains de découvrir le champ de bataille, dont ils étoient reftés les maîtres, qu'ils apperçurent parmi les morts un fils & deux filles de Montézuma que es Efpagnols emmenoient avec quelques autres prifonniers. Ce fpectacle glaça d'effroi. L'idée d'avoir maffacré les enfans, après avoir immolé le père, étoit trop forte, pour que des ames foibles & énervées par l'habitude d'une obéiſſance aveugle, puſſent la ſoutenir. Ils craignirent de joindre l'impiété au régicide ; & ils donnèrent à de vaines cérémonies funèbres un tems qu'ils devoient au ſalut de leur patrie.

Durant cet intervalle, l'armée battue qui avoit perdu ſon artillerie, ſes munitions, ſes bagages, ſon butin, cinq ou ſix cents Eſpagnols, deux mille Tlaſcaltèques, & à laquelle il ne reſtoit preſque pas un ſoldat qui ne fût bleſſé, ſe remettoit en marche. On ne tarda pas à la pourſuivre, à la harceler, à l'envelopper enfin dans la vallée d'Otumba. Le feu du canon & de la mouſqueterie, le fer des lances & des épées, n'empêchoient pas les Indiens, tous nuds qu'ils étoient, d'approcher, & de ſe jeter ſur leurs ennemis avec une grande animoſité. La valeur alloit céder au nombre, lorſque Cortès décida de la fortune de cette journée. Il avoit entendu dire que dans une partie du Nouveau-Monde, le ſort des batailles dépendoit de l'étendard Royal. Ce drapeau, dont la forme étoit remarquable, & qu'on ne mettoit en campagne que dans les occaſions les plus importantes, étoit aſſez près de lui. Il s'élance avec ſes plus braves compagnons, pour le prendre. L'un d'eux le ſaiſit & l'emporte dans les rangs des Eſpagnols. Les

Mexicains perdent courage ; ils prennent la fuite en jetant leurs armes. Cortès pourfuit fa marche, & arrive fans obftacle chez les Tlafcaltèques.

Il n'avoit perdu ni le deffein, ni l'efpérance de foumettre l'Empire du Mexique ; mais il avoit fait un nouveau plan. Il vouloit fe fervir d'une partie des peuples, pour affujettir l'autre. La forme du Gouvernement, la difpofition des efprits, la fituation de Mexico, favorifoient ce projet, & les moyens de l'exécuter.

L'Empire étoit électif, & quelques Rois ou Caciques étoient les Electeurs. Ils choififfoient d'ordinaire un d'entr'eux. On lui faifoit jurer que, tout le tems qu'il feroit fur le trône, les pluies tomberoient à propos, les rivières ne cauferoient point de ravages, les campagnes n'éprouveroient point de ftérilité, les hommes ne périroient point par les influences malignes d'un air contagieux. Cet ufage pouvoit tenir au Gouvernement théocratique, dont on trouve encore des traces dans prefque toutes les Nations de l'univers. Peut-être auffi le but de ce ferment bizarre étoit-il de faire entendre au nouveau Souverain, que les malheurs d'un Etat venant prefque toujours des défordres de l'adminiftration, il devoit régner avec tant de modération & de fageffe, qu'on ne pût jamais regarder les calamités publiques comme l'effet de fon impru-

dence, ou comme une juste punition de ses dé-
réglemens.

On avoit fait les plus belles loix pour obliger
à ne donner la Couronne qu'au mérite : mais la
superstition donnoit aux Prêtres une grande influence dans les Elections.

Dès que l'Empereur étoit installé , il étoit
obligé de faire la guerre, & d'amener des prisonniers aux dieux. Ce Prince , quoiqu'électif,
étoit fort absolu, parce qu'il n'y avoit point de
loix écrites, & qu'il pouvoit changer les usages
reçus.

Presque toutes les formes de la Justice & les
étiquettes de la Cour étoient consacrées par la
Religion.

Les loix punissoient les crimes qui se punis-
sent par-tout ; mais les Prêtres sauvoient souvent les criminels.

Il y avoit deux loix propres à faire périr bien
des innocens, & qui devoient appesantir sur les
Mexicains le double joug du despotisme & de la
superstition. Elles condamnoient à mort ceux
qui auroient blessé la sainteté de la Religion, &
ceux qui auroient blessé la majesté du Prince. On
voit combien des loix si peu précises facilitoient
les vengeances particulières, ou les vues inté-
ressées des Prêtres & des courtisans.

On ne parvenoit à la noblesse, & les Nobles

ne parvenoient aux dignités, que par des preuves de courage, de piété & de patience. On faifoit dans les temples un noviciat plus pénible que dans les armées ; & enfuite ces Nobles auxquels il en avoit tant coûté pour l'être, fe dévouoient aux fonctions les plus viles dans le Palais des Empereurs.

Cortès penfa que dans la multitude des vaffaux du Mexique, il y en auroit qui fecoueroient volontiers le joug, & s'affocieroient aux Efpagnols.

Il avoit vu combien les Mexicains étoient haïs des petites Nations dépendantes de leur Empire, & combien les Empereurs faifoient fentir durement leur puiffance.

Il s'étoit apperçu que la plupart des Provinces déteftoient la Religion de la Capitale, & que dans Mexico même, les grands, les hommes riches, dans qui l'efprit de fociété diminuoit la férocité des préjugés & des mœurs du peuple, n'avoient plus que de l'indifférence pour cette Religion. Plufieurs d'entre les Nobles étoient révoltés d'exercer les emplois les plus humilians auprès de leurs Maîtres.

Depuis fix mois, Cortès mûriffoit, en filence, fes grands projets, lorfqu'on le vit fortir de fa retraite, fuivi de cinq cent quatre-vingt-dix Efpagnols, de dix mille Tlafcaltèques, de quelques autres Indiens, amenant quarante chevaux, & traînant huit ou neuf pièces de campagne. Sa marche vers le centre des Etats Mexicains fut facile & rapide. Les petites Nations, qui auroient pu la retarder ou l'embarraffer, furent toutes aifément fubjuguées, ou fe donnèrent librement à lui. Plufieurs des peuplades qui occupoient les environs de la Capitale de l'Empire, furent auffi forcées de fubir fes loix ou s'y foumirent d'elles-mêmes.

Des fuccès propres à étonner, même les plus préfomptueux, auroient dû naturellement livrer tous les cœurs au Chef intrépide & prévoyant dont ils étoient l'ouvrage. Il n'en fut pas ainfi. Parmi fes foldats Efpagnols, il s'en trouvoit un affez grand nombre qui avoient trop bien confervé le fouvenir des dangers auxquels ils avoient fi difficilement échappé. La crainte de ceux qu'il falloit courir encore les rendit perfides. Ils convinrent entre eux de maffacrer leur Général, & de faire paffer le commandement à un Officier, qui, abandonnant des projets qui leur paroiffoient extravagans, prendroit des mefures fages pour leur confervation. La trahifon alloit s'exécuter, quand le remords conduifit un des conjurés aux pieds de Cortès. Auffi-tôt ce génie hardi, dont les événemens inattendus développoient de plus en plus les reffources, fait arrêter, juger

& punir Villafagna, moteur principal d'un si noir complot; mais après lui avoir arraché une lifte exacte de tous fes complices. Il s'agiffoit de diffiper les inquiétudes que cette découverte pouvoit caufer. On y réuffit, en publiant que le fcélérat a déchiré un papier qui contenoit, fans doute, le plan de la confpiration ou le nom des affociés, & qu'il a emporté fon fecret au tombeau, malgré la rigueur des fupplices employés pour le lui arracher.

Cependant, pour ne pas donner aux troupes le tems de trop réfléchir fur ce qui vient de fe paffer, le Général fe hâta d'attaquer Mexico, le grand objet de fon ambition & le terme des efpérances de l'armée. Ce projet préfentoit de grandes difficultés.

Des montagnes, qui la plupart avoient mille pieds d'élévation, entouroient une plaine d'environ quarante lieues. La majeure partie de ce vafte efpace étoit occupée par des lacs qui communiquoient enfemble. A l'extrémité feptentrionale du plus grand, avoit été bâtie, dans quelques petites îles, la plus confidérable cité qui exiftât dans le Nouveau-Monde, avant que les Européens l'euffent découvert. On y arrivoit par trois chauffées plus ou moins longues, mais toutes larges & folidement conftruites. Les habitans des rivages trop éloignés de ces grandes voies, s'y rendoient fur leurs canots.

Cortès se rendit maître de la navigation par le moyen des petits navires dont on avoit préparé les matériaux à Tlascala ; & il fit attaquer les digues par Sandoval, par Alvarado & par Olid, à chacun desquels il avoit donné un nombre égal de canons, d'Espagnols & d'Indiens auxiliaires.

Tout étoit disposé de longue main pour une résistance opiniâtre. Les moyens de défense avoient été préparés par Quetlavaca, qui avoit remplacé Montezuma son frère : mais la petite-vérole, portée dans ces contrées par un esclave de Narvaès, l'avoit fait périr ; & lorsque le siège commença, c'étoit Guatimosin qui tenoit les rênes de l'Empire.

Les actions de ce jeune Prince furent toutes héroïques & toutes prudentes. Le feu de ses regards, l'élévation de ses discours, l'éclat de son courage faisoient sur ses peuples l'impression qu'il desiroit. Il disputa le terrein pied à pied ; & jamais il n'en abandonna un pouce qui ne fût jonché des cadavres de ses soldats & teint du sang de ses ennemis. Cinquante mille hommes, accourus de toutes les parties de l'Empire à la défense de leur maître & de leurs dieux, avoient péri par le fer ou par le feu ; la famine faisoit tous les jours des ravages inexprimables ; des maladies contagieuses s'étoient jointes à tant de calamités, sans que son ame eût été un instant, un seul instant ébranlée. Les affaillans, après cent combats meurtriers & de grandes pertes, étoient parvenus au centre de la Place, qu'il ne fongeoit pas encore à céder. On le fit enfin confentir à s'éloigner des décombres qui ne pouvoient plus être défendus, pour aller continuer la guerre dans les Provinces. Dans la vue de faciliter cette retraite, quelques ouvertures de paix furent faites à Cortès : mais cette noble rufe n'eut pas le fuccès qu'elle méritoit ; & un brigantin s'empara du canot où étoit le généreux & infortuné Monarque. Un Financier Efpagnol imagina que Guatimofin avoit des tréfors cachés ; & pour le forcer à les déclarer, il le fit étendre fur des charbons ardens. Son favori, expofé à la même torture, lui adreffoit de triftes plaintes: *Et moi*, lui dit l'Empereur, *fuis-je fur des rofes ?* Mot comparable à tous ceux que l'Hiftoire a tranfmis à l'admiration des hommes. Guatimofin fut tiré demi-mort du gril ardent, & trois ans après, il fut pendu publiquement, fous prétexte d'avoir confpiré contre fes tyrans & fes bourreaux.

Depuis que le Mexique eut fubi le joug des Caftillans, cette vafte contrée ne fut plus expofée à l'invafion. Aucun ennemi voifin ou éloigné ne ravagea fes Provinces. La paix dont elle jouiffoit ne fut extérieurement troublée que par des pirates. Dans la mer du Sud, les entreprifes de ces brigands fe bornèrent à la prife d'un petit nombre de vaifleaux : mais au Nord, ils pillèrent une fois Campèche, deux fois Vera-Cruz, & fouvent ils portèrent la défolation fur des côtes moins connues, moins riches & moins défendues.

Pendant que la navigation & les rivages de cette opulente région font en proie aux corfaires & aux efcadres des Nations révoltées de l'ambition de l'Efpagne, ou feulement jaloufes de fa fupériorité, les Chichemecas troublent l'intérieur de l'Empire. C'étoient, fi l'on en croit Herrera & Torquemada, les peuples qui occupoient les meilleures plaines de la contrée avant l'arrivée des Mexicains. Pour éviter les fers que leur préparoit le conquérant, ils fe refugièrent dans des cavernes & dans des montagnes où s'accrut leur férocité naturelle & où ils menoient une vie entièrement animale. La nouvelle révolution qui venoit de changer l'état de leur ancienne patrie ne les difpofa pas à des mœurs plus douces; & ce qu'ils virent ou ce qu'ils apprirent du caraḍère Efpagnol leur infpira une haine implacable contre une Nation fi fière & fi oppreffive. Cette paffion, toujours terrible dans des fauvages, fe manifefta par les ravages qu'ils portèrent dans tous les Etabliffemens qu'on formoit à leur voifinage, par les cruautés qu'ils exerçoient fur ceux qui entreprenoient d'y ouvrir des mines. Inutilement, pour les contenir ou les réprimer, il fut établi des Forts & des garnisons sur la frontière ; leur rage ne discontinua pas jusqu'en 1592. A cette époque, le Capitaine Caldena leur persuada de mettre fin aux hostilités. Dans la vue de rendre durables ces sentimens pacifiques, le Gouvernement leur fit bâtir des habitations, les rassembla dans plusieurs bourgades, & envoya au milieu d'eux quatre cents familles Tlascaltèques, dont l'emploi devoit être de former à quelques arts, à quelques cultures un peuple qui jusqu'alors n'avoit été couvert que de peaux, n'avoit vécu que de chasse ou des productions spontanées de la nature. Ces mesures, quoique sages, ne réussirent que tard. Les Chichemecas se refusèrent long-tems à l'instruction qu'on avoit entrepris de leur donner, repoussèrent même toute liaison avec des Instituteurs bienfaisans & Américains. Ce ne fut qu'en 1608, que l'Espagne fut déchargée du soin de les habiller & de les nourrir.

Dix-huit ans après, Mexico voit se heurter, avec le plus grand éclat, la Puissance civile & la Puissance ecclésiastique. Un homme convaincu de mille crimes, cherche aux pieds des Autels l'impunité de tous ses forfaits. Le Vice-Roi Gelves l'en fait arracher. Cet acte d'une justice nécessaire, passe pour un attentat contre la Divinité

nité même. La foudre de l'excommunication est lancée. Le peuple se soulève. Le Clergé séculier & régulier prend les armes. On brûle le Palais du Commandant ; on enfonce le poignard dans le sein de ses gardes, de ses amis, de ses partisans. Lui-même il est mis aux fers & embarqué pour l'Europe avec soixante-dix Gentilshommes qui n'ont pas craint d'embrasser ses intérêts. L'Archevêque, auteur de tant de calamités, & dont la vengeance n'est pas encore assouvie, suit sa victime avec le désir & l'espoir de l'immoler. Après avoir quelque tems balancé, la Cour se décide enfin pour l'Archevêque. Le défenseur des droits du trône & de l'ordre est condamné à un oubli entier ; & son successeur autorisé à consacrer solemnellement toutes les entreprises de la superstition, & plus particulièrement la superstition des asyles.

La soumission, l'ordre y furent de nouveau & plus généralement troublés en 1693, par une loi qui interdisoit aux Indiens l'usage des liqueurs fortes. La défense ne pouvoit pas avoir pour objet celles de l'Europe, d'un prix nécessairement trop haut, pour que des hommes constamment opprimés, constamment dépouillés, en fissent jamais usage. C'étoit uniquement du *pulque* que le Gouvernement cherchoit à les détacher.

On tire cette boiſſon d'une plante connue au Mexique ſous le nom de *maguey*, & ſemblable à un aloës pour la forme. Le maguey croît partout dans le Mexiqne, & ſe multiplie facilement de bouture. On en fait des haies. Ses diverſes parties ont chacune leur utilité. Les racines ſont employées pour faire des cordes ; les tiges donnent du bois ; les pointes des feuilles ſervent de clous ou d'aiguilles ; les feuilles elles-mêmes ſont bonnes pour couvrir les toîts ; on les fait auſſi rouir, & l'on en retire un fil propre à fabriquer divers tiſſus.

Mais le produit le plus eſtimé du maguey eſt une eau douce & tranſparente qui ſe ramaſſe dans un trou creuſé avec un inſtrument dans le milieu de la touſſe, après qu'on en a arraché les bourgeons & les feuilles intérieures. Tous les jours, ce trou profond de trois ou quatre pouces ſe remplit, tous les jours on le vuide ; & cette abondance dure une année entière, quelquefois même dix-huit mois. Cette liqueur épaiſſie forme un véritable ſucre : mais, mêlée avec de l'eau de fontaine & dépoſée dans de grands vaſes, elle acquiert au bout de quatre ou cinq jours de fermentation, le piquant & preſque le goût du cidre. Si l'on y ajoute des écorces d'orange & de citron, elle devient enivrante. Cette propriété la rend plus agréable aux Mexicains, qui, ne pouvant se consoler de la perte de leur liberté, cherchent à s'étourdir sur l'humiliation de leur servitude. Aussi est-ce vers les maisons où l'on distribue le pulque que sont continuellement tournés les regards de tous les Indiens. Ils y passent les jours, les semaines ; ils y laissent la subsistance de leur famille, très souvent le peu qu'ils ont de vêtemens.

Le Ministère Espagnol, averti de ces excès, en voulut arrêter le cours. Le remède fut mal choisi. Au lieu de ramener les peuples aux bonnes mœurs par des soins paternels, par le moyen si efficace de l'enseignement, on eut recours à la funeste voie des interdictions. Les esprits s'échauffèrent, les séditions se multiplièrent, les actes de violence se répétèrent d'une extrémité de l'Empire à l'autre. Il fallut céder. Le Gouvernement retira ses actes prohibitifs ; mais il voulut que l'argent le dédommageât du sacrifice qu'il faisoit de son autorité. Le pulque fut assujetti à des impositions qui rendent annuellement au fisc onze ou douze cent mille livres.

Une nouvelle scène, d'un genre plus particulier, s'ouvrit vingt cinq ou trente ans plus tard au Mexique. Dans cette importante possession, la police étoit négligée au point qu'une nombreuse bande de voleurs parvint à s'emparer de toutes les routes. Sans un passeport d'un des chefs de ces bandits, aucun citoyen n'osoit sortir de son domicile. Soit indifférence, soit foiblesse, soit corruption, le Magistrat ne prenoit aucune mesure pour faire cesser une si grande calamité.

Enfin, la Cour de Madrid, réveillée par les cris de tout un peuple, chargea Vélasquès du salut public. Cet homme juste, ferme, sévère, indépendant des Tribunaux & du Vice-Roi, réussit enfin à rétablir l'ordre, & à lui donner des fondemens qui depuis n'ont pas été ébranlés.

Une guerre entreprise contre les peuples de Cinaloa, de Sonora, de la Nouvelle-Navarre, a été le dernier événement remarquable qui ait agité l'Empire. Ces Provinces, situées entre l'Ancien & le Nouveau Mexique, ne faisoient point partie des Etats de Montézuma. Ce ne fut qu'en 1540, que les dévastateurs du Nouveau-Monde y pénétrèrent sous les ordres de Vasquès Coronado. Ils y trouvèrent de petites Nations, qui vivoient de pêche sur les bords de l'Océan, de chasse dans l'intérieur des terres; & qui, quand ces moyens de subsistance leur manquoient, n'avoient de ressource que les productions spontanées de la nature. Dans cette région, on ne connoissoit ni vêtemens, ni cabanes. Des branches d'arbre pour se garantir des ardeurs d'un soleil brûlant; des roseaux liés les uns aux autres pour se mettre à couvert des torrens de pluie c’eſt tout ce que les habitans avoient imaginé contre l’inclémence des ſaiſons. Durant les froids les plus rigoureux, ils dormoient à l’air libre, autour des feux qu’ils avoient allumés.

Ce pays, ſi pauvre en apparence, renfermoit des mines. Quelques Eſpagnols entreprirent de les exploiter. Elles ſe trouvèrent abondantes, & cependant leurs avides propriétaires ne s’enrichiſſoient pas. Comme on étoit réduit à tirer de la Vera-Cruz, à dos de mulet, par une route difficile & dangereuſe de ſix à ſept cents lieues, le vif argent, les étoffes, la plupart des choſes néceſſaires pour la nourriture & pour les travaux, tous ces objets avoient à leur terme une valeur ſi conſidérable, que l’entrepriſe la plus heureuſe rendoit à peine de quoi les payer.

Il falloit tout abandonner, ou faire d’autres arrangemens. On s’arrêta au dernier parti. Le Jéſuite Ferdinand Conſang fut chargé, en 1746, de reconnoître le golfe de la Californie, qui borde ces vaſtes contrées. Après cette navigation, conduite avec intelligence, la Cour de Madrid connut les côtes de ce continent, les ports que la nature y a formés, les lieux ſablonneux & arides qui ne ſont pas ſuſceptibles de culture, les rivières qui, par la fertilité qu’elles répandent ſur leurs bords, invitent à y établir des peuplades. Rien, à l’avenir, ne devoit empêcher que les navires, partis d'Acapulco, n'entraffent dans la mer Vermeille, ne portaffent facilement dans les Provinces limitrophes des Miffionnaires, des foldats, des mineurs, des vivres, des marchandifes, tout ce qui eft néceffaire aux Colonies, & n'en revinffent chargés de métaux.

Cependant, c'étoit un préliminaire indifpenfable de gagner les naturels du pays par des actes d'humanité, ou de les fubjuguer par la force des armes. Mais comment fe concilier des hommes dont on vouloit faire des bêtes de fomme, ou qui devoient être enterrés vivans dans les entrailles de la terre ? Auffi le Gouvernement fe décida-t-il pour la violence. La guerre ne fut différée que par l'impoffibilité où étoit un fifc obéré d'en faire la dépenfe. On trouva enfin, en 1768, un crédit de douze cent mille livres, & les hoftilités commencèrent. Quelques hordes de Sauvages fe foumirent après une légère réfiftance. Il n'en fut pas ainfi des Apaches, la plus belliqueufe de toutes ces Nations, la plus paffionnée pour l'indépendance. On la pourfuivit fans relâche pendant trois ans, avec le projet de la détruire.

On accorda à ces Provinces un Commandant particulier, qui, avec un titre moins impofant que celui de Vice-Roi de la Nouvelle-Efpagne, jouit des mêmes prérogatives.

Les côtes du Mexique ne reſſemblent pas à celles du Pérou, où le voiſinage & la hauteur des Cordilières font régner un printems éternel, des vents réguliers & doux. Auſſi-tôt qu'on a paſſé la ligne à la hauteur de Panama, la libre communication de l'atmoſphère de l'Eſt à l'Oueſt n'étant plus interrompue par cette prodigieuſe chaîne de montagnes, le climat devient différent. A la vérité, la navigation eſt facile & ſûre dans ces paſages depuis le milieu d'Octobre juſqu'à la fin de Mai : mais durant le reſte de l'année, les calmes & les orages y rendent alternativement la mer fâcheuſe & dangereuſe.

La côte qui borde cet Océan a ſix cents lieues. Autrefois, il ne ſortoit des rades que la nature y a formées, ni un bâtiment pour le commerce, ni un canot pour la pêche. Cette inaction étoit bien en partie la ſuite de l'indolence des peuples : mais les funeſtes diſpoſitions faites par la Cour de Madrid y avoient plus de part encore.

La communication, entre les Empires des Incas & de Montezuma devenus Provinces Eſpagnoles, fut libre dans les premiers tems par la mer du Sud. On la borna quelque tems après à deux navires. Elle fut abſolument prohibée en 1636. Des repréſentations preſſantes & réitérées déterminèrent à la rouvrir au bout d'un demi-ſiècle, mais avec des reſtrictions qui la rendoient nulle. Ce n'est qu'en 1774, qu'il a été permis à l'Amérique Méridionale & Septentrionale de faire tous les échanges que leur intérêt mutuel pourroit comporter. Les différentes contrées de ces deux régions tireront, sans doute, de grands avantages de ce nouvel ordre de choses. On peut prédire cependant qu'il sera plus utile au pays de Guatimala qu'à tous les autres.

Cette Audience domine sur douze lieues à l'Ouest, soixante à l'Est, cent au Nord, & trois cents au Sud. Sept ou huit Provinces forment cette grande Jurisdiction.

Celle de Costa-Ricca est très-peu peuplée, très-peu cultivée, & n'offre guère que des troupeaux. Une grande partie des anciens habitans s'y sont jusqu'ici refusés au joug.

Six mois d'une pluie qui tombe en torrens, & six mois d'une sécheresse dévorante affligent Nicaragua réguliérement chaque année. Ce sont les hommes les plus efféminés de la Nouvelle-Espagne, quoique des moins riches.

Les Castillans n'exercèrent nulle part plus de cruauté qu'à Honduras. Ils en firent un désert. Aussi n'en tire-t-on qu'un peu de casse & quelque salse pareille.

Vera-Paz étoit en possession de fournir à l'ancien Mexique les plumages éclatans dont on composoit ces tableaux si long-tems vantés. La Pro-

vince a perdu toute fon importance, depuis que
ce genre d'induftrie a été abandonné.

Soconufco n'eft connu que par la perfection
de fon cacao. La plus grande partie de ce fruit
fert à l'Amérique même. Les deux cents quintaux qu'on en porte en Europe appartiennent au
Gouvernement. S'il y en a plus que la Cour ne
peut confommer, on le vend au Public le double
de ce que coûte celui de Caraque.

Quoiqu'au centre du Mexique, Chiapa formoit un Etat indépendant de cet Empire à l'arrivée des Efpagnols : ce canton plia auffi devant
des armes que rien n'arrêtoit. Il y eut-là peu de
fang répandu, & les Indiens y font encore plus
nombreux qu'ailleurs. Comme la Province n'eft
abondante qu'en grains, en fruits, en pâturages,
peu de conquérans s'y fixèrent ; & c'eft peut-être
pour cela que l'homme y eft moins dégradé,
moins abruti que dans les contrées remplies de
mines ou avantageufement fituées pour le commerce. Les origènes montrent de l'intelligence,
ont quelqu'aptitude pour les arts, & parlent une
Langue qui a de la douceur, même une forte
d'élégance. Ces qualités font fur-tout remarquables à Chiapa de los-Indios, ville affez importante, où leurs familles les plus confidérables
fe font refugiées, qu'ils occupent feuls, & où
ils jouiffent de grands privilèges. Sur la rivière

qui baigne ſes murs s'exercent habituellement l'adreſſe & le courage de ces hommes moins opprimés que leurs voiſins. Avec des bateaux, ils forment des armées navales. Ils combattent entre eux ; ils s'attaquent & ils ſe défendent avec une agilité ſurprenante. Ils bâtiſſent des châteaux de bois qu'ils couvrent de toile peinte & qu'ils aſſiègent. Ils n'excellent pas moins à la courſe des taureaux, au jeu des cannes, à la danſe, à tous les exercices de corps. Combien ces détails feront regretter que les Indiens ſoient tombés au pouvoir d'un vainqueur qui a reſſerré les liens de leur ſervitude au lieu de les relâcher.

La Province de Guatimala, ainſi que les autres Provinces de ſa dépendance, a des troupeaux, des mines, du bled, du maïs, du ſucre, du coton : mais aucune ne partage avec elle l'avantage de cultiver l'indigo. C'eſt ſur ſon territoire qu'eſt placée une ville de ſon nom, où ſont réunis les Adminiſtrateurs & les Tribunaux néceſſaires au gouvernement d'un ſi grand pays.

Cette cité célèbre fut, bien ou mal-à-propos, bâtie dans une vallée large d'environ trois milles, & bornée par deux montagnes aſſez élevées. De celle qui eſt au Sud coulent des ruiſſeaux & des fontaines qui procurent aux villages ſitués ſur la pente, une fraîcheur délicieuſe, & y entretiennent perpétuellement des fleurs & des fruits.

L'afpeЄt de la montagne qui eſt au Nord eſt effroyable. Il n'y paroît jamais de verdure. On n'y voit que des cendres, des pierres calcinées. Une efpèce de tonnerre, que les habitans attribuent au bouillonnement des métaux mis en fuſion dans les cavernes de la terre, s'y fait entendre continuellement. Il fort de ces fourneaux intérieurs des flammes, des torrens de foufre qui rempliffent l'air d'une infeЄtion horrible. Guatimaïa, felon une expreſſion très-ufitée, eſt fituée entre le Paradis & l'Enfer.

Les objets que demande le Pérou font expédiés de cette Capitale par la mer du Sud. L'or, l'argent, l'indigo deſtinés pour notre Continent, font portés, à dos de mulet, au bourg Saint-Thomas, fitué à foixante lieues de la ville dans le fond d'un lac très-profond qui fe perd dans le golfe de Honduras. Tant de richeffes font échangées dans cet entrepôt contre les marchandifes arrivées d'Europe dans les mois de Juillet ou d'Août. Ce marché eſt entièrement ouvert, quoiqu'il eût été facile de le mettre à l'abri de toute infulte. On le pouvoit d'autant plus aifément, que fon entrée eſt rétrécie par deux rochers élevés qui s'avancent des deux côtés à la portée du canon. Il eſt vraifemblable que l'Efpagne ne changera de conduite que lorfqu'elle aura été punie de fa négligence. Rien ne feroit plus aifé.

Les vaisseaux qui entreprendroient cette expédition resteroient en sûreté dans la rade. Mille ou douze cents hommes débarqués à Saint-Thomas, traverseroient quinze lieues de montagnes où ils trouveroient des chemins commodes & des subsistances. Le reste de la route se feroit à travers des plaines peuplées & abondantes. On arriveroit à Guatimala, qui n'a pas un soldat, ni la moindre fortification. Ses quarante mille âmes, Indiens, Nègres, Métis, Espagnols, qui n'ont jamais vu l'épée, seroient incapables de la moindre résistance. Ils livreroient à l'ennemi, pour sauver leur vie, les richesses qu'ils accumulent depuis trois siècles, & la contribution seroit au moins de trente millions. Les troupes regagneroient leurs bâtimens avec ce butin ; & , si elles le vouloient, avec des ôtages qui assureroient la tranquillité de leur retraite.

Le danger n'est plus malheureusement le même. Un affreux tremblement a détruit Guatimala de fond en comble en 1772. Cette ville, une des plus riches de l'Amérique, n'offre plus que des ruines.

Description de Honduras , d'Yucatan & de

Campêche.

CETTE contrée occupe cent quatre-vingt lieues de côtes , & s'enfonce dans l'intérieur des terres jufqu'à des montagnes fort hautes, plus ou moins éloignées de l'Océan.

Le climat de cette région eft fain & affez tempéré. Le fol en eft communément uni, très-bien arrofé, & paroît propre à toutes les productions cultivées entre les tropiques. On n'y eft pas expofé à ces fréquentes féchereffes, à ces terribles ouragans qui détruifent fi fouvent, dans les îles du Nouveau Monde, les efpérances les mieux fondées.

Le pays eft principalement habité par les Mofquites. Ces Indiens furent autrefois nombreux ; mais la petite-vérole a confidérablement diminué leur population. On ne penfe pas qu'actuellement leurs diverfes tribus puffent mettre plus de neuf ou dix mille hommes fous les armes.

Une Nation, encore moins multipliée, eft fixée aux environs du cap Gracias-à-Dios. Ce font les Samboes defcendus, dit-on, d'un navire de Guinée qui fit autrefois naufrage fur ces parages. Leur teint, leurs traits, leurs cheveux, leurs inclinations ne permettent guère de leur donner une autre origine.

Les Anglois font les feuls Européens que leur cupidité ait fixés dans ces lieux fauvages.

Leur premier Etabliffement fut formé vers 1730, vingt-fix lieues à l'Eft du cap Honduras. Sa pofition à l'extrémité de la côte & fur la rivière Black, qui n'a que six pieds d'eau à son embouchure, retardera & empêchera peut-être toujours ses progrès.

A cinquante-quatre lieues de cette Colonie est Gracias-à-Dios, dont la rade, formée par un bras de mer, est immense & assez sûre. C'est tout près du cap fameux que se sont placés les Anglois sur une rivière navigable, & dont les bords sont très-fertiles.

Soixante-dix lieues plus loin, cette Nation entreprenante a trouvé à Blew-Field des plaines vastes & fécondes, un fleuve accessible, un port commode & un rocher qu'on rendroit aisément inexpugnable.

Les trois Comptoirs n'occupoient, en 1769, que deux cent six Blancs, autant de Mulâtres, & neuf cents esclaves. Sans compter les mulets & quelques autres objets envoyés à la Jamaïque, ils expédièrent cette année, pour l'Europe, huit cent mille pieds de bois de Mahagoni, deux cent mille livres pesant de salse-pareille, & dix mille livres d'écailles de tortue. Les bras ont été multipliés depuis. On a commencé à planter des cannes, dont le premier sucre s'est trouvé d'une qualité supérieure. De bons Observateurs affirment qu'une possession tranquille du pays des Mosquites, vaudroit mieux un jour pour la Grande Bretagne, que toutes les îles qu'elle occupe actuellement dans les Indes Occidentales.

La Nation ne paroît former aucun doute fur fon droit de propriété. Jamais, difent fes Ecrivains, l'Efpagne ne fubjugua ces peuples, & jamais ces peuples ne fe foumirent à l'Efpagne. Ils étoient indépendans, de droit & de fait, lorfqu'en 1670 leurs Chefs fe jetèrent d'euxmêmes dans les bras de l'Angleterre, & reconnurent fa fouveraineté. Cette foumiffion étoit fi peu forcée, qu'elle fut renouvelée à plufieurs reprifes. A leur follicitation, la Cour de Londres envoya fur leur territoire, en 1741, un Corps de troupes, que fuivit bientôt une adminiftration civile. Si, après la pacification de 1763, on retira la Milice & le Magiftrat, fi l'on ruina les fortifications élevées pour la fûreté des fauvages & de leurs défenfeurs, ce fut par l'ignorance du Miniftère qui fe laiffa perfuader que le pays des Mofquites faifoit partie de la baie de Honduras. Cette erreur ayant été diffipée, il a été formé de nouveau, dans ces contrées, un Gouvernement régulier au commencement de 1776.

Des Bayes de Honduras, de Campéche, & de la Péninfule d'Yucatan, qui les fépare.

CETTE péninfule a cent lieues de long fur vingt & vingt-cinq de large. Le pays eft entièrement uni. On n'y voit ni rivière, ni ruisseau: mais par-tout l'eau est si près de la terre, partout les coquillages font en si grande abondance, que ce grand espace a dû faire autrefois partie de la mer. Les premiers Espagnols qui parurent sur ses côtes y trouvèrent établi, au rapport d'Herréra, un usage très-particulier. Les hommes y portoient généralement des miroirs d'une pierre brillante, dans lesquels ils se contemploient sans cesse, tandis que les femmes ne se servoient pas de cet instrument si cher à la beauté.

Si l'usage continu que les femmes font du miroir dans nos contrées, ne montre que le desir de plaire aux hommes, en ajoutant aux attraits qu'elles ont reçus de la nature, ce que l'art peut leur donner de piquant; les hommes feroient à Yucatan les mêmes frais pour plaire aux femmes. Mais c'est un fait si bizarre, qu'on peut le rejeter en doute, à moins qu'on ne l'étaie d'un fait plus bizarre encore; c'est que les hommes se livrent à l'oisiveté, tandis que les femmes font condamnées aux travaux. Lorsque les fonctions propres aux deux sexes feront perverties, je ne serai point étonné de trouver à l'un la frivolité reprochée à l'autre.

Yucatan, Honduras, Campêche n'offrirent pas aux dévastateurs du nouvel hémisphère ces riches métaux qui leur faisoient traverser tant de mers.

Aussi

Aussi négligèrent-ils , méprisèrent-ils ces contrées. Peu d'entre eux s'y fixèrent ; & œux que le sort y jeta ne tardèrent pas à contracter l'indolence Indienne. Aucun ne s'occupa du soin de faire naître des productions dignes d'être exportées. Ainsi que les peuplades qu'on avoit détruites ou asservies, ils vivoient de cacao, de maïs, auxquels ils avoient ajouté la ressource facile & commode des troupeaux tirés de l'ancien monde. Pour payer leur vêtement qu'ils ne vouloient pas ou ne savoient pas fabriquer euxmêmes, & quelques autres objets de médiocre valeur que leur fournissoit l'Europe , ils n'avoient proprement de ressource qu'un bois de teinture connu dans tous les marchés sous le nom de *bois de Campéche.*

L'arbre qui le fournit, assez élevé , a des feuilles alternes, composées de huit folioles taillées en cœur , & disposées sur deux rangs le long d'une côte commune. La partie la plus intérieure du bois, d'abord rouge , devient noire quelque tems après que le bois a été abattu. Il n'y a que le cœur de l'arbre qui donne le noir & le violet.

Le goût de ces couleurs, qui étoit plus répandu il y a deux siècles, qu'il ne l'est peut être aujourd'hui, procura un débouché considérable à ce bois précieux. Ce fut au profit des Espagnols

feuls, jufqu'à l'établiſſement des Anglois à la Jamaïque.

Dans la foule des corſaires qui ſortoient tous
les jours de cette île devenue célèbre, pluſieurs
allèrent croiſer dans les deux baies & ſur les côtes
de la péninſule, pour intercepter les vaiſſeaux qui
y naviguoient. Ces brigands connoiſſoient ſi peu
la valeur de leur chargement, que lorſqu'ils en
trouvoient des barques remplies, ils n'empor-
toient que les ferremens. Un d'entre eux ayant
enlevé un gros bâtiment qui ne portoit pas autre
choſe, le conduiſit dans la Tamiſe avec le ſeul
projet de l'armer en courſe ; &, contre ſon attente, il vendit fort cher un bois dont il faiſoit
ſi peu de cas, qu'il n'avoit ceſſé d'en brûler
pendant ſon voyage. Depuis cette découverte,
les corſaires qui n'étoient pas heureux à la mer,
ne manquoient jamais de ſe rendre à la rivière
de Champeton, où ils embarquoient les piles de
bois qui ſe trouvoient toujours formées ſur le
rivage.

La paix de leur Nation avec l'Eſpagne ayant
mis des entraves à leurs violences, pluſieurs
d'entre eux ſe livrèrent à la coupe du bois d'Inde.
Le cap Catoche leur en fournit d'abord en abondance. Dès qu'ils le virent diminuer, ils allèrent
s'établir entre Tabaſco & la rivière de Champeton, autour du lac Triſte, & dans l'île aux

Bœufs qui en eft fort proche. En 1675, ils y étoient deux cent foixante. Leur ardeur, d'abord extrême, ne tarda pas à fe ralentir. L'habitude de l'oifiveté reprit le deffus. Comme ils étoient la plupart excellens tireurs, la chaffe devint leur paffion la plus forte ; & leur ancien goût pour le brigandage, fut réveillé par cet exercice. Bientôt ils commencèrent à faire des courfes dans les bourgs Indiens, dont ils enlevoient les habitans. Les femmes étoient deftinées à les fervir, & on vendoit les hommes à la Jamaïque, ou dans d'autres îles. L'Efpagnol, tiré de fa léthargie par ces excès, les furprit au milieu de leurs débauches, & les enleva la plupart dans leurs cabanes. Ils furent conduits prifonniers à Mexico, où ils finirent leurs jours dans les travaux des mines.

Ceux qui avoient échappé, fe refugièrent dans le golfe de Honduras, où ils furent joints par des vagabonds de l'Amérique Septentrionale. Ils parvinrent, avec le tems, à former un Corps de quinze cents hommes. L'indépendance, le libertinage, l'abondance où ils vivoient, leur rendoient agréable le pays marécageux qu'ils habitoient. De bons retranchemens affuroient leur fort & leurs fubfiftances ; & ils fe bornoient aux occupations, que leurs malheureux compagnons gémiffoient d'avoir négligées. Seulement ils avoient la précaution de ne jamais entrer dans l'intérieur du pays pour couper du bois, fans être bien armés.

Leur travail fut fuivi du plus grand fuccès. A la vérité, la tonne qui s'étoit vendue jufqu'à neuf cents livres, étoit tombée infenfiblement à une valeur médiocre : mais on fe dédommageoit par la quantité de ce qu'on perdoit fur le prix. Les coupeurs livroient le fruit de leurs peines, foit aux Jamaïcains qui leur portoient du vin de Madère, des liqueurs fortes, des toiles, des habits ; foit aux Colonies Angloifes du Nord de l'Amérique, qui leur fourniffoient leur nourriture. Ce commerce, toujours interlope, & qui fut l'objet de tant de déclamations, devint licite en 1763. On affura à la Grande-Bretagne la liberté de couper du bois, mais fans pouvoir élever des fortifications, avec l'obligation même de détruire celles qui avoient été conftruites. La Cour de Madrid fit rarement des facrifices auffi difficiles que celui d'établir au milieu de fes poffeffions une Nation active, puiffante, ambitieufe. Auffi chercha-t-elle immédiatement après la paix, à rendre inutile une conceffion que des circonftances fâcheufes lui avoient arrachée.

Le bois qui croît fur le terrein fec de Campêche eft fort fupérieur à celui qu'on coupe dans les marais de Honduras. Cependant le dernier étoit d'un ufage beaucoup plus commun, parce que le prix du premier avoit depuis long-tems paſſé toutes les bornes. Ce défaut de vente étoit une punition de l'aveuglement, de l'avidité du fiſc. Le Miniſtère Eſpagnol comprit à la fin cette grande vérité. Il déchargea ſa marchandiſe de tous les droits dont on l'avoit accablée ; il la débarraſſa de toutes les entraves qui gênoient ſa circulation ; & alors elle eut un grand débit dans tous les marchés. Bientôt les Anglois ne trouverent plus de débouché. Sans avoir manqué à ſes engagemens, la Cour de Madrid ſe verra délivrée d'une concurrence qui lui rendoit inutile la poſſeſſion de deux grandes Provinces. Quelquefois Cadix tire le bois directement du lieu de ſon origine ; plus ſouvent il eſt envoyé à la Vera-Cruz , qui eſt le vrai point d'union du Mexique avec l'Eſpagne.

DE LA VERA-CRUZ.

DEUX villes du Mexique portent ce nom : l'une eſt appelée la *vieille ;* l'autre, la *nouvelle.*

Vera-Cruz *vieja* ou la vieille , fondée par Cortès ſur la plage où il arriva, ſervit d'abord d'entrepôt. Elle eſt placée ſur les bords d'une rivière qui manque d'eau une partie de l'année ; mais qui, dans la ſaiſon des pluies, peut recevoir les plus grands vaiſſeaux. Le danger auxquels ils ſont expoſés, dans une poſition où rien ne les défendoit contre la violence des vents fi communs dans ces parages, fit chercher un abri plus fûr ; on le trouva dix-huit milles plus bas fur la même côte. On y bâtit la nouvelle *Vera-Cruz.*

Vera-Cruz *Nueva* , bâtie à foixante-douze lieues de la Capitale , eft fituée fous un ciel qu'un foleil brûlant & de fréquens orages rendent défagréable & mal-fain. Des fables arides la bornent au N. , & des marais infects à l'O. Tous les édifices y font en bois. Elle n'a pour habitans qu'une garnifon médiocre , quelques agens du Gouvernement , les Navigateurs arrivés d'Europe, & ce qu'il faut de Commiffionnaires pour recevoir & pour expédier les cargaifons. Son port eft formé par la petite île de Saint-Jean-d'Ulua. Il a l'inconvénient de ne pouvoir contenir que trente ou quarante bâtimens , encore ne les met-il pas entièrement à l'abri des vents du Nord. On n'y entre que par deux canaux fi refferrés , qu'il n'y peut paffer à la fois qu'un navire. Les approches mêmes en font rendues dangereufes par un grand nombre de rochers à fleur-d'eau. Des corfaires audacieux ayant furpris la Place en 1712, on conftruifit fur le rivage des Tours où des fentinelles attentives veillent continuellement à la fûreté commune. C'eft dans cette rade qu'arrivent les objets deftinés pour l'approvifionnement du Mexique.

DE MEXICO.

M. de Pagès, qui arrivoit dans la nouvelle Efpagne par le vieux Mexique, apperçut la Capitale d'affez loin de deffus des hauteurs.

Je découvris, dit-il, un très-grand lac, au milieu duquel, à environ une lieue de diftance, paroît la ville de Mexico, comme une maffe immenfe qui ne tient à la terre que par des chauffées qui y conduifent : au pied de la montagne, fur le bord du lac, eft un bourg nommé *Noftra Senora de Guadeloupe*, qui pourroit paffer pour une petite ville d'Europe. Il y a auffi un bel aqueduc & une belle Eglife, dédiée à cette même Noftra Senora, ainfi que tout le Royaume.

On fe rend à la ville par une fuperbe chauffée, très-bien entretenue : elle a au moins cent pieds de largeur & une lieue de longueur. On y remarque des arcades de diftance en diftance, pour donner un libre cours aux eaux du lac qui font faumâtres. Cinq pareilles chauffées conduifent de différens côtés à cette grande ville, qui peut avoir fix lieues de tour, & qui n'eft fermée que par des barrières. Le lac lui tient lieu de fortifications ; car il eft impoffible de le paffer à gué, à caufe de la vafe, & il n'y a pas affez de bois dans le pays pour y conftruire un grand nombre de bateaux.

L iv

Les rues font prefque toutes tirées au cordeau, & larges : leur nom y eft infcrit ainfi que le numéro des maifons. Il y a des jardins publics, de belles promenades, & l'on y trouve de grandes & belles auberges, ainfi que dans toutes les villes des environs. Mais elles offrent peu de commodités, puifqu'il n'y a que des chambres fans meubles, & des cuifines fans vivres.

Les maifons font belles, & ont trois à quatre étages. La Cathédrale, le Palais du Vice-Roi, & les fimples reftes du Palais & des Bains des Empereurs du Mexique, prennent les trois côtés de la place principale. Ils excitent la curiofité des arrivans, de même que l'Hôtel des Monnoies, dont les cours font fans ceffe pleines de lingots entaffés qui s'y fuccèdent pour être pefés & touchés. On en fouftrait le quint, qui eft le droit du Roi fur l'exploitation des mines, appartenantes la plupart à des Particuliers. Le Baratillo, efpèce de Bourfe, dont la régularité & la richeffe flattent la vue, mérite l'attention du voyageur. Le même goût fe fait remarquer fous les voûtes qui fervent aux marchés des fleurs, des marchandifes de mode, des fucreries, & de tout ce qui dépend de la bijouterie & du vêtement.

Les Indiens y exercent, avec fuccès, la peinture & la fculpture, qui brillent fur-tout dans les Eglifes : l'orfèvrerie tient un des premiers rangs parmi les arts de cette ville, & les ouvrages, quoique massifs, y sont faits avec goût, & d'une manière finie. L'argent y est employé à une infinité d'usages, sur-tout dans les Eglises qui sont d'une richesse prodigieuse. On peut en prendre une idée le jour de la célébration de la conquête du Mexique. Chaque Particulier fait, dans ce beau jour, parade au dehors de sa maison, de ses meubles les plus précieux. Il seroit difficile de déterminer la valeur totale des richesses étalées; ils poussent la somptuosité jusqu'à se servir d'argent au lieu de fer pour les roues des carrosses & les fers des chevaux. Les hauts habitans, Créoles ou Européens, qui, comme les autres Nations, n'ont pas la fureur d'habiter l'Europe où ils seroient moins bien, vivent ici avec beaucoup d'aisance & de faste. Les seuls habillemens propres ou de modes y sont chers; mais les vêtemens honnêtes & les vivres sont à très-bon marché. Deux cents lieues de route ne font rien pour l'infatigable Indien qui, à bas prix, apporte, de toutes parts, des vivres à cette grande ville. Il évite, par son travail, l'indigence qui ronge en ce pays les Plébeïens Espagnols. Autant le haut habitant est riche & aisé, autant le reste est pauvre. On peut juger de la richesse de cette ville par le luxe, le jeu, la construction des maisons, les meubles, le nombre de domeſtiques & de voitures à quatre ou à ſix mules. Pour prendre une idée de la pauvreté du peuple, il ne faut qu'y regarder d'un peu près. Sous une cape de cent morceaux, on ne trouve ſouvent ni culotte, ni chemiſe ; la même choſe arrive aux femmes. Au ſurplus, la débauche, l'ivrognerie du vin ou du punche, les jeux de cartes, les combats de coqs , &c. font l'occupation des deux ſexes de tous les étages.

Les Mexicains nomment généralement les ſauvages du nom de *Mécos* : ils n'en parlent qu'avec des démonſtrations d'une crainte ſans égale : c'eſt chez eux le comble de l'injure de nommer quelqu'un *Chychyméco*. Je n'ai pu ſavoir l'étymologie de ce nom qui paroît ajouter en mal à l'idée de mécos , déjà regardé comme une injure.

Les ſauvages du Nord de ce Royaume n'étant pas auſſi dociles que le furent jadis les Mexicains, on choiſit & l'on paie largement les meilleurs Créoles pour leur faire la guerre. C'eſt ainſi que l'on augmente l'étendue du Mexique, & que l'on entretient libre la communication avec quelques ports où l'on s'embarque pour la Californie. ...

Pendant que j'étois à Mexico , l'Inquiſition, qui eſt très-ſévère , fit fouetter publiquement différentes perſonnes , entre leſquelles étoient deux femmes , victimes d'une ſuperſtition ridicule. Elles étoient accusées de faire des plaies à leurs ennemis par certaines invocations, & en cicatrisant les parties correspondantes d'une espèce de poupée qu'elles avoient chez elles à cet effet (1).

Ces femmes portoient en conséquence des poupées suspendues à leur cou. Les autres criminels portoient en écrit, sur une espèce de mitre, la qualité de leur crime. Au reste, le fouet n'est que le prélude du châtiment, & il est toujours infligé dès que les accusés sont reconnus criminels, & avant le jugement décisif. Les châtimens de l'Inquisition sont regardés avec vénération comme étant très-agréables à Dieu. J'ai remarqué dans le Cachéchisme Espagnol, au nombre des œuvres de charité, celle, non de remettre dans la bonne voie, mais de châtier ceux qui sont dans l'erreur. (*M. de Pagès.*)

___

(1) Il est impossible de découvrir d'ici ce qui avoit pu donner lieu à une telle accusation. Ces femmes se croyoient-elles en effet un pouvoir surnaturel ; n'avoient-elles que de l'imposture; ou la méchanceté les accusoit-elles en les sachant innocentes ? On ne peut que gémir sur une Nation où l'on suppose de tels crimes , & s'indigner contre le Tribunal ignorant qui perpétue cette erreur en les punissant.

D'*ACAPULCO*.

Acapulo, éloigné de cent lieues de route de Mexico, & d'environ huit cents lieues de la Nouvelle-Orléans, dans la Louisiane, est le port du Mexique le plus fréquenté, sur la Grande-Mer. Les naturels du pays l'appellent souvent *Portou*, ou simplement *le Port*. C'est une mauvaise bourgade qualifiée de ville, très-mal bâtie, & sur un sol stérile. Ce lieu est entouré de hautes montagnes semées de volcans qui rendent l'air très-mal-sain & pesant. Acapulco est très-peu peuplée, & l'est presqu'entièrement par des Nègres. Mais la rade est vaste, sûre & belle : outre qu'elle est la relâche ordinaire du galion de Manille, elle étoit autrefois fréquentée par des vaisseaux du Pérou qui venoient y acheter du goudron, & des marchandises de la Chine & de l'Europe. Mais la Compagnie de Lima a fait défendre ce commerce. Le cabotage ne s'y fait seulement pas, & les belles perles qui se trouvent sur cette côte & sur celle de la Californie font presqu'entièrement perdues faute d'émulation & de commerce.

La rade d'Acapulco a environ trois lieues de largeur; elle a cependant un banc de roches, qui est dans le Nord-Ouest, ou en-dehors de l'anse, formé par le Fort. L'entrée de cette rade eſt trop large pour être défendue ; elle eſt du S.-E au N.-O.

Sonſonate, Acapulco, Matanchel & San-Joſeph, ſont les ſeuls ports de la Nouvelle-Eſpagne que les Eſpagnols fréquentent ſur cette mer du Sud. Sonſonate l'eſt par les vaiſſeaux du Pérou, qui y viennent chercher du goudron & des bois ; Acapulco l'eſt par le galion de Manille, qui y apporte des marchandiſes de l'Inde & de la Chine, & en rapporte le prix en piaſtres ; Matanchel eſt l'entrepôt de la Californie ; & San-Joſeph eſt l'aiguade du galion de Manille, à ſon arrivée ſur les côtes de la Nouvelle-Eſpagne. (*M. de Pagès.*)

§. I I.

NOUVEAU - MEXIQUE ET CALIFORNIE.

1°. *Du Nouveau-Mexique.*

CETTE vaſte contrée, ſituée pour la plus grande partie dans la Zone Tempérée, fut aſſez long-tems inconnue aux Eſpagnols. Le Miſſionnaire Ruys y pénétra le premier en 1580. Il fut bientôt ſuivi par le Capitaine Eſpajo, & enfin par Jean d'Onâte, qui, par une ſuite de travaux commencés en 1599 & terminés en 1611, parvint à ouvrir des mines, à multiplier les troupeaux & les subsistances, à établir solidement la domination Espagnole. Des troubles civils dérangent, en 1652, l'ordre qu'il a établi. Dans le cours de ces animosités, le Commandant Rosas est assassiné, & ceux de ses amis, qui tentent de venger sa mort, périssent près lui. Les atrocités continuent jusqu'à l'arrivée tardive de Pagnaloisse. Ce Chef, intrépide & sévère, avoit presque étouffé la rébellion, lorsque, dans l'accès d'une juste indignation, il donne un soufflet à un moine turbulent, qui lui parloit avec insolence, qui osoit même le menacer. Aussi-tôt les Cordeliers, maîtres du pays, l'arrêtent. Il est excommunié, livré à l'inquisition, & condamné à des amendes considérables. Inutilement, il presse la Cour de venger l'autorité royale violée en sa personne, le crédit de ses ennemis l'emporte sur ses sollicitations. Leur rage & leur influence lui font même craindre un sort plus funeste ; &, pour se dérober à leurs poignards, pour se soustraire à leurs intrigues, il se réfugie en Angleterre, abandonnant les rênes du Gouvernement à qui voudra ou pourra s'en saisir. Cette retraite plonge encore la Province dans de nouveaux malheurs ; & ce n'est qu'après dix ans d'anarchie & de carnage, que tout rentre enfin dans l'ordre & la soumission. (*H. P.*)

On n'a pas déterminé les bornes du Nouveau-Mexique au Nord : fa partie Septentrionale eft mal connue. Je crois que l'on fixe la ligne de démarcation entre cette Province & la Floride, à la rivière de Guadaloupe, qui, venant du Nord, fe jète dans la baie de Saint-Bernard. Il paroît au refte que nous ne connoiffons pas trop bien l'intérieur de ce pays ; que nos Cartes en général y mettent plus d'habitations, & des habitations plus confidérables qu'il n'y en a réellement. Je ne puis mieux faire, que de faire parler M. de Pagès, qui a traverfé ce pays. Il venoit de la Louifiane, & entroit dans le nouveau Mexique, après avoir traverfé la Guadaloupe. Le premier pofte que l'on trouve eft San-Antonio.

(M. de Pagès)

Le pofte de San-Antonio eft en plaine. Une de fes faces occupe l'ouverture du coude que forme une pètite rivière ; il repréfente un carré long, partagé par une petite branche des eaux de cette même rivière. Il eft ceint par les murs de pierres des maifons dont il eft bordé, & les chemins font bornés par des pieux en forme de paliffades. Comme il eft fort grand, & que quelques maifons font ruinées, il n'eft pas exactement fermé, & il faut beaucoup de monde pour le garder. Ses dehors font d'ailleurs embarraffés par des cabanes qui couvrent & favorifent l'approche de l'ennemi. Le coude de la rivière eſt également plein de cabanes, habitées par des colons, naturels des îles Canaries. Il eſt au reſte très-agréablement ſitué, formant une preſqu'île en pente douce, qui domine l'autre bord de la rivière. Tous les environs, plantés de maïs, ſont fertiles & bien arroſés par l'eau de la rivière, dont on forme différens canaux.

Le nombre des maiſons peut être de deux cents, dont les deux tiers ſont bâties en pierres. Celles-ci ſont toutes couvertes en terraſſes de terres bien battues, ce qui ſuffit ſous un beau ciel, & dans un climat où l'on a peu de pluie.

A cent lieues de diſtance, dans le Nord-Oueſt, eſt le poſte de San-Saba, & à deux cents cinquante, ceux de Paſſe-Nord & de Santa Fé..Je crois que la latitude de ces lieux, qui ſont les plus au Nord des poſſeſſions Eſpagnoles, eſt de 33 à 34 degrés. On voit donc qu'il y a une erreur conſidérable dans les Cartes qui marquent le Nouveau-Mexique beaucoup plus dans le Nord qu'il ne l'eſt réellement. Les Eſpagnols ont eu, il eſt vrai, des poſtes plus au Nord; mais, vexés par les Sauvages, ils ont été forcés de les abandonner. Ils ne s'entretiennent qu'avec beaucoup de peine à San-Saba, à Santa-Fé & à Paſſe-Nord. Il y avoit même eu des ordres pour abandonner San-Saba. Les routes de la NuévaSénora, qui

conduiſent

conduifent aux nouvelles mines du Serro-Prietto, font prefqu'impraticables , & j'ai vu faire des armemens confidérables pour les dégager des Sauvages ennemis. Comment peut-on allier de pareils faits avec la quantité de poftes que les Cartes ordinaires défignent (1) ?

Excepté le pofte de San-Antonio, qui a une Colonie d'Efpagnols des Canaries , les autres poftes ne font compofés que de Soldats & de quelques Indiens , autrefois fauvages. Leur occupation eft d'élever des chevaux, des mules, des vaches & des brebis. Ils laiffent errer ces animaux par troupes dans les champs, & les amènent tous les deux mois dans des parcs qu'ils ont près de leurs maifons. Alors , ils les lacent, les attachent ; enfin, ils les manient le plus qu'ils peuvent pour diminuer de leur férocité. Deux ou trois jours après, lorfqu'ils apperçoivent que la faim commence à tourmenter ces animaux , ils les lâchent , & en amènent d'autres ainfi , moyennant le foin qu'ils prennent de ne pas laiffer leurs troupeaux devenir tout-à-fait fauvages ; ils font quelquefois riches de cinq à fix mille de ces animaux.

Il y a aux environs du pofte de San-Antonio

---

(1) L'Auteur avoit pris des informations très-circonftanciées , dont il rend compte dans fon Ouvrage.

quatre Miſſions, de deux Franciſcains chacune, ſituées le long de la rivière, à deux ou trois lieues de diſtance les unes des autres. Ces Miſſionnaires y élèvent des familles de ſauvages pris à la guerre, qu'ils ont baptiſés & mariés. Chaque Miſſion en a ſept ou huit qu'elle entretient avec leurs femmes & leurs enfans; mais elle les fait travailler à ſon profit. L'ordre de ces Miſſions eſt à-peu-près le même, quant au temporel, que celui qu'obſervoient les Jéſuites aux établiſſe-mens du Paraguai, où les Indiens étoient cependant moins gênés qu'ici.

Les Sauvages Tégas ſont de tous les Sauvages de la Louiſiane, les derniers que l'on rencontre ſe ſervant de fuſils, & qui traitent avec les Fran-çois. Les autres, qui ſe nomment *Apaches*, & qui ſont à cinquante lieues au Nord de San-Antonio, auſſi-bien que ceux qui ſont vers les bords de la mer, entre les poſtes des Acoquiſſa & de Labadie du *Spiritu-Santo*, ſe ſervent de flèches. On les nomme *Côumaches*. Selon les Eſpagnols, ils ſont poltrons & cruels, & n'é-chappent à l'eſclavage qu'en fuyant dans les îlots & les marais ſur le bord de la mer.

Les Eſpagnols ne courent preſque aucun riſ-que en guerroyant contre ces Sauvages à flèches. Ils ſe couvrent la tête d'un bouclier, & le corps d'une caſaque faite de trois ou quatre peaux de chevreuils, piquées avec du coton & à l'épreuve de la flèche. Lorsque le nombre des Sauvages est petit, & que les cavaliers Espagnols sont sûrs de la victoire, ils ne tirent sur eux qu'à la dernière extrémité ; mais ils les lacent comme des chevaux, en les poursuivant à la course, & en leur lançant le lacet au cou & aux pieds, de manière à mettre le Sauvage hors de toute défense. Ils les lient ensuite, & les conduisent dans les Missions, où, par la douceur, la faim, les femmes qu'on leur fait épouser, & les instructions qu'on leur donne, on tâche de les adoucir : ensuite on les baptise. C'est ainsi que les Espagnols sont parvenus à s'emparer du terrein qui est au Nord de la Nouvelle Espagne. (*M. de Pagès*).

2°. *DE LA CALIFORNIE.*

Etat ancien & moderne de la Californie.

LA Californie est proprement une longue pointe de terre qui sort des côtes Septentrionales de l'Amérique, & s'avance entre l'Est & le Sud jusqu'à la Zone Torride. Elle est baignée des deux côtés par la mer Pacifique. La partie connue de cette péninsule a trois cents lieues de longueur, sur dix, vingt, trente & quarante de large.

Il est impossible que dans un si grand espace, la nature du sol & la température de l'air soient

par-tout les mêmes. On peut dire cependant,
qu'en général le climat y eſt ſec & chaud à l'excès;
le terrein nud , pierreux , montueux , ſablonneux , ſtérile par conſéquent, & peu propre au
labourage & à la multiplication des beſtiaux.
Parmi le petit nombre d'arbres qu'on y trouve,
le plus utile eſt le pita-haya , dont les fruits ſont
la principale nourriture des Californiens.

C'eſt une eſpèce de cierge , qui, comme les
autres, n'a point de feuilles. Ses tiges droites &
cannelées ont les côtes chargées d'épines & ſup-
portent immédiatement des fleurs blanchâtres,
ſemblables à celles du nopal, ſur lequel vit la
cochenille , mais beaucoup plus allongées. Les
fruits qui ſuccèdent à ſes fleurs ont à leur ſurface
des inégalités produites par la baſe ſubſiſtante
des écailles du calice. Ils ſont de la groſſeur d'un
œuf de poule , rouges en-dehors & remplis
intérieurement d'une pulpe blanche , bonne à
manger, plus douce & plus délicate que celle de
la figue ordinaire. On trouve dans cette pulpe de
petites ſemences noires & luiſantes.

La mer , plus riche que la terre , offre des
poiſſons de toutes ſortes , dans la plus grande
abondance , & du goût le plus exquis. Mais ce
qui rend le golfe de la Colifornie plus digne
d'attention, ce ſont les perles , qui, dans la ſaiſon
favorable , y attirent de diverſes Provinces du

Mexique des hommes avides , auxquels on a imposé la loi de donner au Gouvernement le quint de leur pêche.

Les Californiens font bien faits & fort robuftes. Une pufillanimité extrême , l'inconftance , la pareffe , la ftupidité , même l'infenfibilité , forment leur caractère. Ce font des enfans , en qui la raifon n'eft pas encore développée. Ils font plus bafannés que les Mexicains. Cette différence de couleur prouve que la vie policée de la fociété , renverfe ou change entièrement l'ordre & les loix de la nature , puifqu'on trouve fous la Zone Tempérée un peuple fauvage plus noir que ne le font les Nations civilifées de la Zone Torride.

Avant qu'on eût pénétré chez les Californiens , ils n'avoient aucune pratique de religion ; & leur Gouvernement étoit tel qu'on devoit l'attendre de leur ignorance. Chaque Nation étoit un affemblage de plufieurs cabanes , plus ou moins nombreufes , toutes unies entre elles par des alliancemais , fans aucun chef. L'obéiffance filiale n'y eft pas même connue , quoique ce fentiment foit , finon plus vif , du moins plus pur dans l'état de nature que dans celui de fociété.

Le Mexique n'eut pas été plutôt réduit & pacifié , que Cortès forma le projet d'ajouter à

fa conquête la Californie. Lui-même, il fe chargea, en 1526, de l'expédition, mais elle ne fut
pas heureufe. Celles qui fe fuccédèrent rapidement, pendant deux fiècles, eurent le même fort,
foit que les Particuliers en fupportâffent les frais,
foit qu'elles fe fiffent aux dépens du Gouvernement; & cette continuité de revers n'eft pas
inexplicable.

L'ufage de lever les vues, les plans, les cartes
des lieux qu'on parcouroit n'étoit pas alors fort
commun. Si quelqu'aventurier plus intelligent ou
plus laborieux que fes compagnons, écrivoit
une relation de fon voyage, cet écrit étoit rarement placé dans les dépôts publics. L'y mettoit-
on? Enfeveli dans la pouffière, il étoit oublié.

On avoit entièrement renoncé à l'acquifition
de la Californie, lorfque les Jéfuites demandè-
rent, en 1697, qu'il leur fût permis de l'entreprendre. Dès qu'ils eurent obtenu le confente-
ment du Gouvernement, ils commencèrent
l'exécution du plan de légiflation qu'ils avoient
formé, d'après des notions exactes de la nature
du fol, du caractère des habitans, de l'influence
du climat. Le fanatifme ne guidoit point leurs
pas. Ils arrivèrent chez les Sauvages qu'ils vouloient civilifer, avec des curiofités qui puffent
les amufer, des grains deftinés à les nourrir, des
vêtemens propres à leur plaire. La haine la

peuples pour le nom Espagnol, ne tint pas contre ces démonstrations de bienveillance. Ils y répondirent autant que leur peu de sensibilité & leur inconstance le pouvoient permettre. Ces vices furent vaincus, en partie, par les Religieux instituteurs, qui suivoient leur projet avec la chaleur & l'opiniâtreté particulières à leur corps. Ils se firent charpentiers, maçons, tisserands, cultivateurs, & réussirent par ces moyens à donner la connoissance, & jusqu'à un certain point, le goût des premiers arts à ces peuples sauvages. On les a tous réunis successivement. En 1745, ils formoient quarante-trois villages, séparés par la stérilité du terrein & la disette d'eau.

La subsistance de ces bourgades a pour base le bled & les légumes qu'on y cultive, les fruits & les animaux domestiques de l'Europe, qu'on travaille tous les jours à y multiplier. Les Indiens ont chacun leur champ & la propriété de ce qu'ils récoltent; mais telle est leur peu de prévoyance, qu'ils dissiperoient en un jour ce qu'ils auroient recueilli, si leur Missionnaire ne s'en chargeoit pour le leur distribuer à propos. Ils fabriquent déjà quelques étoffes grossières. Ce qui peut leur manquer, est acheté avec les perles qu'ils pêchent dans le golfe, avec le vin, assez approchant de celui de Madère, qu'ils vendent à la Nouvelle-Espagne & aux galions, & dont l'expérience a appris qu'il étoit important de leur interdire l'ufage.

Une douzaine de loix, fort fimples, fuffifent pour conduire cet état naiffant. Le Miffionnaire choifit, pour les faire obferver, l'homme le plus intelligent du village ; & celui-ci peut infliger le fouet & la prifon, les feuls châtimens que l'on connoiffe.

Il n'y a dans toute la Californie que deux garnifons, de trente hommes chacune, & un foldat auprès de chaque Miffionnaire. Ces troupes étoient choifies par les Légiflateurs & à leurs ordres, quoique payées par le Gouvernement. La Cour de Madrid n'avoit pas vu d'inconvénient à laiffer ces foibles moyens à des prêtres qui avoient acquis fa confiance ; & on l'avoit bien convaincue que c'étoit le feul expédient qui pût préferver fes nouvelles conquêtes d'une oppreffion entièrement deftructive.

Tel étoit l'état des chofes, lorfqu'en 1767 la Cour de Madrid chaffa de la Californie les Jéfuites, comme elle les expulfoit de fes autres Provinces. Ces Miffionnaires avoient formé le projet de pouffer leurs travaux fur les deux rives de la mer, jufqu'à la chaîne de montagnes qui lie la Californie à la Nouvelle-Efpagne. Ils vouloient élever l'Empire dont ils multiplioient les fujets à un degré de puiffance qui lui permît de voir d'un œil tranquille la navigation des Ruffes & la découverte du paffage que les Anglois cherchent depuis long-tems au Nord-Oueft. Loin d'avoir abandonné ces grands projets, le Miniftère Efpagnol leur a donné, dit-on, plus d'étendue. Les deux mondes ne doivent pas même tarder à les voir exécutés, à moins que des événemens imprévus n'y oppofent des obftacles infurmontables.

En attendant que ces vaftes fpéculations foient ou détruites, ou réalifées, la Californie fert de lieu de relâche aux vaiffeaux qui vont des Philippines au Mexique. Le cap Saint-Lucas, fitué à l'extrémité Méridionale de la péninfule eft le lieu où ils s'arrêtent. Ils y trouvent un bon port, des rafraîchiffemens & des fignaux qui les avertiffent s'il a paru quelque ennemi dans ces parages les plus dangereux pour eux. Ce fut en 1734 que le galion y aborda pour la première fois. Ses ordres & fes befoins l'y ont toujours amené depuis.

§. I I I.

DE LA LOUISIANE.

LA Louifiane eft une vafte contrée, bornée au Midi par la mer ; au Levant par la Floride & la Caroline ; au couchant par le Nouveau-Mexique ; au Nord par le Canada & par des terres inconnues , qui doivent s'étendre jufqu'à la baie d'Hudfon. Il n'eft pas poffible de fixer fa longueur avec précifion ; mais fa largeur commune eft de cent lieues.

Le climat varie beaucoup dans un fi grand efpace. A la baffe Louifiane, les brouillards font trop communs au printems & durant l'automne ; l'hiver eft pluvieux, & accompagné de loin en loin de foibles gelées ; la plupart des jours d'été font gâtés par de violens orages. Sur ce vafte efpace, les chaleurs ne font nulle part telles qu'on devroit les attendre de fa latitude. Les épaiffes forêts qui empêchent les rayons du foleil d'échauffer ce fol ; des rivières innombrables qui y entretiennent une humidité habituelle ; les vents, qui, par une longue continuité de terres, arrivent du Nord : toutes ces raifons expliquent aux yeux des phyficiens ce phénomène étonnant pour le vulgaire.

Quoique les maladies ne foient pas communes dans la haute-Louifianne, elles font peut-être plus rares dans la baffe. Ce n'eft toutefois qu'une langue de terre de deux ou trois lieues de largeur, remplies d'infectes, d'eaux ftagnantes, de matières végétales qui croupiffent dans une atmofphère humide & chaude, principe conftant de la diffolution des corps. Sous ce ciel, où tous les êtres morts fubiffent généralement une putréfaction rapide, l'homme jouit d'une santé plus affermie que dans les régions que tout porteroit à croire plus falubres. A l'exception du tétanos, qui emporte avant le douzième jour la moitié des enfans noirs, & un grand nombre d'enfans blancs, on ne connoît guère d'autres infirmités dans cette contrée que des affections vaporeufes, & des obftructions qu'on pourroit même regarder comme une fuite du genre de vie qu'on y mène.

Antérieurement à tous les effais, on devoit croire cette région fufceptible d'une grande fécondité. Elle étoit remplie de fruits fauvages. Une multitude prodigieufe d'oifeaux & de bêtes fauves y trouvoient une fubfiftance abondante. Ses prairies, formées par la nature feule, étoient couvertes de chevreuils & de bifons. Les arbres étoient remarquables par leur groffeur, par leur élévation, & il n'y manquoit que les bois de teinture, qui ne croiffent qu'entre les tropiques. D'heureufes expériences ont depuis confirmé ces augures favorables.

On n'eft pas encore bien fûr d'avoir la fource du fleuve, qui coupe du Nord au Sud ce pays immenfe. Les voyageurs les plus déterminés ne l'ont guère remonté que deux cents lieues au-deffus du faut Saint-Antoine, qui en barre le cours par une cafcade affez haute. De-là jufqu'à la mer, c'eft-à-dire, dans un circuit de fept cents lieues, la navigation n'eſt pas interrompue. Le Miſſiſſipi arrive ſans obſtacle à l'Océan, après avoir été groſſi par la rivière des Illinois, par le Miſſouri, par l'Ohio, par cent rivières moins conſidérables. Tout concourt à démontrer que le fleuve a lui-même beaucoup étendu ſon lit, formé en partie d'un terrein aſſez nouveau, puiſqu'on n'y trouve pas une ſeule pierre. La mer rejettant cette quantité prodigieuſe de vaſe, de feuilles, de troncs & de branches d'arbre, que le Miſſiſſipi roule continuellement avec ſes ondes, il s'aſſemble & ſe lie de tous ces matériaux, pouſſés & repouſſés, une maſſe ferme & ſolide qui prolonge toujours ce vaſte continent. Le fleuve n'a pas des époques bien déterminées pour augmenter ou pour décroître. Cependant il eſt plus communément plus majeſtueux depuis le mois de Janvier juſqu'à celui de Juin, que dans le reſte de l'année. Profondément encaiſſé dans ſa partie ſupérieure, il ne ſe déborde guère qu'à ſoixante lieues du côté de l'Eſt, & à cent du côté de l'Oueſt, c'eſt-à-dire, dans les terres baſſes, & que nous croyons nouvelles. Ces terres vaſeuſes, comme celles qui n'ont pas acquis toute leur conſiſtance, produiſent une quantité prodigieuſe de gros roſeaux, qui, embarraſſant les corps étrrangers que charrie le fleuve, manquent rarement de les arrêter. L'amas de tous ces dé-

bris, dont les intervalles se remplissent successivement de limon, composé avec le tems des
bords plus élevés que les parties latérales, qui
forment des deux côtés un plan incliné. Il arrive
de-là que les eaux une fois sorties de leur cours
naturel n'y rentrent jamais, & qu'elles sont réduites à s'écouler vers l'Océan, ou à former de
petits lacs.

Quand on ne considere que la largeur & la
profondeur du Mississipi, on est porté à croire
que la navigation y est très-facile. Cependant elle
est lente, même en descendant, parce qu'il y
auroit du danger à la continuer pendant la nuit
dans des tems obscurs ; & qu'au lieu de ces légers
canots d'écorce, qui sont d'un usage si commode
dans le reste de l'Amèrique, il faut employer des
pirogues plus solides, & par conséquent plus
lourdes, plus difficiles à manier. Sans ces précautions, on seroit sans cesse exposé à heurter contre
les racines des arbres entraînés en foule par le
fleuve, & souvent arrêtés sous l'eau. Les difficultés augmentent encore quand il s'agit de
remonter.

A une assez grande distance des terres, il
faut, avant que d'entrer dans le Mississipi, se
débarrasser des bois flottans qui sont descendus
de la Louisiane. La côte est si plate, qu'on l'apperçoit à peine de deux lieues, & qu'il n'est pas

facile d'y aborder. Les embouchures du fleuve font multipliées : elles changent d'un moment à l'autre, & la plupart n'ont que fort peu d'eau. Lorsque les navires ont heureusement franchi tant d'obstacles, ils naviguent assez paisiblement dix ou douze lieues, à travers un pays noyé, où l'œil n'apperçoit que des joncs & quelques arbustes. Ils trouvent alors sur les deux rives des forêts épaisses, qu'ils franchissent en deux ou trois jours, à moins que des calmes, assez ordinaires durant l'été, n'arrêtent leur marche. Il faut ensuite se faire touer, ou attendre un nouveau vent pour passer le détroit à l'Anglois, & arriver à la Nouvelle-Orléans. Le reste de la navigation, sur un fleuve si rapide, si rempli de courans, se fait avec des bateaux à rame & à voile, qui sont forcés d'aller de pointe en pointe, & qui, partis dès l'aurore, ont beaucoup avancé, quand, à l'entrée de la nuit, ils se trouvent avoir fait cinq ou six lieues. Les Européens qui y sont embarqués se font suivre par terre de chasseurs sauvages, qui fournissent à leur subsistance, pendant un espace d'environ trois mois & demi que dure la navigation, d'une extrémité de la Colonie à l'autre.

Ces difficultés locales sont les plus grandes que la France ait eu à surmonter dans la formation de ses établissemens à la Louisiane. (*H. P.*)

On ne fera pas fâché de trouver ici la courte defcription du voyage de M. de Pagès fur ce fleuve.

La grande embouchure du Miffiffipi eft celle du Sud; elle forme plufieurs paffes féparées par des îlots, fouvent noyés d'eau.

Je fus furpris de la beauté de ce fleuve, dont les eaux fe mêlant à la mer ne perdent leur couleur blanchâtre & leur douceur qu'à deux ou trois lieues au large; elles font encore reffentir à cette diftance la force de leur courant, qui charrie fréquemment de gros arbres déracinés, dont l'abord eft redoutable aux navigateurs.

Ces arbres, reftant fouvent traverfés & embarraffés dans le lit du fleuve, s'accumulent par la fuite & forment des digues au courant; mais leur mugiffement, qui fe fait entendre à une affez grande diftance, avertit de s'en défier. Le cours libre & affez régulier du fleuve eft au moins de deux lieues & demie par heure. Cette rapidité, faifant regonfler les eaux vers les bords, fait que dans certaines parties elles prennent une direction contraire à celles du milieu. Nous profitions de ces efpèces de remous.

Notre impatience étoit augmentée par une quantité prodigieufe de coufins & de mouches, dont la piquure eft infupportable. Les bords de ce fleuve ne font formés que de terres noyées, marécageuses, couvertes de roseaux & qui sont très-propres à multiplier ces insectes. La vue de l'immense étendue de ces roseaux, toujours verds, très-hauts & que les vents font ondoyer, pourroit fournir un coup d'œil très-agréable, si l'on ne savoit pas qu'ils renferment des hôtes si mal-faisans. Les plus incommodes sont une espèce de mouches, nommées *frappe-d'abord*, qui ne manquent jamais de piquer dans le même instant qu'elles se posent, mais si vivement que le sang coule aussi-tôt. La fraîcheur des approches de la nuit fait retirer ces mouches, auxquelles succèdent des nuées de cousins & de moustiques. Il n'y a qu'une épaisse fumée qui puisse les faire fuir : les habitans usent de ce moyen.

A environ dix lieues de l'embouchure du Mississipi est la séparation de la branche du fleuve qui forme la branche du Sud-Est. Un peu plus haut, sur la même rive, nous vîmes le bayon, ou marais aux huîtres, qui y sont d'une grosseur prodigieuse, & dont l'écaille sert à faire de la chaux, n'y ayant pas de pierre dans ce pays. Ces bords marécageux, de même que toute la côte, servent de retraite à une grande quantité d'oiseaux de marais de toute sorte. Ils sont si gras que les laborieux habitans de la Nouvelle-Orléans s'occupent à les chasser pour en extraire l'huile, dont on a fait une branche de commerce.

A

A quinze lieues de l'embouchure , nous trou-
vâmes le détroit des Plaquemines, ainſi nommé
d'un fruit ſauvage qui eſt aſſez bon. Le terrein
commence à s'élever au-deſſus des eaux. Le
fleuve eſt bordé de gros arbres, hauts & majeſtueux, qui, étant entremêlés de beaucoup d'ar-
briſſeaux , forment un bois touffu. En s'enfon-
çant dans le bois, le ſol couvert de feuillages
paroît préſenter d'aſſez jolies promenades , lorſqu'elles ne ſont pas bornées par des arbres tombés
de vétuſté, ou des mares dont l'eau ne peut
s'écouler. Les cîmes touffues des arbres , impénétrables au ſoleil, y entretiennent une ombre
perpétuelle. Les cygnes & les cardinaux flattent
la vue par leurs couleurs ; & le ramage de ces
derniers ne le cède point à celui des oiſeaux de
l'Europe. Le fleuve fournit abondamment, dans
ſes coudes ou ſes recoins, des canards & autres
oiſeaux bons à manger. On y pêche à la ligne
diverſes eſpèces de gros poiſſons , entr'autres
des barbues & des poiſſons armés. (*M. de Pagès*).

Des Sauvages de la Nouvelle-Orléans.

ON comprend ici ſous ce nom les terres qui
s'étendent juſqu'aux lieux ſitués à l'Oueſt du
Canada.

Voici ce que rapporte M. de Pagès de ceux

que l'on rencontre aux environs de la Nouvelle-Orléans.

Les hommes & les femmes ont la figure matérielle, mais point inepte. Leurs cheveux font rudes & coupés à quatre doigts de longueur ; leur front eft ceint d'un bandeau de raffades ou grenats de verre ; ils portent une large écharpe de la même matière, & les femmes ont les bras & les jambes ornés d'une égale bande de raffades. Les hommes ont la ceinture couverte de peaux de chevreuil ou de bandes de drap qu'ils paffent entre leurs cuiffes, & les femmes font également couvertes de peaux ou de pièces de drap plus longues & flottantes jufqu'à mi-cuiffes ; ils ont de plus, pour fe garantir du froid, de grandes peaux, & des couvertures qui les enveloppent exactement lorfqu'ils font accroupis. (*M. de Pag.*)

Voici la defcription que fait ce même Auteur, d'un village d'Indiens fitué à quelque diftance au Nord de la Nouvelle-Orléans.

Ce village peut avoir foixante cabanes. Elles font faites, comme toutes celles des Sauvages, avec de gros arbres, qui, plantés en rond dans les terres, viennent fe joindre par le haut en forme de cône ou de pain de fucre. Le peu de diftance que la rondeur ou la forme de l'arbre laiffe entr'eux, eft rempli par des branches ; & le tout folidement lié & enduit de limon, ne permet point de paſſage à la pluie, excepté dans l'eſpace qui forme une petite porte d'entrée. La cabane eſt garnie dans ſa rondeur d'un large banc, fait avec de petits arbres rangés près-à-près, & couverts d'une nate de roſeaux : ce banc ſert de lit. Le feu ſe fait dans le milieu de la cabane, & la fumée ſort par la porte ou par un trou pratiqué dans le haut, à la jonction des arbres. Les cabanes des principaux d'entr'eux ont, à trois ou quatre pas de diſtance, vis-à-vis de la porte, une autre cabane couverte, ou galerie, qui ſert à prendre l'air & à ſe mettre à l'abri du ſoleil. Celle-ci eſt ſimplement couverte de feuillages ou de roſeaux, ſoutenus par quatre ou ſix piliers, & c'eſt le lieu de l'aſſemblée de la Nation ; ils y reçoivent les étrangers, & ils y paſſent leur tems de délaſſement à dormir ou à fumer avec leur *caſſe-tête.* C'eſt une eſpèce de hache d'arme, dont le manche, ordinairement creux, ſert de tuyau. Celui-ci communique au dos de la hache, où ſe trouve en fer un noyau de pipe.

A notre approche des villages, nous étions annoncés par un cri que faiſoient les premiers ſauvages qui nous appercevoient. Le chef & les principaux s'aſſembloient chacun devant ſa cabane, & nous envoyoient un d'entr'eux : nous leur préſentions ordinairement une bouteille de tafia, ce qui cependant étoit à notre volonté. Ils nous rendoient amplement des volailles, du poisson ou des fruits ; ils nous offroient à fumer du tabac, mêlé & adouci avec une feuille rouge, de la forme de celle du pêcher. Ils nous recevoient mieux enfin que je ne l'ai été, comme inconnu, dans aucun village Européen.

Ils sont grands & bienfaits, ayant les traits du visage grands & gros, cependant sans rudesse. Ils paroissent avoir beaucoup de respect pour les vieillards ; ils se marient très-jeunes, & paroissent aimer leurs femmes, qu'ils peuvent répudier, ce qui arrive très-rarement. Les femmes communiquent peu avec les hommes. Cependant ils ne paroissent pas jaloux. Ils ne s'occupent que de la guerre, de la chasse & de la pêche. La culture des terres, le soin du ménage, le transport des effets dans leurs longs voyages & l'apprêt du produit de la chasse ou de la pêche, sont les occupations des femmes.

Ils se servent de plantes pour la chirurgie, & sur-tout de la feuille de squine, qui est excellente pour les blessures ; mais pour la médecine, leur unique remède est la diette & l'eau.

Enfin, ces peuples m'ont paru affables, humains, laborieux & braves. L'union qui règne, tant dans les familles que dans leurs villages ; leur exactitude à remplir les devoirs réciproque du jeune homme envers le vieillard, du père envers le fils, du mari envers la femme ; leur bonne réception, & le peu de crainte qu'ils ont de leurs ennemis, m'ont donné la meilleure opinion de leur douceur, de leur affabilité & de leur bravoure. Ils ont beaucoup de peine dans les voyages qu'ils entreprennent pour aller à la chaffe ; mais ils ne font effrayés ni par la rapidité des fleuves, ni par l'afpérité du fol, qui n'a encore reçu aucun adouciffement de la part des hommes.

Defcription d'un port Efpagnol dans la partie de l'Oueft vers les îles Adaés.

CE pofte, & ils font prefque tous à-peu-près de même, eft compofé d'environ quarante mauvaifes maifons, conftruites de pieux fichés en terre ; elles font fituées fur le penchant d'une petite colline ; la hauteur eft occupée par un grand carré, entouré de gros arbres fichés en terre, ce qui fert de Fort. On nomme ces Forts ou Redoutes *Prefidio*. Les maifons du village font éparfes à l'entour, du côté du Couchant ; de ce même côté, un petit vallon fépare du village une autre hauteur un peu plus confidérable, où l'on trouve un couvent de Francifcains & l'églife. Quelques arbres épars, & un défrichement rempli de ronces & de brouffailles, d'un quart de lieue de largeur & borné par le bois, en formoient tout le paysage.

La terre est presque sans eau & très-sèche, ce qui, joint à la paresse des habitans, les fait souvent manquer du pur nécessaire, qui se réduit à du maïs ; ils le font bouillir avec de la chaux, pour en pulvériser la peau & ramollir tant soit peu le grain. Après l'avoir bien lavé, ils l'écrasent sur une pierre à chocolat, & l'ayant mouillé à proportion, ils en font une pâte qu'ils pétrissent entre leurs mains. Ils en forment ensuite des gâteaux très-minces & assez larges, qu'ils mettent cuire sur une lame de fer extrêmement mince. C'est la nourriture primitive des habitans de la Nouvelle Espagne ; & ces crêpes ou gâteaux, qu'ils nomment *tortillas*, sont assez bons, lorsqu'ils sont bien faits. Les habitans de ce poste sont presque tous soldats à cheval, & vivent de la paie du Roi, qui est d'une piastre par jour ; mais, soit par les dépenses que cause l'éloignement des choses nécessaires à leur habillement, qu'ils tirent de Mexico, soit par leur paresse, qui les réduit à aller chercher au loin des vivres, cette solde suffit à peine à leur entretien.

Ils passent leur tems de séjour ou à raconter leurs exploits, soit dans les combats, soit dans les obstacles qu'ils ont vaincre dans ces contrées rustiques ; ou bien ils montent à cheval pour

viſiter & exercer leurs troupeaux à la domeſti-
cité ; ils s'amuſent enſuite à jouer. Ils poſsèdent,
la plupart, les reſtes d'un corps robuſte ; mais
ruiné par leurs courſes à cheval, par le ſervice
contre les Sauvages, ou par quelques excès de
mauvaiſe conduite. Ils ſont très-portés à rendre
ſervice, humains, compatiſſans & braves ; ils
ſont très-hoſpitaliers ; & , quoiqu'ils ſoient
preſſés de la faim, ils partagent leur dernier morceau avec l'étranger qui réclame leur ſecours.
Mais en même tems, ils ſont altiers, menteurs
& voleurs par beſoin ou par curioſité. J'ai remarqué que ce penchant au vol leur étoit commun avec la plupart des Sauvages.

Ces Eſpagnols, demi-Sauvages, ſont habillés
très-bizarrement ; ils portent une eſpèce de
ſoubreveſte & des culottes ſans couture, aſſez
communément galonnées, mais dont les pièces
tiennent les unes aux autres avec des boutons
d'or ou d'argent. Lorſqu'ils ſont à cheval, ils
portent une grande cape, ou une eſpèce de
chaſuble arrondie par le bas & ornée à l'entour
du col de cinq ou ſix larges galons ; avec cet habillement, ils n'ont quelquefois point de cha-
peau ni de chemiſe, ou bien ce même vêtement,
quoique ſans être uſé, eſt déchiré & en lambeaux
par les ronces qu'ils rencontrent dans les bois.
Ils portent des bas de peau, & des ſouliers dont

la peau de deſſus eſt coupée en bandes , pour laiſſer paſſage à l'air & à la boue ou à la pouſſière ; leurs talons ſont chargés de deux éperons traînans , de ſix pouces de longueur pour le moins , le rouet en ayant plus de deux à lui ſeul. Lorſqu'ils étoient ſur leurs chevaux , qu'ils ſavent très-bien manier , ils me rappelloient l'ancienne Chevalerie. Leurs armes ſont compoſées d'une cuiraſſe de peau de chevreuil , d'un bouclier , d'une large épée tranchante , & d'une carabine. Deux petits coffres de cuir , placés en avant de la ſelle , renferment leurs vivres ; les cuirs & le fût de la ſelle leur ſervent de matelats & d'oreiller ; ce fût ſert auſſi de piéddeſtal à la carabine , qui tient lieu de pilier à une eſpèce de tente qu'ils forment avec leur large cape. Leurs ſelles ſont couvertes de cuirs très-bien travaillés ; elles ſont garnies tout autour de petits clinquants d'acier flottans , qui , s'entre heurtant par le mouvement du cheval , paroiſſent autant de petites ſonettes. Les étriers ſont d'une forme biſarre & d'un poids conſidérable ; ils peuvent peſer environ cinquante livres , & ſont formés par quatre larges bandes de fer qui ſont placées en croix. Les mords de leurs brides forment un carré long , qui s'enfonce dans la bouche du cheval ; j'ai vu depuis qu'ils ſont ſemblables à ceux des Arabes.

(M. de Pagès)

De la Nouvelle-Orléans.

La Nouvelle-Orléans, située à trente lieues de l'Océan, est le premier établissement qui se présente en remontant le Mississipi. Cette ville, destinée à être l'entrepôt de toutes les liaisons que la Métropole & la Colonie formeroient entr'elles, fut bâtie sur le bord oriental du fleuve, autour d'un croissant accessible à tous les navires. & où ils jouissent d'une sûreté entière. On en jeta les fondemens en 1717 ; mais ce ne fut qu'en 1722 qu'elle prit quelque consistance, qu'elle devint la Capitale de la Louisiane. Jamais elle n'a compté plus de seize cents habitans, partie libres & partie esclaves. Les cabanes qui la couvroient originairement, ont été successivement remplacées par des maisons commodes, mais bâties de bois sur brique ; parce que le sol n'avoit pas assez de solidité pour soutenir des édifices plus pesans.

La Nouvelle-Orléans est distante d'une lieue par terre d'un lac qui commence aux possessions de la Nubile. Elle est à environ trente lieues de l'embouchure du fleuve ; dont les bords sont cultivés & très-habités depuis trois ou quatre lieues au-dessus du détour de la Plaquemines. Elle est assez bien bâtie en briques ; le quai est large & vaste, les rues propres & grandes, &

les maisons du Roi sont belles ; elle est médiocrement peuplée. Les habitans sont d'un beau sang, d'une taille robuste, & d'un caractère mâle & gai. Cette ville n'est la résidence fixe que de quelques marchands & d'ouvriers de toute espèce, de la garnison & des Officiers du Gouvernement. Les Colons, qui sont adonnés à la culture de leurs habitations, & ceux qui sont établis au loin, à cause de leur commerce avec les Sauvages, n'y résident que dans les intervalles de leur travail & de leur traite.

On ne peut trop admirer le courage des habitans de la Louisiane, qui, embrassant la vie des Sauvages, par le désir de faire fortune, prennent même leurs vêtemens, & se livrent aux travaux les plus pénibles pour un profit souvent peu considérable. Les uns vont errer vers le bord de la mer pour faire de l'huile avec la graisse des oiseaux de marais ; les autres s'avancent à quatre ou cinq cents lieues dans les terres, pour chasser l'ours, le chevreuil ou le bœuf Illinois, dont ils rapportent des peaux, de la graisse & des viandes boucanées. D'autres s'enfoncent dans les forêts, pour travailler le bois de cèdre, de cyprès & d'érable, dont cette Colonie fait un grand commerce aux îles de l'Amérique. Quelques-uns transportent par mer ces productions aux mêmes îles, & en rapportent des mar-

chandifes de traite ou d'autre commerce. D'autres enfin , pour tranfporter ces mêmes marchandifes à quatre ou cinq cents lieues dans les
terres , entreprennent de vaincre à la rame , pendant cette diftance , un courant très-rapide. Dans
leurs courfes par terre , ils ne mangent jamais
que de la viande de leurs chaffes , & n'ont pour
vêtement qu'une chemife flottante , & une bande
de drap à la ceinture. Ils font tous leurs voyages
par eau , & fe fervent de pirogues (ou arbres
creufés) , pour tranfporter leur famille aux lieux
de leurs chaffes ou de leurs traites. Lorfqu'ils y
font rendus , une cabane de branches , enduite
de limon , fait tout leur logement. Quelques-
uns d'entr'eux mettent leur induftrie à chercher
des arbres nommés *ciriers* , parce que leurs petites branches donnent une cire , que l'on en
extrait de la manière fuivante. Ils coupent ces
petites branches affez menu , & les mettent dans
un cuvier fur une efpèce d'échaffaudage , qui
laiffe quelque diftance entre elles & le fond. Ils
verfent par-deffus une leffive qu'ils laiffent couler
environ deux jours. Les parties graffes de ces
branches fe féparent infenfiblement & tombent
au fond du cuvier , où elles forment un (1) fédi-

---

(1) On a trouvé le moyen de blanchir cette cire
végétale.

diment , qui , lorſqu'il eſt refroidi , donne un pain de cire verdâtre , très-propre à faire des bougies. (*M. de Pagès.*)

Vis-à-vis l'île de la Nouvelle-Orléans , & ſur la rivière occidentale du Miſſiſſipi , furent établis , en 1722 , trois cents Allemands , reſtes infortunés de pluſieurs mille qu'on avoit arrachés à leur patrie. Leur nombre a triplé depuis cette époque peu éloignée , parce qu'ils ont toujours été les hommes les plus laborieux de la Colonie. Aidés par environ deux mille eſclaves , ils cultivent du maïs pour leur nourriture , du riz & de l'indigo pour l'exportation. Ils s'occupoient autrefois du coton : mais ils l'ont abandonné , depuis que l'Europe l'a trouvé trop court pour ſes fabriques.

Un peu plus haut , ſur la même côte , furent placés huit cents Acadiens , arrivés à la Louiſiane , immédiatement après la dernière paix. Leurs travaux ſe ſont bornés juſqu'ici à l'éducation des beſtiaux , à la culture des denrées les plus néceſſaires. Si leurs facultés augmentent, ils demanderont à leur ſol des productions vénales.

Toutes celles qui enrichiſſent le bas de la Colonie, ſe terminent à l'établiſſement de la Pointe coupée , formée à quarante-cinq lieues de la Nouvelle-Orléans. Il fournit de plus la majeure partie du tabac qui se consomme dans le pays, & beaucoup de bois pour le commerce extérieur. Ces travaux occupent cinq ou six cents blancs & douze cents noirs.

Sur toute la longueur des terres cultivées dans ces divers établissemens, qui appartiennent à la basse-Louisiane, règne une chaussée destinée à les garantir des inondations du fleuve. De larges & profonds fossés, dont chaque champ est entouré, assure une issue aux fluides qui auroient percé ou surmonté la digue. Ce sol est entièrement vaseux. Lorsqu'il doit être mis en valeur, on coupe par le pied les grosses cannes dont il est couvert. Dès qu'elles sont sèches, on y met le feu. Alors, pour peu qu'on fouille la terre, elle ouvre un sein fécond à toutes les productions qui demandent un terrein humide. Le bled n'y prospère pas, & il ne pousse que des épis sans grain.

La plupart des arbres fruitiers ne réussissent pas davatage. Ils croissent fort vîte ; ils fleurissent deux fois chaque année : mais le fruit, piqué de vers, sèche & tombe généralement, avant d'avoir atteint sa maturité. Il n'y a que le pêcher, l'oranger & le figuier dont on ne peut assez vanter la fertilité.

On trouve une nature différente dans la haute-Louisiane. A l'Est du Mississipi, cette région

commence un peu au-deſſus de la rivière d'Iber-
ville. Son terrein, anciennement formé, aſſez
élevé pour être à l'abri des inondations, & qui
n'a que le degré d'humidité convenable, exige
moins de ſoins & promet une plus grande variété
de productions. Ainſi le penſèrent les premiers
François qui parurent dans ces contrées. Ils
s'établirent aux Natchez, y eſſayèrent pluſieurs
cultures, qui réuſſirent toutes, & ſe fixèrent
enfin à celle du tabac, qui ne tarda pas à avoir la
réputation dont il étoit digne. Le Gouvernement
s'attendoit à voir arriver bientôt de cet établiſſement l'approviſionnement entier de la Monar-
chie, lorſque la tyrannie de ſes agens en cauſa
la ruine. Depuis cette funeſte époque, ce ſol
inépuiſable eſt reſté en friche, juſqu'à ce que la
Grande-Bretagne en ayant acquis la propriété
par les Traités, y ait fait paſſer une population
ſuffiſante pour la féconder.

Un peu plus haut, mais ſur la rive occidentale, ſe décharge dans le Miſſiſſipi la rivière
Rouge. C'eſt à trente lieues de ſon embouchure
& ſur les terres des Natchitoches, que les François, à leur arrivée dans la Louiſiane, élevèrent
quelques paliſſades. Ce poſte avoit pour objet de
tirer du nouveau Mexique des bêtes a poil & à
cornes, dont une Colonie naiſſante a toujours
beſoin, & celui d'ouvrir un commerce interlope

avec le Fort Espagnol des Adayes, qui n'en est éloigné que de sept lieues. Il y a long-tems que la multiplication des troupeaux, dans les campagnes où il falloit les naturaliser, a fait cesser la premiere liaison ; on avoit encore plutôt compris, que la seconde, avec un des plus pauvres établissemens du monde, n'auroit jamais d'utilité réelle. Aussi les Natchitoches ne tardèrent-ils pas à être abandonnés par ceux que l'espoir d'une grande fortune y avoit attirés. On n'y voit plus que les descendans de quelques soldats, qui s'y sont fixés à la fin de leur engagement. Leur nombre ne passe pas deux cents. Ils vivent du maïs ou des légumes qu'ils cultivent, & vendent le superflu de ces productions à leur indolent voisin. L'argent qu'ils reçoivent de cette foible garnison, leur sert à payer les boissons & les vêtemens qu'ils sont obligés de tirer d'ailleurs.

L'établissement formé aux Akansas est plus misérable encore. Pour arriver des Akansas aux Illinois, il faut faire trois cents lieues : car les peuples ne se touchent pas en Amérique comme en Europe, & n'en sont que plus indépendans. Ils n'ont point de chefs liés entr'eux pour se les arracher, se les sacrifier tour-à-tour, & les rendre si malheureux, qu'ils n'aient rien à gagner ou à perdre, en changeant de patrie & de maître. Les Illinois, placés dans la partie la plus septentrionale de la Louisiane, étoient continuellement battus, & toujours à la veille d'être détruits par les Iroquois ou par d'autres Nations belliqueuses. Il leur falloit un défenseur, & le François le devint, en occupant une partie de leur territoire à l'embouchure de leur rivière & sur les rives plus riantes, plus fécondes du Mississipi. Rassemblés autour de lui, ils ont évité la destinée de la plupart des peuplades de ce Nouveau-Monde, dont il reste à peine quelque souvenir. Cependant leur nombre a diminué à mesure que celui de leurs protecteurs s'est accru. Ces étrangers ont formé peu-à-peu une population de deux mille trois cent quatre-vingt personnes libres, & de huit cents esclaves, distribués dans six bourgades, dont cinq sont situées sur le bord oriental du fleuve.

Malheureusement, la plupart d'entr'eux ont eu la passion de courir les bois pour y acheter des pelleteries, ou d'attendre dans leurs magasins que les Sauvages leur apportassent le produit de leurs chasses. Ils auroient travaillé plus utilement pour eux, pour la Colonie & pour la France, s'ils eussent fouillé le sol excellent où la fortune les avoit placés, s'ils lui avoient demandé les grains de l'ancien monde, que la Louisiane a toujours été obligée de tirer de l'Europe ou de l'Amérique Septentrionale. Mais combien

combien l'établiffement formé par les François au pays des Illinons, combien leurs autres établiffemens font reftés loin de cette profpérité !

Jamais, dans fon plus grand éclat, la Colonie n'eut plus de fept mille Blancs, fans y comprendre les troupes, qui varièrent depuis trois cents jufqu'à deux mille hommes. Cette foible population étoit difperfée fur les bords du Miffiffipi, dans un efpace de cinq cents lieues, & foutenue par quelques mauvais Forts fitués à une diftance immenfe l'un de l'autre. Cependant elle n'étoit point engendrée de cette écume de l'Europe, que la France avoit comme vomie dans le Nouveau-Monde, au tems du Syftême. Tous ces miférables avoient péri, fans fe reproduire. Les Colons étoient des hommes forts & robuftes, fortis du Canada, ou des foldats congédiés, qui avoient fu préférer les travaux de l'agriculture à la fainéantife où le préjugé les laiffoit orgueilleufement croupir.

Tel étoit l'état des chofes, lorfque la Cour de Verfailles annonça, le 21 Avril 1764, aux habitans de la Louifiane, que, par une convention fecrette, du 3 Novembre 1762, on avoit abandonné à celle de Madrid la propriété de leur territoire. La langueur de cette Colonie, les obftacles qui s'oppofoient à fon amélioration ; l'impoffibilité de la mettre en état de réfifter à la maſſe des forces ennemies, réunies ſur ſa frontière; ces conſidérations durent aiſément déterminer le Miniſtere de France à cette ceſſion, en apparence ſi conſidérable.

Conduite des Eſpagnols à la Louiſiane.

LE 28 Février 1766, M. Ulloa arriva dans la Colonie avec quatre-vingts hommes de ſa Nation. La priſe de poſſeſſion devoit, dans les règles ordinaires, ſuivre ſon débarquement. Il n'en fut pas ainſi. Les ordres continuèrent à être donnés au nom du Roi de France; la juſtice fut rendue par ſes Magiſtrats; & les troupes ne ceſsèrent point de faire le ſervice ſous ſes enſeignes. C'étoit le Répréſentant de Louis XV qui avoit toujours le commandement. Toutes ces raiſons perſuadérent aux habitans que Charles III faiſoit étudier le pays, & qu'il ſe détermineroit à l'accepter ou à le rejetter, ſelon qu'il le croiroit utile ou nuiſible à ſa puiſſance. Cet examen étoit fait par un agent, qui paroiſſoit prendre une idée peu favorable de la région qu'il étoit venu reconnoître; & il étoit raiſonnable d'eſpérer qu'il en dégoûteroit ſon maître.

On étoit aſſez généralement dans cette illuſion, lorſqu'une loi arrivée d'Eſpagne défendit à la Louiſiane toute liaiſon de commerce avec les marchés qui avoient ſervi juſqu'alors au débouché de ses productions. Ce funeste décret fut suivi, selon tous les témoignages, d'une hauteur intolérable, d'odieux monopoles, d'actes répétés d'une autorité arbitraire, maux d'autant plus fâcheux qu'ils paroissoient l'ouvrage du Commandant François, qu'Ulloa avoit subjugué au point de le rendre le servile instrument de tous ses caprices. Peut-être les accusations étoient-elles exagérées ; mais il ne falloit pas dédaigner toutes les mesures qui auroient pu détromper les esprits prévenus, qui auroient pu ramener des cœurs aigris.

Ce mépris, qui fut regardé comme le plus grand des outrages, comme le comble de la tyrannie, poussa les peuples au désespoir. Un moyen infaillible d'arriver au bonheur & au repos se présentoit à eux. Ils n'avoient que le fleuve à traverser pour le trouver. Le Gouvernement Anglois les pressoit d'accepter un excellent territoire, des encouragemens à la culture, toutes les prérogatives de la liberté ; mais un lien cher & sacré les attachoit à leur patrie. Ils aimèrent mieux demander au Conseil, qu'Ulloa fût obligé de se retirer, & que la prise de possession, qu'il avoit différée jusqu'alors, ne lui fût pas permise, avant que la Cour de Versailles eût écouté les représentations de la Colonie. Le Tribunal prononça, le 28 Octobre 1768, l'Arrêt qu'on lui demandoit ; & les Espagnols s'embarquèrent paisiblement sur la frégate qui les avoit amenés. Durant trois jours que dura cette grande crise, il n'y eut pas le plus léger tumulte ; il n'y eut pas la moindre indécence à la Nouvelle-Orléans. Lorsqu'elle fut finie, les habitans de la ville & ceux de la basse-Louisiane, qui avoient uni leurs ressentimens pour opérer la révolution, reprirent leurs travaux, avec l'espoir consolant que la conduite qu'ils avoient tenue seroit approuvée par la Cour de France.

Le succès ne répondit pas à leur attente. La Cour de Madrid avoit fait partir rapidement M. Orelly pour l'île de Cuba. Là, ce Général avoit pris trois mille hommes de troupes réglées ou de milices, qu'il embarqua sur vingt-cinq bâtimens de transport ; &, le 25 Juillet 1769, il fit voir son pavillon à l'embouchure du Mississipi.

A cette nouvelle, tous les cœurs se livrent à une rage inexprimable, contre une patrie qui sacrifie librement une Colonie affectionnée, contre une Puissance qui prétend régner sur un peuple qui repousse son joug inhumain. On se dispose à empêcher le débarquement des troupes & à brûler les navires qui les portent. Rien n'étoit plus facile, s'il en faut croire ceux qui ont bien connu la disposition des lieux.

On étoit dans l'attente d'événemens terribles, lorsque les promesses du Général Espagnol, les supplications d'Aubry, ce foible Commandant François, dont l'imbécillité avoit tout perdu; les discours pleins de véhémence d'un Magistrat éloquent, calmèrent la fermentation. Personne ne s'opposa à la marche de la petite flotte, qui arriva devant la Nouvelle-Orléans le 17 Août. Le lendemain, tous les citoyens furent déchargés de l'obéissance qu'ils devoient à leur première patrie. On prit possession de la Colonie au nom de son nouveau maître; & les jours suivans, ceux des habitans qui consentoient à porter le joug de la Castille, prêtèrent leur serment.

Tout étoit consommé, tout, excepté les vengeances. On vouloit des victimes. Il en fut choisi douze dans ce que le militaire, la magistrature & le commerce avoient de plus distingué. Six de ces hommes généreux payèrent de leur tête la considération dont ils jouissoient. Les autres, plus infortunés peut-être, allèrent languir dans les cachots de la Havane.

Effrayés de ces atrocités, ceux des habitans que les intérêts de leur négoce avoient appelés dans la Colonie, portèrent ailleurs leur activité. Le désespoir fit abandonner plusieurs riches plantations par leurs propriétaires. Le reste vécut sous l'oppression & dans la misère. Sans quelques liaifons furtives avec l'Anglois, qui naviguoit fur le Miffiffipi, dont il poffédoit & enrichiffoit une des deux rives, ces malheureux habitans n'auroient connu aucun débouché pour leurs productions; ils n'auroient eu aucune voie pour fe procurer les premiers befoins. Leur deftinée doit, avec le tems, devenir un peu moins fâcheufe, & parce que les communications de l'Efpagne avec fes Colonies ont été débarraffées de beaucoup d'entraves, & parce qu'il a été accordé aux îles Françoifes la liberté de tirer de cette grande Province, fur leurs propres navires, des bois & des fubfiftances.

La partie de la Louifiane, qui eft à la gauche du Miffiffipi, depuis les lacs jufqu'au trente-unième degré de latitude, fait actuellement partie des poffeffions des Anglo-Américains. La droite du fleuve, & ce qui eft au-deffous du trente-unième degré, y compris la Floride, eft aux Efpagnols.

---

§. I V.

DE LA FLORIDE.

LA Floride, autrefois plus étendue, fe borne prefque maintenant à une prefqu'île qui communique avec la Louifiane par une portion de terrein, cédée aux Espagnols par la paix de 1783, & bornée au Nord par la Géorgie.

La France avoit laissé les Espagnols & les Portugais découvrir des mondes & donner des loix à des Nations inconnues. Un seul homme lui ouvrit enfin les yeux. Ce fut l'Amiral de Coligny, un des génies les plus étendus, les plus fermes, les plus actifs qui aient jamais illustré ce puissant Empire. Ce grand politique, citoyen jusques dans les horreurs des guerres civiles, envoya, l'an 1652, Jean Ribaud dans la Floride. Cette immense contrée de l'Amérique Septentrionale s'étendoit alors depuis le Mexique, jusqu'au pays que les Anglois ont depuis cultivé sous le nom de Caroline. Les Espagnols l'avoient parcourue en 1512, mais sans s'y établir. On ne sait lequel admirer le plus, ou du motif qui les engagea dans cette découverte, ou de celui qui la leur fit abandonner.

Tous les Indiens des Antilles croyoient, sur la foi d'une ancienne tradition, que la nature cachoit dans le Continent une fontaine dont les eaux avoient la vertu de rajeunir tous les vieillards assez heureux pour en boire. La chimère de l'immortalité fut toujours la passion des hommes, & la consolation du dernier âge. Cette idée enchanta l'imagination romanesque des Espagnols. La perte de plusieurs d'entre eux, qui furent victimes de leur crédulité, n'ébranla pas la confiance des autres. Plutôt que de soupçonner que les premiers avoient péri dans un voyage où la mort étoit ce qu'il y avoit de plus sûr, on pensa que s'ils ne paroissoient plus, c'étoit parce qu'ils avoient trouvé le secret d'une jeunesse éternelle, & ce séjour de délices d'où l'on ne vouloit plus sortir.

Ponce de Léon fut le plus célèbre entre les navigateurs qui s'infatuèrent de cette rêverie. Persuadé qu'il existoit un troisième monde, dont la conquête étoit réservée à sa gloire, mais croyant que ce qui lui restoit de vie étoit trop court pour l'immense carrière qui s'ouvroit devant ses pas, il résolut d'aller renouveller ses jours & recouvrer la jeunesse dont il avoit besoin. Aussi-tôt il dirigea ses voiles vers les climats où la fable avoit placé la fontaine de Jouvence, & trouva la Floride, d'où il revint à Porte-Rico sensiblement plus vieux qu'il n'en étoit parti. C'est ainsi que le hasard immortalisa le nom d'un aventurier, qui ne fit une véritable découverte qu'en courant après une chimère. Il eut le sort de l'alchymiste, qui cherche de l'or qu'il ne trouve pas, & qui trouve une chose précieuse qu'il n'avoit pas cherchée.

Les Espagnols avoient méprisé la Floride, parce qu'ils n'y avoient trouvé ni la fontaine qui devoit les rajeunir, ni l'or qui hâte notre vieilleſſe. Les François y découvrirent un tréſor plus réel & plus précieux : c'étoit un ciel ſerein, une terre abondante, un climat tempéré, des Sauvages amis de la paix & de l'hoſpitalité ; mais ils ne connurent pas eux-mêmes la valeur de ce tréſor. Si l'on eût ſuivi les ordres de Coligny ; ſi l'on eût cultivé les terres qui ne demandoient que la main de l'homme pour l'enrichir ; ſi la ſubordination avoit été maintenue entre les Européens ; ſi les droits des naturels du pays n'avoient pas été violés, on auroit pu fonder une Colonie, dont le tems auroit augmenté l'éclat & aſſuré la proſpérité. Mais la légéreté Françoiſe ne permettoit pas tant de ſageſſe. On prodigua les vivres. Les champs ne furent point enſemencés. L'autorité des chefs fut méconnue par des ſubalternes indociles. La fureur de la chaſſe & de la guerre échauffa tous les eſprits. On ne fit rien de ce qu'on devoit faire.

Pour comble de malheur, les troubles civils qui déſoloient la France, détournèrent les regards des ſujets, d'une entrepriſe où l'Etat n'avoit jamais arrêté ſes vues.

L'Eſpagne, toute occupée de l'Amérique, étoit accoutumée à s'en attribuer la poſſeſſion excluſive. Inſtruite des tentatives de quelques François pour s'y établir, & de l'abandon où les laissoit le Gouvernement, Philippe II fit partir de Cadix une flotte pour les exterminer. Menendez, qui la commandoit, arrive à la Floride ; il y trouve les ennemis qu'il cherchoit, établis au Fort de la Caroline ; il attaque tous leurs retranchemens, les emporte l'épée à la main, & fait un massacre horrible. Tous ceux qui avoient échappé au carnage, furent pendus à un arbre, avec cette inscription : NON COMME FRANÇOIS, MAIS COMME HÉRÉTIQUES.

Loin de songer à venger cet outrage, le Ministère de Charles IX se réjouit en secret de l'anéantissement d'un projet, qu'à la vérité il avoit approuvé, mais qu'il n'aimoit pas, parce qu'il avoit été imaginé par le Chef des Huguenots, & qu'il pouvoit donner du relief aux opinions nouvelles. L'indignation publique ne fit que l'affermir dans la résolution de ne témoigner aucun ressentiment. Il étoit réservé à un particulier d'exécuter ce que l'Etat auroit dû faire.

Dominique Gourgue, né à Mont-Marsan en Gascogne, navigateur habile & hardi, ennemi des Espagnols, dont il avoit reçu des outrages personnels, passionné pour sa patrie, pour les expéditions périlleuses & pour la gloire, vend son bien, construit des vaisseaux, choisit des compagnons dignes de lui, va attaquer les meurtriers dans la Floride, les pousse de poste en poste avec une valeur, une activité incroyables ; les bat par-tout ; & pour oppofer dérifion à dérifion, les fait pendre à des arbres, fur lefquels on écrit : NON COMME ESPAGNOLS, MAIS COMME ASSASSINS.

Si les Efpagnols s'étoient contentés de maffa-crer les François, jamais peut-être on n'auroit ufé contr'eux d'une repréfaille fi cruelle. Ce fut l'antithèfe de l'infcription qui fit tout le mal. On commit une atrocité effroyable, parce qu'on trouva un mot plaifant. L'hiftoire offre plus d'un exemple où l'on peut foupçonner que ce n'eft pas la chofe qui a fait le mot, mais le mot qui a fait la chofe.

L'expédition du brave de Gourgue n'eut pas d'autres fuites. Soit qu'il manquât de provifions pour refter dans la Floride, foit qu'il prévît qu'il ne lui viendroit aucun fecours de France, foit qu'il crût que l'amitié des Savauges finiroit avec les moyens de l'acheter, ou qu'il penfât que les Efpagnols viendroient l'accabler, il fit fauter les Forts qu'il avoit conquis, & reprit la route de fa patrie. Il y fut reçu de tous les citoyens avec l'admiration qui lui étoit due, & très-mal par la Cour. Defpote & fuperftitieufe, elle avoit trop à craindre de la vertu.

Depuis 1567, que l'intrépide Gafcon avoit évacué la Floride, les François oublièrent le

Nouveau-Monde. Egarés dans un cahos de dogmes inconcevables, ils perdirent la raison & l'humanité. Le peuple le plus doux & le plus sociable devint le plus barbare, le plus sanguinaire des peuples. Ce n'étoit pas assez des bûchers & des échaffauds, criminels les uns aux yeux des autres, ceux qui ne furent pas bourreaux, furent victimes. Enfin, le généreux Henri toucha l'ame de ses sujets. En pleurant sur leurs maux, il leur apprit à les sentir. Il leur rendit le doux penchant de la vie sociale, leur ôta les armes des mains, & les fit consentir à vivre heureux sous ses loix paternelles.

Alors la Nation, tranquille & libre sous un Roi en qui elle avoit confiance, conçut des projets utiles. On s'occupa de la formation des Colonies. Les premières idées devoient se tourner naturellement vers la Floride. A l'exception du Fort Saint-Augustin, autrefois construit par les Espagnols, à dix ou douze lieues de la Colonie Françoise, les Européens n'avoient pas un seul établissement dans ce vaste & beau pays. On n'en craignoit pas les habitans. Tout annonçoit sa fertilité. Il passoit même pour riche en mines d'or & d'argent, parce qu'on y avoit trouvé de ces métaux, sans soupçonner qu'ils venoient de quelques vaisseaux jettés sur les côtes par le naufrage. Le souvenir des grandes actions, que quelques François y avoient faites, ne pouvoit pas encore être effacé. Il est vraisemblable qu'on craignit d'aigrir l'Espagne, qui n'étoit pas disposée à souffrir le moindre établissement dans le golfe du Mexique, ou même dans le voisinage. Le danger qu'il y avoit à provoquer un peuple si puissant dans le Nouveau-Monde, inspira la résolution de s'éloigner de lui le plus qu'il seroit possible. Les contrées plus septentrionales de l'Amérique, obtinrent par cette raison le préférence. La route en étoit tracée ; on passa au Canada.

§. V.

Des Possessions de l'Angleterre dans l'Amérique Septentrionale.

CES Possessions sont susceptibles d'être partagées en trois grandes divisions ; 1°. *le Canada ;* 2°. la *Nouvelle-Ecosse ;* 3°. les *Etablissemens de la Baye d'Hudson.*

1°. DU CANADA.

Le Canada est une des plus grandes Provinces de l'Amérique Septentrionale. Elle s'étend du Nord-Est au Sud-Ouest, depuis le 50e degré de latitude, jusqu'au 45e au Nord - Ouest des

Etats-Unis & de la Nouvelle-Ecoſſe. Les Sauvages les plus communs dans ce pays, avant l'établiſſement des Européens, ſont les Algonquins, les Hurons, les Iroquois (1), les Nadeſſis, & pluſieurs autres ſont plus à l'Oueſt, autour des lacs.

Le plus grand fleuve du Canada eſt le fleuve *Saint-Laurent*, dont les eaux ſortent des lacs que je vais nommer.

1°· Le lac *Ontario* eſt celui qui communique de plus près avec le fleuve Saint-Laurent. Il eſt auſſi remarquable par ce côté que par celui qui communique avec le lac *Erié*. Sa ſituation eſt entre le 43e & le 45e degré de la latitude ; ſa forme eſt preſqu'ovale ; ſon plus grand diamètre eſt du Sud-Oueſt au Nord-Eſt. Il peut avoir deux cents lieues de tour. On pêche dans le lac Ontario beaucoup d'eſpèces de poiſſons, entre leſquels eſt la perche Oſwego, qui eſt d'un goût délicieux, & du poids de trois à quatre livres. Il y a auſſi un poiſſon du genre des lamproyes, appelé *tête de chat*, dont quelques-uns pèſent huit à dix livres. Le pays qui environne ce lac, & ſur-tout vers le Nord-Eſt, eſt de fort bonnes terres.

---

(1) J'obſerve que les Sauvages, appelés encore chez nous *Iroquois*, ſont actuellement connus en Amérique ſous le nom des *cinq Nations Mohàques*.

2°. Le lac *Erié* , est au Sud-Ouest du lac Ontario , & communique avec lui par la rivière de Niagara... Cette rivière, dans laquelle passent toutes les eaux qui viennent des lacs Supérieurs, Michigan, Huron & Erié , a dans le milieu de son cours une chûte , connue sous le nom de *Saut de Niagara*. Depuis le lieu d'où l'eau se précipite jusqu'au lieu où elle tombe , on compte cent quarante pieds de hauteur perpendiculaire. Mais de ce point jusqu'à ce qu'elle coule horizontalement , le lit de la rivière forme un pan incliné d'à-peu-près même hauteur , & s'étend jusqu'à trois lieues. Le bruit de cette chûte se fait entendre à une distance prodigieuse. Le Capitaine Carver, qui l'avoit entendu à près de sept lieues, rapporte que l'on assuroit que, dans un grand calme , on peut l'entendre de quinze.

Ce lac a près de cent lieues de l'Est à l'Ouest, & environ quarante dans sa plus grande largeur. Dans sa partie de l'Ouest , on trouve plusieurs îles remarquables par la quantité prodigieuse de serpens-sonnette qui s'y rencontre. Il n'est pas possible qu'aucun lieu de l'univers en produise un plus grand nombre. Assez près de ces îles, il y a beaucoup de nénuphar. Les serpens se reposent ordinairement au soleil sur les feuilles de cette plante. On y trouve aussi le serpent-siffleur , dont le souffle passe pour être très-dangereux. Sur les bords du lac Erié, on trouve beaucoup de pyrites.

3e. Le lac *Huron* est plus au Nord : c'est le plus grand après le lac Supérieur. Il est vers le 45e & le 46e degrés de latitude ; sa forme est presque triangulaire, & son circuit d'environ trente-quatre lieues. Au Nord est une île fort respectée des Sauvages, qui l'appellent *Ile des Esprits.* Deux autres îles, qui se trouvent au milieu du lac, prêtent un abri aux bâtimens qui veulent traverser le lac, dont la navigation est dangereuse.

Les poissons du lac Huron sont en général les mêmes que ceux du lac Supérieur. Une partie des terres, qui bordent son rivage, est très-fertile; mais dans quelques parties, il est sablonneux & stérile.

L'isthme qui sépare à l'Ouest ce lac du lac Michigan, forme une vaste plaine de plus de trente-six à trente-sept lieues de long, sur une largeur inégale, qui varie de trois à cinq lieues.

4°. Le *lac Supérieur* est au Nord-Ouest, & sous le 48e degré de latitude. Il est d'une étendue très-considérable, & reçoit près de quarante rivières. Il est abondamment pourvu de

poissons

poiffons. Les meilleurs font la truite & l'eftur-
geon que l'on y pêche en toute faifon & en
grande quantité. Les truites pèfent ordinairement environ douze livres ; mais il y en a qui
pèfent plus de cinquante. On y pêche auffi
un poiffon blanc , affez femblable à l'alofe ,
mais ayant moins d'arêtes. Ce lac eft fujet à de
très-fortes tempêtes. Les lames s'y élèvent auffi
haut que dans la pleine mer , & font auffi dangereufes. Ses eaux s'écoulent par l'angle du Sud-
Eft , à travers le détroit appelé de *Sainte-Marie.*
Au haut de ce détroit eft un Fort qui en reçoit
fon nom. Près de ce Fort eft un rapide fi violent , qu'il eft impoffible de le remonter ; mais
des canots conduits par d'excellents pilotes ,
peuvent le defcendre fans danger. A l'extrémité
de ce rapide , la nature a ménagé la ftation la
plus commode pour prendre une immenfe quantité de poiffons. En fe plaçant fur les rochers
adjacens au faut , on peut en prendre avec des
filets , vers les mois de Septembre & d'Octobre ,
de quoi alimenter , au moyen d'une préparation
convenable , plufieurs milliers d'hommes pendant toute une année.

Peut-être dois-je ajouter ici le lac *Champlain* ,
quoiqu'il appartienne prefque tout entier aux
Anglo-Américains ; mais comme il a fa partie

septentrionale chez les Anglois, j'en dirai deux mots.

Le lac Champlain eſt celui qui approche le plus en grandeur du lac Ontario. Il a environ vingt-ſix à vingt-ſept lieues de long, & cinq à ſix de large. On l'appeloit autrefois le *lac des Iroquois.*

Animaux.

AVANT la découverte du Canada, les forêts qui le couvroient n'étoient, pour ainſi dire, qu'un vaſte repaire de bêtes fauves. Elles s'y étoient prodigieuſement multipliées ; parce que le peu d'hommes qui couroient dans ces déſerts, ſans troupeaux & ſans animaux domeſtiques, laiſſoient plus d'eſpace & de nourritures aux eſpèces errantes & libres comme eux. Si la nature du climat ne varioit pas ces eſpèces à l'infini, du moins chacune y gagnoit par la multitude des individus. Mais enfin elles payoient tribut à la ſouveraineté de l'homme, titre ſi cruel & ſi coûteux à tous les êtres vivans ! Faute d'arts & de culture, le ſauvage ſe nourriſſoit & s'habil- loit uniquement aux dépens des bêtes. Dès que notre luxe eut adopté l'uſage de leurs peaux, les Américains leur firent une guerre d'autant plus vive, qu'elle leur valoit une abondance & des jouiſſances nouvelles pour leurs ſens, d'autant plus meurtrière, qu'ils avoient adopté nos armes à feu. Cette induſtrie deſtructive fit paſſer, des bois du Canada, dans les ports de France, une grande quantité, une grande diverſité de pelleteries, dont une partie fut conſommée dans le Royaume, & l'autre alla dans les Etats voiſins. La plupart de ces fourrures étoient connues dans l'Europe. Elle les tiroit du nord de notre hémiſphère ; mais en trop petit nombre pour que l'uſage en fût étendu. Le caprice & la nouveauté leur ont donné plus ou moins de vogue, depuis que l'intérêt des colonies de l'Amérique a voulu qu'elles priſſent faveur dans les métropoles. Il faut dire quelque choſe de celles dont la mode exiſte encore.

La loutre eſt un animal vorace, qui, courant ou nageant ſur les bords des lacs & des rivières, vit ordinairement de poiſſon, & quand il manque, mange de l'herbe & l'écorce même des plantes aquatiques. Son ſéjour & ſon goût dominant, l'ont fait ranger parmi les amphibies qui vivent également dans l'air & dans l'eau ; mais c'eſt improprement, puiſque la loutre a beſoin de reſpirer à-peu-près comme tous les animaux terreſtres. On trouve quelquefois celui-ci dans tous les climats arroſés, qui ne ſont pas brûlans ; mais il eſt bien plus commun & plus grand dans le nord de l'Amérique. Sa fourrure y eſt auſſi plus noire & plus belle que par-tout ailleurs ; mais en cela même plus nuisible, puisqu'elle y est l'objet des pièges que les hommes tendent à la loutre.

La fouine a le même attrait pour les chasseurs du Canada. Cet animal y est de trois espèces. La première est la *commune* ; la seconde s'appelle *vison*, & la troisième est nommée *puante*, parce que l'urine, que la peur sans doute lui fait lâcher quand elle est poursuivie, empeste l'air à une grande distance. Leur poil est plus brun, plus lustré, plus soyeux que dans nos contrées.

Le rat même est utile par sa peau dans l'Amérique Septentrionale. Il y en a sur-tout deux espèces, dont la dépouille entre dans le commerce. L'un qu'on appelle *rat de bois*, a deux fois la grosseur de nos rats. Son poil est communément d'un gris argenté, quelquefois d'un très-beau blanc. Sa femelle a sous le ventre une bourse qu'elle ouvre & ferme à son gré. Quand elle est poursuivie, elle y met ses petits, & se sauve avec eux. L'autre rat, qu'on appelle *musqué*, parce que certaines parties de son corps renferment du musc, a toutes les inclinations du castor, dont il paroît même être un diminutif, & sa peau sert aux mêmes usages.

L'hermine, qui est de la grosseur de l'écureuil, mais un peu moins allongée, a comme lui les

yeux vifs, la physionomie fine, & les mouvemens si prompts, que l'œil ne peut les suivre.
L'extrémité de sa queue, longue, épaisse & bien
fournie, est d'un noir de jais. Son poil, roux en
été comme l'or des moissons ou des fruits, devient en hiver blanc comme la neige. Cet animal
vif, léger & joli, fait une des beautés du Canada ;
mais plus petit que la martre, il n'y est pas aussi
commun.

La martre se trouve uniquement dans les pays
froids, au centre des forêts, loin de toute habitation, animal chasseur, & vivant d'oiseaux.
Quoiqu'elle n'ait pas un pied & demi de long, les
traces qu'elle fait sur la neige paroissent être
d'un animal très-grand, parce qu'elle ne va qu'en
sautant, & qu'elle marche toujours des deux
pieds à la fois. Sa fourrure est recherchée, quoiqu'infiniment moins précieuse que celle de la
martre, si distinguée sous le nom de *zibeline*.
Celle-ci est d'un noir luisant. La plus belle, parmi
les autres, est celle dont la peau la plus brune
s'étend le long du dos, jusqu'au bout de la
queue. Les martres ne quittent communément
le fond de leurs bois impénétrables, que tous
les deux ou trois ans. Les naturels du pays en
augurent un bon hiver, c'est-à-dire, beaucoup
de neige, qui doit procurer une grande chasse.

Un animal que les anciens appeloient *lynx*,

connu en Sibérie sous le nom de *loup-cervier*, ne s'appelle que *chat-cervier* dans le Canada, parce qu'il y est plus petit que dans notre hémisphère. Cet animal, à qui l'erreur populaire n'auroit pas donné des yeux merveilleusement perçans, s'il n'avoit la faculté de voir, d'entendre ou de sentir de loin, vit du gibier qu'il peut attraper, & qu'il poursuit jusqu'à la cîme des plus grands arbres. On convient que sa chair est blanche & d'un goût exquis ; mais on ne le recherche à la chasse que pour sa peau, dont le poil est fort long & d'un beau gris-blanc, moins estimée pourtant que celle du renard.

Cet animal carnivore & destructeur, est originaire des climats glacés, où la nature, qui fournit peu de végétaux, semble obliger tous les animaux à se manger les uns les autres. Naturalisés dans les Zones tempérées, il n'y a pas gardé sa première beauté. Son poil y a dégénéré. Dans le Nord, il l'a conservé long & touffu, quelquefois blanc, quelquefois gris, & souvent d'un rouge tirant sur le roux. Le plus beau, sans comparaison, est le poil tout-à-fait noir ; mais c'est un mérite plus rare au Canada, que dans la Moscovie, qui est plus septentrionale & moins humide.

On tire de l'Amérique Septentrionale, outre ces mêmes pelleteries, des peaux de cerf, de daim & de chevreuil ; des peaux de renne, fous le nom de *caribou* ; des peaux d'élan, fous le nom d'*orignal*. Ces deux dernières efpèces, qui, dans notre hémifphère, ne fe trouvent que vers le cercle polaire, l'élan en-deçà, le renne au-delà, fe trouvent dans le Nouveau-Monde à de moindres latitudes ; foit parce que le froid eft plus vif en Amérique, par des caufes fingulières d'exception à la loi générale ; foit peut-être auffi, parce que ces nouvelles terres font moins habitées par l'homme dépopulateur. Leurs peaux fortes, douces & moëlleufes, fervent à faire d'excellens buffles, qui pèfent très-peu. La chaffe de tous ces animaux fe fait pour les Européens. Mais les Sauvages en ont une par excellence, qui fut, de tout tems, leur chaffe favorite. Elle convenoit plus à leurs mœurs guerrières, à leur bravoure, & fur-tout à leurs befoins : c'eft la chaffe de l'ours.

Sous un climat froid & rigoureux, cet animal eft le plus ordinairement noir. Plus farouche que féroce, au lieu de cavernes, il choifit pour retraite un tronc creux & pourri de quelque vieux arbre mort fur pied. C'eft-là qu'il fe loge en hiver, le plus haut qu'il peut grimper. Comme il eft très-gras à la fin de l'automne, qu'il eft vêtu d'un poil très-épais, qu'il ne fe donne aucun mouvement, & qu'il dort prefque continuellement, il doit perdre peu par la tranfpiration, & rarement fortir de fon afyle pour chercher de la nourriture. Mais on l'y force en y mettant le feu; & dès qu'il veut defcendre, il eft abattu fous les flèches avant d'arriver à terre. Les Sauvages fe nourriffent de fa chair, fe frottent de fa graiffe, fe couvrent de fa peau. C'étoit-là le but de la guerre qu'ils faifoient à l'ours, lorfqu'un intérêt nouveau tourna leur inftinct vers la chaffe du caftor.

Le caftor, qui pofsède les dons fecourables de la fociété, fans en éprouver comme nous les vices & les malheurs; le caftor à qui la nature donna le befoin, infpira l'inftinct de vivre avec fes femblables, pour la confervation de fon efpèce; cet animal doux, touchant, plaintif, dont l'exemple & le fort arrachent des larmes d'admiration & d'attendriffement au philofophe fenfible, qui contemple fa vie & fes mœurs : le caftor, qui ne nuit à aucun être vivant, qui n'eft ni carnacier ni fanguinaire, ni guerrier, eft devenu la plus furieufe paffion de l'homme chaffeur, la proie à laquelle le Sauvage eft le plus cruellement acharné, grace à l'implacable avidité des peuples les plus policés de l'Europe.

Long d'environ trois à quatre pieds, épais dans une proportion qui lui donne entre cinquante & foixante livres de pefanteur, qu'il doit fur-tout à la groffeur de fes mufcles ; il a la tête comme un rat, & il la porte baiffée avec le dos arqué comme une fouris. Lucrèce a dit, non pas que l'homme a reçu des mains pour s'en fervir ; mais qu'il a eu des mains & qu'il s'en eft fervi. De même le caftor a des membranes aux pieds de derrière, & il nage ; il a des doigts féparés aux pieds de devant, & ceux-ci lui tiennent lieu de mains ; il a la queue plate, ovale, couverte d'écailles, & il l'emploie à traîner & à travailler ; il a quatre dents incifives & tranchantes, & il en fait des outils de charpente. Tous ces inftrumens, qui ne font prefque d'aucun ufage, quand l'animal vit feul, ou qui ne le diftinguent point alors des autres animaux, lui donnent une induftrie fupérieure à tous les inftinêts, quand il vit en fociété.

Sans paffions, fans violence & fans rufe, dans l'état ifolé, à peine ofe-t-il fe défendre. A moins qu'il ne foit pris, il ne fait pas mordre. mais au défaut d'armes & de malice, il a dans l'état focial tous les moyens de fe conferver fans guerre, & de vivre fans faire ni fouffrir d'injure. Cet animal paifible, & même familier, eft d'ailleurs indépendant, & ne s'attachant à perfonne, parce qu'il n'a befoin que de lui-même : il entre en communauté, mais il ne veut point fervir, ni ne prétend commander. Un inftinêt muet au-

dehors, mais qui lui parle en dedans, préside à
ses travaux.

C'est le besoin commun de vivre & de peupler, qui rappelle les castors, & les rassemble
en Été, pour bâtir leur bourgade d'Hiver. Dès le
mois de Juin & de Juillet, ils viennent de tous les
côtés, & se réunissent au nombre de deux ou
trois cents; mais toujours sur le bord des eaux;
parce que c'est sur l'eau que doivent habiter ces
républicains, à l'abri des invasions. Quelquefois
ils préferent les lacs dormans au milieu des terres
peu fréquentées, parce que les eaux y font toujours à la même hauteur. Quand ils ne trouvent
point d'étang, ils en forment dans les eaux courantes des fleuves ou des ruisseaux, & c'est par
le moyen d'une chaussée ou d'une digue. La seule
pensée de cet ouvrage, est un systême d'idée
très-composées, très-compliquées, qui semble
n'appartenir qu'à des êtres intelligens. Il s'agit
d'un pilotis de cent pieds de longueur sur une
épaisseur de douze pieds à la base, qui décroît
jusqu'à deux ou trois pieds, par un talus, dont
la pente & la hauteur répondent à la profondeur
des eaux. Pour épargner ou faciliter le travail,
on choisit l'endroit d'une rivière où il y a le
moins d'eau. S'il se trouve sur les bords du fleuve
un gros arbre, il faut l'abattre, pour qu'il tombe
de lui-même en travers sur le courant. Fût-il

plus gros que le corps d'un homme, on le scie,
ou plutôt on le ronge au pied, avec quatre
dents tranchantes. Il est bientôt dépouillé de ses
branches par le peuple ouvrier, qui veut en faire
une poutre. Une foule d'autres arbres plus petits,
sont également abattus, mis en pièces & taillés
pour le pilotis qu'on prépare. Les uns traînent
ces arbres jusqu'aux bords de la rivière ; d'autres
les conduisent sur l'eau jusqu'à l'endroit où doit
se faire la chaussée. Mais comment les enfoncer
dans l'eau, quand on n'a que des dents, une
queue & des pieds ? Le voici. Avec les ongles,
on creuse un trou dans la terre ou au fond de
l'eau. Avec les dents, on appuie le gros bout du
pieu sur le bord de la rivière ou contre le ma-
drier qui la traverse. Avec les pieds, on dresse
le pieu & on l'enfonce par la pointe, dans le
trou, où il se plante debout. Avec la queue, on
fait du mortier, dont on remplit tous les intervalles des pieux entrelacés de branches, pour
mâçonner le pilotis. Le talus de la digue est op-
posé au courant de l'eau, pour mieux en rompre
l'effort par degrés ; & les pieux y sont plantés
obliquement, à raison de l'inclinaison du plan.
On les plante perpendiculairement du côté où
l'eau doit tomber ; &, pour lui ménager un
écoulement, qui diminue l'action de sa pente &
de son poids, on ouvre deux ou trois issues au

fommet de la digue, par où la rivière débouche
une partie de fes eaux.

Quand cet ouvrage eft achevé en commun par
la république, le citoyen fonge à fe loger. Chaque compagnie fe conftruit une cabane dans
l'eau, fur le pilotis. Elles ont depuis quatre jufqu'à dix pieds de diamètre, fur une enceinte
ovale ou ronde. Il y en a de deux ou trois étages,
felon le nombre des familles ou des ménages. Une
cabane en contient au moins un ou deux, &
quelquefois dix à quinze. Les murailles, plus ou
moins élevées, ont environ deux pieds d'épaif-
feur, & fe terminent toutes en forme de voûte
ou d'anfe de panier, maçonnées en-dedans & en-
dehors avec autant de propreté que de folidité.
Les parois en font revêtues d'une efpèce de ftuc
impénétrable à l'eau, même à l'air extérieur.
Chaque maifon a deux portes; l'une du côté de
la terre pour aller faire des provifions; l'autre
vers le cours des eaux pour s'enfuir à l'approche
de l'ennemi, c'eft-à-dire, de l'homme deftruc-
teur des cités & des républiques. La fenêtre de
la maifon eft ouverte du côté de l'eau. On y prend
le frais durant le jour, plongé dans le bain à mi-
corps. Elle fert, en hiver, à garantir des glaces,
qui fe forment épaiffes de deux ou trois pieds.
La tablette, qui doit empêcher qu'elles ne bou-
chent cette fenêtre, eft appuyée fur des pieux

qu'on coupe ou qu'on enfonce en pente , & qui ,
faifant un bâtardeau devant la maifon , laiffe une
iffue pour s'échapper ou nager fous les glaces.
L'intérieur du logis a pour tout ornement , un
planché jonché de verdure , & tapiffé de branches
de fapin. On n'y fouffre point d'ordures.

Les matériaux de ces édifices font toujours voifins de l'emplacement. Ce font des aulnes , des
peupliers , des arbres qui aiment l'eau , comme
les républicains qui s'en conftruifent des loge-
mens. Ces citoyens ont le plaifir , en taillant ce
bois , de s'en nourrir en même tems. A l'exemple
de certains Sauvages de la mer glaciale , ils en
mangent l'écorce. Il eft vrai que ceux-là ne l'aiment que sèche , pilée & apprêtée avec des ra-
goûts ; au lieu que ceux-ci la mâchent & la fucent
toute fraîche.

On fait des provifions d'écorce & de branches
tendres , dans des magafins particuliers à chaque
cabanne , & proportionnés au nombre de fes
habitans. Chacun reconnoît fon magafin , & perfonne ne va piller celui de fes voifins. Chaque
tribu vit dans fon quartier , contente de fon domaine , mais jaloufe de la propriété qu'elle s'en
eft acquife par le travail. On y ramaffe , on y
dépenfe , fans querelles , les provifions de la communauté. On fe borne à des mets fimples , que
le travail prépare. L'unique paffion eft l'amour

conjugal, qui a pour base & pour terme la re-
production de l'espèce.

Deux êtres assortis & réunis par un goût, par
un choix réciproque, après s'être éprouvés dans
une association à des travaux publics, pendant
les beaux jours de l'été, consentent à passer
ensemble la rude saison des hivers. Ils s'y prépa-
rent par l'approvisionnement qu'ils font en Septembre. Les deux époux se retirent dans leur
cabane dès l'automne, qui n'est pas moins favorable aux amours que le printems. Si la saison
des fleurs invite les oiseaux du ciel à se multiplier
dans les bois, la saison des fruits excite peut-être
aussi fortement les habitans de la terre à la repeupler. L'hiver donne au moins le loisir d'aimer;
& cette douceur vaut toutes celles de l'année.
Les époux alors ne se quittent plus. Aucun travail, aucun plaisir ne fait diversion, & ne dérobe du tems à l'amour. Les mères conçoivent
& portent les doux gages de cette passion universelle de la nature. Si quelque beau soleil vient
égayer la triste saison, le couple heureux sort
de sa cabane, va se promener sur le bord de
l'étang ou de la rivière, manger de l'écorce fraîche, y respirer les salutaires exhalaisons de la
terre. Cependant la mère met au jour, vers la
fin de l'hiver, les fruits de l'hymen conçus en
automne; & tandis que le père, attiré dans les

bois par les douceurs du printems , laisse à ses petits la place qu'il occupoit dans sa cabane étroite, elle les allaite , les soigne , les élève au nombre de deux ou trois. Ensuite elle les mène dans ses promenades, où le besoin de se refaire & de les nourrir , lui fait chercher des écrevisses , du poisson , de l'écorce nouvelle , jusqu'à la saison du travail. Ainsi vit cette république, dans des bourgades, qu'on pourroit comparer de loin à de grandes Chartreuses.

Ce peuple républicain , architecte , industrieux , intelligent , prévoyant & systématique dans ses plans de police & de société , c'est le castor dont on vient de tracer les mœurs douces & dignes d'envie. Heureux si sa dépouille n'acharnoit pas l'homme impitoyable & sauvage à la ruine de ses cabanes & de sa race ! Souvent les Américains ont détruit les établissemens des castors, & ces animaux infatigables ont eu la constance de les réédifier plusieurs Étés de suite dans l'enceinte d'où ils avoient été chassés. C'est en hiver qu'on vient les investir. L'expérience les avertit du danger. A l'approche des chasseurs, un coup de queue frappé fortement sur l'eau , sonne l'alarme dans toutes les cabanes de la république , & chacun cherche à se sauver sous les glaces. Mais il est bien difficile d'échapper à tous les pièges qu'on tend à ce peuple innocent.

On prend quelquefois le castor à l'affut. Cependant, comme il voit & qu'il entend de loin, on ne peut le tirer au fusil sur les bords de l'étang, dont il ne s'éloigne jamais assez pour être surpris. L'eût-on blessé avant qu'il se fût jetté dans l'eau, il a toujours le tems de s'y plonger ; & s'il meurt de sa blessure, on le perd, parce qu'il ne surnage point.

Un moyen plus sûr d'attraper les castors, est de dresser des trappes dans les bois où ils vont se régaler d'écorces tendres des jeunes arbres. On garnit ces trappes de copeaux de bois fraîchement coupés ; & dès qu'ils y touchent, un poids énorme tombe & leur casse les reins. L'homme, caché dans un lieu voisin, accourt, se jette sur sa proie, achève de la tuer & l'emporte.

D'autres sortes de chasse sont encore plus usitées, & d'un grand succès. Quelquefois on attaque les cabanes pour en faire sortir les habitans, & l'on va les attendre au bord des trous qu'on a pratiqués dans la glace, parce qu'ils ont besoin d'y venir respirer l'air. On prend ce moment pour leur casser la tête. D'autrefois l'animal, chassé de son logement, tombe dans des filets dont on l'a environné tout autour, en brisant la glace à quelques toises de sa cabane. Veut-on prendre la peuplade entière, au lieu de rompre les écluses pour noyer les habitans,

comme

comme on pourroit le tenter en Hollande , on ouvre la chauffée, pour laiffer écouler l'eau de l'étang où les caftors vivent. Reftés à fecs, hors d'état de s'échapper ou de fe défendre , on les prend à loifir & à volonté. Mais on a foin d'en laiffer toujours un certain nombre , mâles & femelles , pour repeupler l'habitation , & cette générofité n'eft qu'avarice.

La peau du caftor varie avec le climat, qui change la couleur en modifiant l'efpèce. Dans le même canton où font les peuplades de caftors civilifés , il y a pourtant des caftors fauvages & folitaires. Ces animaux rejettés, dit-on , de la fociété pour leurs défauts , vivent fans maifon , fans megafin, dans un boyau fous terre. On les appelle caftors *terriers.* Leur robe eft falle ; leur poil eft rongé fur le dos par le frottement de leur corps contre la voûte qu'ils fe creufent. Ce terrier , qu'ils ouvrent pour l'ordinaire au bord de quelqu'étang ou d'un foffé plein d'eau , s'étend quelquefois à plus de cent pied en longueur, & va toujours en s'élevant , pour leur donner la facilité de fe garantir de l'inondation dans la crue des eaux. Quelques-uns de ces caftors font affez fauvages pour s'éloigner de toute communication avec l'élément naturel à leur efpèce , ils n'aiment que la terre. Tels font nos bièvres d'Europe. Ces caftors folitaires & terriers , n'ont pas le poil aussi luisant, aussi poli que ceux qui vivent en société. Leur fourrure se ressent de leurs mœurs.

On trouve des castors en Amérique, depuis le trentième degré de latitude septentrionale jusqu'au soixantième. Toujours clair-semés au Midi, leur nombre croît & leur poil brunit en avançant au Nord. Jaune & couleur de paille chez les Illinois, châtains un peu plus haut, couleur foncée de marron au Nord du Canada, on en trouve enfin de tout noirs, & ce sont les plus beaux. Cependant, sous ce climat, le plus froid qui soit habité par cette espèce, il y en a parmi les noirs de tout-à-fait blancs ; d'autres d'un blanc taché de gris, & quelquefois de roux sur la croupe : tant la nature se plaît à marquer les nuances du chaud & du froid, & la variété de toutes ses influences, non-seulement dans la figure, mais jusques sur le vêtement des animaux. De la couleur de leurs peaux dépend le prix que les hommes attachent à leur vie. Il y en a qu'ils méprisent jusqu'à ne pas daigner les tuer. Mais ceux-là sont rares.

Le loup-marin a été rangé parmi les poissons ; quoiqu'il ne soit pas muet, & que, né constamment à terre, il y vive plus communément que dans l'eau. Sa tête approche un peu de celle du dogue. Il a quatre pattes fort courtes, sur-tout celles de derrière, qui lui servent plutôt à ramper qu'à marcher. Aussi sont-elles en forme de nageoires, tandis que celles de devant ont des ongles. Il a la peau dure & couverte d'un poil ras. Il naît blanc, mais il devient roux ou noir en croissant. Quelquefois il réunit les trois couleurs.

On distingue deux sortes de loups-marins. Ceux de la plus grosse espèce pèsent jusqu'à deux mille livres, & semblent avoir le nez plus pointu que les autres. Les petits, dont la peau est communément tigrée, sont plus vifs, plus adroits à se tirer des pièges qu'on leur tend. Les Sauvages les apprivoisent jusqu'à s'en faire suivre.

C'est sur des rochers, & quelquefois sur la glace, que les uns & les autres s'accouplent, & que les mères font leurs petits. Leur portée ordinaire est de deux; & elles les allaitent souvent dans l'eau, mais plus souvent à terre. Quand elles veulent les accoutumer à nager, elles les portent, dit-on, sur le dos, les laissent aller de tems en tems dans l'eau, puis les reprennent, & continuent ce manège jusqu'à ce qu'ils soient en état de braver seuls les flots. La plupart des petits oiseaux voltigent de branche en branche, avant de voler dans l'air. L'aigle porte les aiglons, pour les accoutumer à défier les vents. Est-il surprenant que le loup-marin, né fur la terre, exerce fes petits à vivre dans l'eau ?

On ne pêche cet amphibie qu'à Labrador.

Les Canadiens fe rendent à cette glaciale & prefqu'inhabitable côte vers le milieu d'Octobre, & y féjournent jufqu'au commencement de Juin. C'eft entre le continent & quelques petites îles peu éloignées, qu'ils tendent leurs filets. Les loups-marins, qui viennent ordinairement de l'Eft, & en grands bandes, veulent paffer ces efpèces de détroits, & s'y trouvent pris. Portés à terre, ils y reftent gelés jufqu'au mois de Mai. Alors, on les jette dans une chaudière ardente, d'où leur graiffe coule dans un autre vafe où elle fe refroidit. Sept ou huit de ces animaux donnent une barrique d'huile.

La peau des loups-marins fervit originaire-ment à faire des manchons. On l'employa depuis à couvrir des malles, à faire des fouliers & des bottines. Lorfqu'elle eft bien tannée, elle a pref-que le même grain que le maroquin. Si d'une part elle eft moins fine, de l'autre, elle conferve plus long-tems fa fraîcheur.

On convient généralement que la chair du loup-marin n'eft pas mauvaife ; mais on gagne davantage à le réduire en huile. Elle eft long-tems claire ; elle n'a point d'odeur ; elle ne laiffe

point de lie ; elle sert à brûler, ou bien à préparer
es cuirs.

Le Canada envoyoit annuellement à la pêche
du loup-marin cinq ou six petits bâtimens ; & il
en expédioit un ou deux de moins pour les Antilles. Il recevoit des îles neuf à dix bateaux chargés
de taffia, de melasse, de café, de sucre ; & de
France, environ trente navires, dont la réunion
pouvoit former neuf mille tonneaux.

Etat du Canada, depuis qu'il a passé sous la domination Britannique.

Pendant quatre années, cette Colonie fut
divisée en trois Gouvernemens militaires. C'é-
toient les Officiers des troupes qui jugeoient les
causes civiles & criminelles, à Quebec & aux
Trois-Rivières ; tandis qu'à Montréal, ces fonctions augustes & délicates étoient confiées à des
citoyens. Les uns & les autres ignoroient également
ment les loix. Le commandant de chaque district,
auquel on pouvoit appeler de leurs sentences,
ne les connoissoit pas davantage.

L'année 1764 vit éclorre un nouveau système.
On démembra du Canada la côte de Labrador,
qui fut jointe à Terre-Neuve ; le lac Champlain
& tout l'espace au Sud du quarante-cinquième
degré de latitude, dont la Nouvelle-Yorck fut
accrue ; l'immense territoire à l'Ouest du Fort

de la Golette & du lac Niſſiping qui fut laiſſé ſans Gouvernement. Le reſte, ſous le nom de *Province de Quebec*, fut ſoumis à un chef unique.

A la même époque, on donna à la Colonie les loix de l'Amirauté angloiſe ; mais, à peine cette innovation fut-elle apperçue, parce qu'elle n'intéreſſoit guère que les conquérans, en poſ-ſeſſion de tout le commerce maritime.

On fit plus d'attention à l'établiſſement des loix criminelles d'Angleterre. C'étoit un des plus heureux préſens que pût recevoir le Canada.

De la Nouvelle-Ecoſſe.

LE nom de *Nouvelle-Ecoſſe*, qui déſigne au-ourd'hui la côte de trois cents lieues, compriſe depuis les limites de la Nouvelle-Angleterre, juſqu'à la rive méridionale du fleuve Saint-Lau-rent, ne paroît avoir exprimé, dans les premiers tems, qu'une grande péninſule de forme trian-gulaire, ſituée vers le milieu de ce vaſte eſpace. Cette péninſule, que les François appeloient *Acadie*, eſt très-propre, par ſa poſition, à ſervir d'aſyle aux bâtimens qui viennent des Antilles. Elle leur montre de loin un grand nombre de ports excellens, où l'on entre & d'où l'on ſort par tous les vents. On voit beaucoup de morue ſur ſes rivages, & encore davantage ſur de petits bancs qui n'en font éloignés que de quelques lieues. Le continent voifin attire par l'appât de quelques pelleteries. L'aridité de fes côtes offre du gravier pour fécher le poiffon ; & la bonté des terres intérieures invite à toutes fortes de cultures. Ses bois font propres à beaucoup d'u-fages. Quoique fon climat foit dans la zône tempérée, on y éprouve des hivers longs & rigoureux, fuivis tout-à-coup de chaleurs ex-ceffives, d'où fe forment d'épais brouillards, qui, rarement ou du moins lentement diffipés, ne ren-dent pas ce féjour mal-fain, mais peu agréable.

Ce fut en 1604, que les François s'établirent en Acadie, quatre ans avant d'avoir élevé la plus petite cabane dans le Canada. Au lieu de fe fixer à l'Eft de la péninfule, qui préfentoit des mers vaftes, une navigation facile, une grande abondance de morue, ils préférèrent une baie étroite, qui n'avoit aucun de ces avantages. Elle fut appelée depuis *Baie Françoife.* On a prétendu qu'ils avoient été féduits par le Port-Royal, qui peut contenir mille vaiffeaux à l'abri de tous les vents, dont le fond eft par-tout excellent, & qui a toujours quatre ou cinq braffes d'eau, & dix-huit à fon entrée. Il eft plus naturel de penfer que les fondateurs de la Colonie choifirent cette po-fition parce qu'elle les approchoit des lieux où abondoient les pelleteries, dont la traite exclufive leur étoit accordée.   Q iv

La Colonie étoit encore au berceau, lorf-qu'elle vit naître, à fon voifinage, un établiffe-ment qui devint depuis fi floriffant, fous le nom de *Nouvelle-Angleterre*. Le progrès rapide des cultures de cette nouvelle Colonie, attira foible-ment l'attention des François. Ce genre de prof-périté ne mit entre les deux Nations aucune ri-valité. Mais, dès qu'ils purent foupçonner qu'ils auroient bientôt un concurrent dans le com-merce du caftor & des fourrures, ils cherchè-rent le moyen d'en être feuls les maîtres; & ils furent affez malheureux pour le trouver.

Lorfqu'ils arrivèrent en Acadie, la péninfule & les forêts du continent voifin étoient remplies de petites nations fauvages. Ces peuples avoient le nom général d'*Abenaquis*. Quoiqu'auffi guer-riers que les autres nations fauvages, ils étoient plus fociables. Les Miffionnaires s'étant infinués aifément auprès d'eux, vinrent à bout de les entêter de leurs dogmes, jufqu'à les rendre en-thoufiaftes. Avec la religion qu'on leur prêchoit, ils prirent la haine du nom Anglois. Cet article fondamental de leur nouveau culte, étoit celui qui parloit le plus à leurs fens, le feul qui favo-risât leur paffion pour la guerre; ils l'adoptèrent avec la fureur qui leur étoit naturelle. Non contens de fe refufer à tout commerce d'échange avec les Anglois, ils troubloient, ils ravageoient souvent les frontières de cette Nation. Les attaques devinrent plus continuelles, plus opiniâtres & plus régulières , depuis qu'ils eurent choisi pour leur chef Saint-Casteins , Capitaine du régiment de Carignan , qui s'étoit fixé parmi eux, qui avoit épousé une de leurs femmes , & qui se conformoit en tout à leurs usages.

Le Gouvernement de la Nouvelle-Angleterre n'ayant pu , ni ramener les Sauvages par des présens , ni les détruire dans leurs forêts où ils s'enfonçoient , d'où ils revenoient sans cesse , tourna toute son indignation contre l'Acadie , qu'il regardoit , avec raison , comme le mobile unique de tant de calamités. Dès que la moindre hostilité commençoit à diviser les deux métropoles , on attaquoit la péninsule. On la prenoit toujours, parce que toute sa défense résidoit dans le Port-Royal , foiblement entouré de quelques palissades , & qu'elle se trouvoit trop éloignée du Canada pour être secourue. C'étoit sans doute quelque chose aux yeux des nouveaux Anglois , de ravager cette Colonie & de retarder ses progrès ; mais ce n'étoit pas assez pour dissiper les défiances qu'inspiroit une Nation toujours plus redoutable par ce qu'elle fait. Obligés , à regret , de rendre leur conquête à chaque pacification , ils attendoient impatiemment que la supériorité de la Grande-Bretagne fût montée au point de les dispenser de cette restitution. Les événemens de la guerre, pour la succession d'Espagne, amenèrent ce moment décisif ; & la Cour de Versailles se vit à jamais dépouillée d'une possession, dont elle n'avoit point soupçonné l'importance.

La chaleur que les Anglois avoient montrée à s'emparer de ce territoire, ne se soutint pas dans les soins qu'on prit de le garder ou de le faire valoir. Après avoir légèrement fortifié Port-Royal, qui prit le nom d'Annapolis, en l'honneur de la Reine Anne, on se contenta d'y envoyer une garnison médiocre. L'indifférence du Gouvernement passa dans la Nation ; ce qui n'est pas ordinaire aux pays où règne la liberté. Il ne se transporta que cinq ou six familles Angloises dans l'Acadie. Elle resta toujours habitée par ses premiers colons. On ne réussit même à les y retenir , qu'en promettant de ne les jamais forcer à prendre les armes contre leur ancienne patrie. Tel étoit l'amour que l'honneur & la France inspiroient alors à tous ses enfans. Chéris de leur Gouvernement , honorés des Nations étrangères , attachés à leur Roi par une suite de prospérités qui les avoit illustrés & agrandis , ils avoient ce patriotisme qui naît des succès. Il étoit beau de porter le nom François ; il eût été trop affligeant de le quitter. Aussi , les Acadiens , qui avoient juré , en subissant un nouveau joug , de ne jamais combattre contre leurs premiers drapeaux, furent-ils appelés les *François neutres.*

Il y avoit douze à treize cents Acadiens dans la capitale ; les autres étoient répandus dans les campagnes. On ne leur donna point de Magiſtrat pour les conduire. Ils ne connurent pas les loix Angloiſes. Jamais il ne leur fut demandé ni cens, ni tribut, ni corvée. Leur nouveau Souverain paroiſſoit les avoir oubliés, & lui-même, il leur étoit tout-à-fait étranger.

La chaſſe, qui avoit fait anciennement les délices de la Colonie, & qui pouvoit encore la nourrir, ne touchoit plus un peuple ſimple & bon, qui n'aimoit point le ſang. L'agriculture étoit ſon occupation. On l'avoit établie dans les terres baſſes, en repouſſant, à force de digues, la mer & les rivières dont ces plaines étoient couvertes. On retira de ces marais cinquante pour un dans les premiers tems, & quinze ou vingt au moins dans la ſuite. Le froment & l'avoine étoient les grains qui y réuſſiſſoient le mieux ; mais le ſeigle, l'orge & le maïs y croiſſoient auſſi. On y voyoit une grande abondance de pommes de terre, dont l'uſage étoit devenu commun.

D'immenſes prairies étoient couvertes de troupeaux nombreux. On y compta juſqu'à ſoixante mille bêtes à corne. La p'upart des familles avoient plufieurs chevaux, quoique le labourage fe fît avec des bœufs.

Les habitations, prefque toutes conftruites de bois, étoient fort commodes, & meublées avec la propreté qu'on trouve quelquefois chez nos laboureurs d'Europe les plus aifés. On y élevoit une grande quantité de volaille de toutes les efpèes. Elles fervoient à varier la nourriture des colons, qui étoit généralement faine & abondante. Le cidre & la bière formoient leur boiffon. Ils y ajoutoient quelquefois de l'eau-de-vie de fucre.

C'étoit leur lin, leur chanvre, la toifon de leurs brebis, qui fervoient à leur habillement ordinaire. Ils en fabriquoient des toiles communes, des draps groffiers. Si quelqu'un d'entr'eux avoit un peu de penchant pour le luxe, il le tiroit d'Annapolis ou de Louisbourg. Ces deux villes recevoient en retour du blé, des beftiaux, des pelleteries.

Les François neutres n'avoient pas autre chofe à donner à leurs voifins. Les échanges qu'ils faifoient entr'eux étoient encore moins confidérables, parce que chaque famille avoit l'habitude & la facilité de pourvoir feule à tous fes befoins. Auffi ne connoiffoient-ils pas l'ufage du papier-monnoie, fi répandu dans l'Amérique Septentrionale. Le peu d'argent qui s'étoit comme gliffé dans cette Colonie, n'y donnoit point l'activité qui en fait le véritable prix.

Leurs mœurs étoient extrêmement simples. Il n'y eut jamais de caufe civile ou criminelle affez importante, pour être portée à la Cour de Juftice établie à Annapolis. Les petits différends qui pouvoient s'élever de loin en loin entre les Colons, étoient toujours terminés à l'amiable par les anciens. C'étoient les Pafteurs religieux qui dreffoient tous les actes, qui recevoient tous les teftamens. Pour ces fonctions profanes, pour celles de l'églife, on leur donnoit volontairement la vingt-feptième partie des récoltes.

Elles étoient affez abondantes pour laiffer plus de facultés que d'exercice à la générofité. On ne connoiffoit pas la misère, & la bienfaifance prévenoit la mendicité. Les malheurs étoient, pour ainfi dire, réparés avant d'être fentis. Les fecours étoient offerts fans oftentation d'une part; ils étoient acceptés fans humiliation de l'autre. C'étoit une fociété de frères, également prêts à donner ou à recevoir ce qu'ils croyoient commun à tous les hommes.

Cette précieufe harmonie écartoit jufqu'à ces liaifons de galanterie qui troublent fi fouvent la paix des familles. On ne vit jamais, dans cette fociété, de commerce illicite entre les deux fexes. C'eft que perfonne n'y languiffoit dans le célibat.

Dès qu'un jeune avoit atteint l'âge convenable au mariage, on lui bâtiſſoit une maiſon, on défrichoit, on enſemençoit des terres autour de ſa demeure ; on y mettoit les vivres dont il avoit beſoin pour une année. Il y recevoit la compagne qu'il avoit choiſie, & qui lui apportoit en dot des troupeaux. Cette nouvelle famille croiſſoit & proſpéroit, à l'exemple des autres. Toutes enſemble compoſoient une population de dix-huit mille ames.

Les Anglois ſentirent, en 1740, de quel profit pouvoit être à leur commerce la poſſeſſion de l'Acadie. La paix, qui devoit laiſſer beaucoup de bras dans l'inaction, donnoit, par la réforme des troupes, un moyen de peupler & de cultiver un terrein vaſte & fécond. Le Miniſtère Britannique offrit à tout ſoldat, à tout matelot, à tout ouvrier qui voudroit aller s'établir en Acadie, cinquante acres de terre, & dix pour toute perſonne que chacun d'eux ameneroit de ſa famille : quatre-vingts acres aux bas Officiers, & quinze pour leurs femmes & pour leurs enfans : deux cents aux enſeignes, trois cents aux Lieutenans, quatre cents aux capitaines, ſix cents aux officiers d'un grade ſupérieur, avec trente pour chacune des perſonnes qui dépendroit d'eux. Avant le terme de dix ans, le terrein défriché ne devoit être ſujet à aucune redevance, & l'on ne pouvoit,

à perpétuité , être taxé à plus d'une livre deux
fols fix deniers d'impôt , pour cinquante acres.
Le tréfor public s'engageoit d'ailleurs à avancer
ou rembourfer les frais du voyage ; à élever des
habitations ; à fournir tous les outils néceffaires
pour la culture ou pour la pêche ; à donner la
nourriture de la première année. Ces encouragemens determinèrent , au mois de Mai 1749 , trois
mille fept cent cinquante perfonnes à quitter
l'Europe , où elles rifquoient de mourir de faim ,
pour aller vivre en Amérique.

La nouvelle peuplade étoit deftinée à former
un établiffement au Sud-Eft de la péninfule d'A-
cadie , dans un lieu que les Sauvages appelèrent
autrefois *Chiboucłou* , & les Anglois enfuite
Hallifax. C'étoit pour y fortifier le meilleur port
de l'Amérique , pour établir au voifinage une
excellente pêcherie de morue , qu'on avoit pré-
féré cette pofition à toutes celles qui s'offroient
dans un fol plus abondant. Mais , comme c'étoit
la partie du pays la plus favorable à la chaffe , il
fallut la difputer aux Mikmacks , qui la fréquentoient le plus. Ces Sauvages défendirent avec
opiniâtreté un territoire qu'ils tenoient de la
nature ; & ce ne fut pas fans avoir effuyé d'affez
grandes pertes , que les Anglois vinrent à bout
de chaffer ces légitimes poffeffeurs.

Cette guerre n'étoit pas encore terminée

lorfqu'on apperçut de l'agitation parmi les François neutres. Ces hommes fimples & libres avoient déjà fenti qu'on ne pouvoit s'occuper férieufement des contrées qu'ils habitoient, fans qu'ils y perdiffent de leur indépendance. A cette crainte, fe joignit celle de voir leur religion en péril. Des pafteurs échauffés par leur propre enthoufiafme, ou par les infinuations des Adminiftrateurs du Canada, leur perfuadèrent tout ce qu'ils voulurent contre les Anglois, qu'ils appeloient hérétiques. Ce mot, qui fut toujours fi puiffant pour faire entrer la haine dans des ames féduites, détermina la plus heureufe peuplade de l'Amérique à quitter fes habitations, pour fe tranfplanter dans la Nouvelle-France, où on lui offroit des terres. La plupart exécutèrent cette réfolution du moment, fans prendre aucune précaution pour l'avenir. Le refte fe difpofoit à les fuivre, quand il auroit pris fes fûretés. Le Gouvernement Anglois; foit humeur ou politique, voulut prévenir cette défertion par une forte de trahifon, toujours lâche & cruelle dans ceux à qui l'autorité donne des moyens de la douceur & de la modération. Les François neutres, qui n'étoient pas encore partis, furent raffemblés, fous prétexte de renouveller le ferment qu'ils avoient fait autrefois au nouveau maître de l'Acadie. Dès qu'on les eut réunis, on les embarqua

embarqua fur des navires , qui les tranfportèrent dans d'autres Colonies Angloifes, où le plus grand nombre périt de chagrin encore plus que de mifère.

Depuis l'émigration d'un peuple qui devoit fon bonheur & fes vertus à fon obfcurité, la Nouvelle-Ecoffe ne fit que languir. L'envie, qui avoit dépeuplé cette terre, fembla l'avoir flétrie. Du moins la peine de l'injuftice retomboit-elle fur les auteurs de l'injuftice. Les calamités fi multipliées en Europe , y pouffèrent à la fin quelques malheureux. On en comptoit vingt-fix mille en 1769. La plupart étoient difperfés. On ne les avoit réunis en quelque nombre qu'à Hallifax, à Annapolis & à Lunebourg. Cette dernière peuplade, formée par des Allemands, étoit la plus floriffante. Elle devoit fes progrès à cet amour du travail, à cette économie bien ordonnée, caractères diftinctifs d'une Nation fage & belliqueufe, qui, contente de défendre fon pays, n'en fort guère que pour aller cultiver des contrées qu'elle n'eft point jaloufe de conquérir.

Les troubles qui bouleversèrent pendant la dernière guerre l'Amérique Septentrionale , ne font pas arrivés jufqu'à la Nouvelle-Ecoffe. Elle en a même tiré quelques avantages. Sa population a été portée à quarante mille ames, par l'arrivée des citoyens qui fuyoient la guerre.

Tome VI.   R

De l'Ile de Saint-Jean.

L'Ile de Sain-Jean, plus avancée dans le golfe Saint-Laurent, a vingt-deux lieues de long, mais n'en a guère qu'une dans sa plus grande largeur. Sa courbure naturelle, qui se termine en pointe aux deux extrémités, lui donne la figure d'un croissant. Quoique la propriété n'en eût jamais été disputée à la France, cette Couronne sembloit l'avoir dédaignée avant la pacification d'Utrecht. La perte de l'Acadie & de Terre-Neuve, lui ouvrit les yeux sur ce foible reste, & le Gouvernement voulut savoir ce qu'on pourroit en faire.

On trouva que l'hiver y étoit long, le froid excessif, la neige abondante, la quantité d'insectes prodigieuse : mais qu'une côte saine, un port excellent & des havres commodes, rachetoient ces désagrémens. On y vit un pays uni, que la nature avoit enrichi & coupé de prairies abondantes, par une infinité de petites sources qui le traversoient ; un sol extrêmement varié, ouvert à la culture de toutes les espèces de grains ; du gibier & des bêtes fauves sans nombre ; un grand abord des meilleures sortes de poisson ; une population de Sauvages plus considérable que dans les autres îles. Ce dernier fait confirmoit seul tant d'avantages.

Le bruit s'en répandit en France, y fit naître, en 1619, une Compagnie qui forma le double projet de défricher une île si productive, & d'y établir une grande pêche de morue. Malheureusement, l'intérêt qui avoit uni les associés, les divisa, avant même qu'ils eussent mis la main à l'exécution de leur entreprise. Saint-Jean étoit retombée dans l'oubli, lorsque les Acadiens commencèrent à passer dans cette île en 1749. Avec le tems, ils s'y réunirent jusqu'au nombre de trois mille cent cinquante-quatre. Comme ils étoient la plupart cultivateurs, & sur-tout habitués à élever des troupeaux, le Gouvernement crut devoir les fixer à ce genre d'occupation. Ainsi, la pêche de la morue ne fut permise qu'à ceux qui s'établirent à la Tracadie & à Saint-Pierre.

Lorsque les Anglois s'emparèrent de Saint-Jean, ils eurent la mauvaise politique d'en chasser plus de trois mille François, qui, depuis peu y avoient formé des établissemens. La propriété de l'île n'eut pas plutôt été assurée au vainqueur par les Traités, que le Comte d'Egmont desira de s'en rendre le maître. Il s'engageoit à fournir, à ses frais, douze cents hommes armés pour la défense de la Colonie, pourvu qu'il lui fût permis de céder, aux mêmes conditions & en arrière-fiefs, des portions considérables de son territoire. Ces offres étoient agréables à la Cour de Londres:

mais une loi portée à l'époque mémorable du rétabliſſement de Charles II avoit défendu la ceſſion du domaine de la Couronne, ſous la redevance d'un hommage féodal. Les Juriſconſultes prononcèrent que ce ſtatut regardoit le Nouveau-Monde comme l'Ancien ; & cette déciſion fit naître d'autres idées au Gouvernement.

La longue & cruelle tempête, qui avoit agité le globe, étoit appaiſée. La plupart des Officiers, dont le ſang avoit ſcellé les triomphes de l'Angleterre, étoient ſans occupation & ſans ſubſiſtance. On imagina de leur partager le ſol de Saint-Jean, ſous la condition qu'après dix ans d'une jouiſſance gratuite, ils payeroient chaque année au fiſc, comme dans la plupart des Provinces du Continent Américain, 2 liv. 10 ſ. 7 den. & demi pour chaque centaine d'acres qu'ils poſſéderoient. Très-peu de ces nouveaux propriétaires avoient la volonté de ſe fixer dans ces régions lointaines; très-peu étoient en état de faire les avances qu'exigeoient des défrichemens un peu étendus. Preſque tous cédèrent, pour plus ou moins de tems, pour une rente plus ou moins modique, leurs droits à des Irlandois, ſur-tout à des montagnards Ecoſſois. Le nombre des Colons ne s'éleve pas encore au-deſſus de douze cents. La pêche de la morue & diverſes cultures les occupent. Ils n'ont aucune liaiſon d'affaires ave l'Europe. C'est avec Quebec, c'est avec Hallifax seulement qu'ils commercent.

Jusqu'en 1772, Saint-Jean fut une dépendance de la Nouvelle-Ecosse. A cette époque, il forma un état particulier. On lui donna un Gouverneur, un Conseil, une Assemblée, une Douane, une Amirauté. C'est le port la Joie, maintenant appelé *Charlotte-Town*, qui est le Chef-lieu de la Colonie.

Une île si peu étendue ne paroissoit guère susceptible de la dignité où elle étoit appelée par une faveur dont nous ignorons la cause. Pour donner une sorte de réalité à cet établissement, on y attacha les îles de la Magdeleine, habitées par un petit nombre de pêcheurs de morue & de vaches marines ; on y attacha l'île Royale, autrefois fameuse, mais qui a perdu son importance en changeant de domination. Louisbourg, la terreur de l'Amérique Angloise, il n'y a pas vingt ans, n'est plus qu'un amas de ruines. Les quatre mille François, qu'une défiance injuste & peu raisonnée dispersa après la conquête, n'ont été remplacés que par cinq ou six cents hommes, moins occupés de pêche que de contrebande. On a même cessé de penser aux mines de charbon de terre.

Ces mines sont très-abondantes à l'Ile-Royale, d'une exploitation facile, &, en quelque manière, inépuisables. Il y régnoit, sous les anciens possesseurs, un désordre que le nouveau Gouvernement a voulu prévenir, en s'en réservant la propriété, pour ne l'abandonner qu'à ceux qui auroient des moyens suffisans pour la rendre utile. Ceux qui formeront cette entreprise avec les fonds nécessaires, trouveront un débouché avantageux dans toutes les îles occidentales de l'Amérique. Ils en trouveront même sur les côtes & dans les ports du Continent Septentrional, où elle se fera toujours sentir davantage. Ce genre d'industrie formera à la Colonie une navigation qui s'accroîtra sans cesse, qui accroîtra même ses pêcheries : mais non jusqu'au point de jamais égaler celles de Terre-Neuve.

DE L'ILE DU CAP-BRETON.

L'ILE, située entre les quarante-cinq & les quarante-septièmes degrès de latitude Nord, est à l'entrée du golfe Saint-Laurent. Terre-Neuve, à son Orient, sur la même embouchure, n'en est éloignée que de quinze ou seize lieues ; Acadie, à son Couchant, n'en est séparée que par un détroit de trois ou quatre lieues. Sa longeur est d'environ trente-six lieues, & sa plus grande largeur de vingt-deux. Elle est hérissée dans toute sa circonférence, de petits rochers séparés par les vagues, au-dessus desquelles plusieurs élevent

leur sommet. Tous ses ports sont ouverts à
l'Orient, en tournant au Sud. On ne trouve sur
le reste de son enceinte que quelques mouillages
pour de petits bâtimens, dans des anses ou entre
des îlets. A l'exception des lieux montueux, la
surface du pays a peu de solidité. Ce n'est par-
tout qu'une mousse légère & de l'eau. La grande
humidité du terrein s'exhale en brouillards, sans
rendre l'air mal-sain. Du reste, le climat est très-
froid; ce qui doit provenir, soit de la prodigieuse quantité de lacs long-tems glacés, qui
couvrent plus de la moitié de l'île, soit des forêts
qui la rendent inaccessible aux rayons du soleil,
d'ailleurs affoiblis par des nuages continuels.

Quoique le Cap-Breton attirât depuis long-
tems quelques pêcheurs, qui y venoient tous les
Etés, il n'en avoit jamais fixé vingt ou trente.
Les François, qui en prirent possession au mois
d'Août 1713, furent proprement ses premiers
habitans. Ils changèrent son nom en celui de
l'Ile-Royale, & jettèrent les yeux sur le Fort
Dauphin, pour former leur principal établissement. Ce havre présentoit un circuit de deux
lieues. Les vaisseaux, qui venoient jusqu'aux
bords, y sentoient à peine les vents. Les bois de
chêne, nécessaires pour bâtir, pour fortifier une
grande ville, se trouvoient fort près. La terre y
paroissoit moins stérile qu'ailleurs, & la pêche

y étoit plus abondante. On pouvoit à peu de frais rendre ce port imprenable ; mais la difficulté d'y arriver, qui, d'abord avoit moins frappé que fes avantages, le fit abandonner, même après des travaux affez confidérables. Les vues fe tournèrent vers Louisbourg, dont l'abord étoit plus facile, & la commodité fut préférée à la fûreté.

Le port de Louisbourg, fitué fur la côte orientale de l'île, a pour le moins une lieue de profondeur, & plus d'un quart de lieue de largeur dans l'endroit où il eft le plus étroit. Le fond en eft bon. On y trouve ordinairement depuis fix jufqu'à dix braffes d'eau ; & il eft aifé d'y louvoyer, foit pour entrer, foit pour fortir, même dans les mauvais tems. Il renferme un petit golfe très-commode pour le radoub des vaiffeaux de toute grandeur, qu'on peut même y faire hiverner avec quelques précautions. Le feul inconvénient de ce havre excellent, eft de fe trouver fermé par les glaces dès le mois de Novembre, & de ne s'ouvrir qu'en Mai & fouvent en Juin. Son entrée, naturellement fort refferrée, eft encore gardée par l'île aux Chèvres, dont l'artillerie, battant à fleur d'eau, couleroit immanquablement à fond tous les bâtimens grands ou petits qui voudroient y forcer le paffage. Deux batteries, l'une de trente-fix, & l'autre de douze

pièces de canon, de vingt-quatre livres de balle,
placées vis-à-vis sur les côtés opposés, fortifient
& croisent ce feu terrible.

La ville, édifiée sur une langue de terre qui
s'avance dans la mer, est de figure oblongue. Elle
a environ une demi-lieue de tour; ses rues sont
larges & régulieres. On n'y voit guère que des
maisons de bois. Celles qui sont de pierre ont été
bâties aux dépens du Gouvernement, & sont
destinées à loger les troupes. On y a construit
des calles: ce sont des ponts, qui, avançant considérablement dans le port, sont très-commodes
pour charger ou pour décharger les navires.

Ce ne fut qu'en 1720 qu'on commença à fortifier Louisbourg. Cette entreprise fut exécutée
sur de très-bons plans, avec tous les ouvrages
qui rendent une place respectable. On laissa seulement sans rempart un espace d'environ cent
toises du côté de la mer, parce qu'on le jugea
suffisamment défendu par sa situation. On se contenta de le fermer d'un simple bâtardeau. La mer
y étoit si basse, qu'elle formoit une espèce de
lagune inaccessible par ses écueils à toute sorte
de bâtimens. Le feu des bastions collatéraux
achevoit de mettre cette estacade à couvert d'une
descente.

La nécessité de transporter d'Europe les pierres
& beaucoup de matériaux nécessaires pour ces

grandes conftructions, retarda quelquefois les travaux, mais ne les fit pas abandonner. On y dépenfa trente millions. On ne crut pas que ce fût trop pour foutenir les pêcheries, pour affurer la communication de la France avec le Canada, pour ouvrir un afyle en tems de guerre, aux vaiffeaux qui viendroient des îles Méridionales. La nature & la politique vouloient que les richeffes du Midi fuffent gardées par les forces du Nord.

L'an 1714 vit arriver dans l'île les pêcheurs François, fixés jufqu'alors à Terre-Neuve. On efpéra que leur nombre feroit bientôt groffi par les Acadiens, auxquels les Traités avoient affuré le droit de s'expatrier, d'emporter leurs effets mobiliers, de vendre même leurs habitations. Cette attente fut trompée. Les Acadiens aimèrent mieux garder leurs poffeffions fous la domination de l'Angleterre, que de les facrifier, pour des avantages équivoques, à leur attachement pour la France. La place qu'ils refusèrent d'occuper, fut fucceffivement remplie par quelques malheureux, qui arrivoient de tems en tems d'Europe ;

la population fixe de la Colonie s'éleva peu-à-peu au nombre de quatre mille ames. Elle étoit répartie à Louisbourg, au Fort Dauphin, au Port Touloufe, à Niricka, fur toutes les côtes où l'on avoit trouvé des grèves pour fécher la morue.

L'agriculture n'occupa jamais les habitans de l'île. La terre s'y refuse. Les grains qu'on a tenté d'y semer à plusieurs reprises, le plus souvent n'ont pu mûrir. Lors même qu'ils ont paru mériter d'être récoltés, ils avoient trop dégénéré, pour servir de semence à la moisson suivante. On ne s'est opiniâtré qu'à faire croître quelques herbes potagères, dont le goût étoit assez bon, mais qui demandoient qu'on en renouvellât tous les ans la graine. Le vice & la rareté des pâturages ont également empêché les troupeaux de se multiplier. La terre sembloit n'appeler à l'Ile-Royale que des pêcheurs & des soldats.

Quoique la Colonie fût toute couverte de forêts, lorsqu'elle reçut des habitans, le bois n'y a guère été un objet de commerce. Ce n'est pas qu'on n'y ait trouvé beaucoup d'arbres tendres qui étoient propres au chauffage, plusieurs même qui pouvoient servir pour la charpente : mais le chêne y a toujours été fort rare, & le sapin n'a jamais donné beaucoup de résine.

La traite des pelleteries étoit un objet assez peu important. Elle se réduisoit à un petit nombre de peaux de loups-cerviers, d'orignaux, de rats musqués, de chats sauvages, d'ours, de loutres & de renards rouges ou argentés. Une partie étoit fournie par une peuplade sauvage de Mikmacks, qui s'étoit établie dans l'île avec les François,

& qui n'eut jamais plus de foixante hommes en état de porter les armes. Le refte venoit de Saint-Jean ou du Continent voifin.

Il eût été poffible de tirer un meilleur parti des mines de charbon de terre, très-communes dans la Colonie. Elles ont l'avantage d'être horizontales, de n'avoir jamais plus de fix ou huit pieds de profondeur, & de pouvoir être exploitées fans qu'on foit réduit à creufer la terre où à détourner les eaux. Quoique la Nouvelle-Angleterre en eût tiré une quantité prodigieufe depuis 1745 jufqu'en 1749, ces mines auroient été peut-être abandonnées, fi les bâtimens expédiés pour les îles Françoifes n'avoient eu befoin de left.

Toute l'activité de la Colonie fe tourna conftamment vers la pêche de la morue sèche. Les habitans moins aifés y employoient annuellement deux cents chaloupes, & les plus riches, cinquante à foixante bateaux ou goëlettes de trente à cinquante tonneaux. Les chaloupes ne s'éloignoient jamais au-delà de quatre ou cinq lieues de la côte, & revenoient tous les foirs porter leur poiffon, qui, préparé fur le champ, avoit toujours le degré de perfection dont il étoit fufceptible. Les bâtimens plus confidérables alloient faire leur pêche plus loin, gardoient plufieurs jours leur morue; & comme elle prenoit

fouvent trop de fel, elle en étoit moins recherchée. Mais ils étoient dédommagés de cet inconvénient, par l'avantage de fuivre leur proie, à
mefure que le défaut de nourriture lui faifoit
abandonner l'Ile-Royale ; & par la facilité de
porter eux-mêmes, durant l'automne, le produit de leurs travaux aux îles méridionales, ou
même en France.

Indépendamment des pêcheurs fixés dans l'île,
il en arrivoit tous les ans de France, qui fé-
choient leur morue, foit dans les habitations,
où ils s'arrangeoient avec les propriétaires; foit
fur les grèves, dont l'ufage leur étoit toujours
réfervé.

DE L'ILE DE TERRE-NEUVE.

CETTE île, fituée entre le quarante-fixième
& le cinquante-deuxième degrés de latitude
feptentrionale, n'eft féparée de la côte de Labrador que par un canal de médiocre largeur,
connu fous le nom de *Détroit de Belle-Ile.* Sa
forme triangulaire renferme un peu plus de trois
cents lieues de circonférence. On ne peut parler
que par conjecture de fon intérieur, parce qu'on
n'y a jamais pénétré bien avant, & que vraifemblablement perfonne n'y pénétrera, vu la difficulté de le tenter, & l'inutilité, du moins appa-
rente, d'y réuffir. Le peu que l'on en connoît

eſt rempli de rochers eſcarpés, de montagnes couronnées de mauvais bois, de vallées étroites & ſabloneuſes. Ces lieux inacceſſibles ſont remplis de bêtes fauves, qui ſe multiplient d'autant plus aiſément, qu'on ne ſauroit les y pourſuivre. Jamais on n'y a vu d'autres Sauvages que les Ex-kimaux venir du Continent dans la ſaiſon des chaſſes. La côte eſt pourtant remplie d'anſes, de rades, de ports, quelquefois couverte de mouſſe, mais plus communément de petits cailloux qui ſemblent deſtinés à ſécher le poiſſon que l'on prend aux environs. On éprouve des chaleurs fort vives dans tous les endroits dé-couverts, où des pierres plates réfléchiſſent les rayons du ſoleil. Le reſte du pays eſt exceſſive-ment froid, moins par ſa poſition que par les hauteurs, les forêts, les vents, ſur-tout par ces monſtrueuſes glaces, qui, venues des mers du Nord, ſe trouvent arrêtées ſur ſes rivages, & y ſéjournent. Les quartiers ſitués au Nord & à l'Oueſt jouiſſent conſtamment du ciel le plus pur : il eſt beaucoup moins ſerein à l'Eſt & au Sud, trop voiſins du grand banc, où il règne un brouillard perpétuel.

La découverte de Terre-Neuve fut faite, en 1497, par le Vénitien Jean Cabot. Cet événe-ment n'eut aucune ſuite. Au retour de ce grand navigateur, l'Angleterre étoit trop occupée de ſes démêlés avec l'Ecoffe, pour penfer férieufement à des intérêts fi éloignés.

Trente ans après, Henri VIII envoya deux vaiffeaux pour étudier l'île qu'on n'avoit fait d'abord qu'appercevoir. L'un des bâtimens périt fur ces côtes fauvages, & l'autre regagna l'Europe, fans avoir acquis de lumières.

Un nouveau voyage, entrepris en 1536, fut plus utile. Les aventuriers qui l'avoient tenté, avec le fecours du Gouvernement, apprirent à leur patrie qu'on pourroit pêcher à Terre-Neuve une grande abondance de morue. Cette inftruction ne fut pas tout-à-fait perdue. Bientôt après, de petits bâtimens, partis d'Angleterre au prin-tems, y revenoient dans l'automne avec des cargaifons entières de poiffon féché ou falé.

Dans les premiers tems, le terrein néceffaire pour préparer la morue appartenoit au premier qui s'en emparoit. Cet ufage étoit une femence de difcorde. Le Chevalier Hampshrée, qu'Elifa-beth envoya, en 1582, dans ces parages avec cinq navires, fut autorifé à affurer à perpétuité à chaque pêcheur la partie de la côte qu'il auroit choifie.

Ce nouvel ordre de chofes multiplia tellement es expéditions pour Terre-Neuve, qu'on y vit, en 1615, deux cent cinquante navires Anglois, dont la réunion pouvoit former quinze mille tonneaux. Tous ces bâtimens étoient partis d'Europe. Ce ne fut que quelques années après, qu'il s'y éleva des habitations fixes. Peu à peu, elles occupèrent, fur la côte orientale, l'efpace qui s'étend depuis la baie de la Conception, jufqu'au cap de Raie. Les pêcheurs, placés à quelque diftance les uns des autres, par la nature du fol & de leurs occupations, pratiquèrent entr'eux des communications faciles par des chemins coupés dans les bois. Leur point de réunion étoit à Saint-Jean. C'eft-là que, dans un excellent port, ouvert entre deux montagnes très-rapprochées, ils trouvoient des armateurs venus de la Métropole, qui, en échange des produits de la pêche, fourniffoient à tous leurs befoins.

Les François n'avoient pas attendu ces progrès du commerce Anglois, pour tourner leurs regards vers Terre-Neuve. Ils prétendent même avoir fréquenté les côtes de cette île, dès le commencement du feizième fiècle. Cette époque peut être trop reculée : mais il eft certain qu'elle eft antérieure à l'année 1634, tems auquel ils obtinrent, felon leurs rivaux, de Charles I, la liberté de pêcher dans ces parages, en lui payant un droit de cinq pour cent, & bientôt après l'exemption de ce tribut, également onéreux & humiliant.

Quoi qu'il en foit de cette particularité, dont
aucun

aucun monument n'a conftaté la certitude, il eft démontré que, vers le milieu du dix-feptième fiècle, Terre-Neuve recevoit annuellement les François. Ils ne s'occupoient pas, à la vérité, de la côte occidentale de l'île, quoique formant en partie le golfe Saint-Laurent, elle fût cenfée leur appartenir : mais ils fréquentoient en affez grand nombre la feptentrionale, qu'ils avoient appelée le *Petit-Nord*. Quelques-uns s'étoient même fixés fur la méridionale, où ils avoient formé une efpèce de bourgade dans la baie de Plaifance, qui réuniffoit toutes les commodités qu'on pouvoit defirer pour une pêche heureufe.

Entre tous les établiffemens dont les Européens ont couvert le Nouveau-Monde, il ne s'en trouve point de la nature de celui de Terre-Neuve. Les autres ont généralement fervi de tombeau aux premiers Colons qu'ils ont reçus, & à un grand nombre de ceux qui les ont fuivis : lui feul n'a pas dévoré un feul homme ; il a même rendu des forces à plufieurs de ceux que des climats moins fains avoient épuifés. Les autres ont été un théâtre à jamais odieux d'injuftices, d'oppreffion, de carnage : lui feul n'a point offenfé l'humanité, n'a bleffé les droits d'aucun peuple. Les autres n'ont donné des productions qu'en recevant en échange des valeurs égales : lui feul a tiré du fein des eaux une richeſſe formée par la nature ſeule, & qui ſert d'aliment à diverſes contrées de l'un & l'autre hémiſphère.

Le poiſſon, qui rend ces parages ſi célèbres, c'eſt la morue. Jamais il n'a plus de trois pieds, & communément il en a beaucoup moins. L'Océan n'en nourrit aucun, dont la gueule ſoit plus large à proportion de la grandeur, ni qui ſoit auſſi vorace. On trouve dans ſon corps juſqu'à des pots caſſés, du fer & du verre. Son eſtomac ne digère pas ces matières, comme on l'a cru long-tems : il ſe retourne, & ſe décharge ainſi de tout ce qui l'incommode. Si l'eſtomac de ce poiſſon n'avoit pu ſe retourner, il auroit été moins vorace. C'eſt ſon organiſation qui le rend inadvertant ſur les ſubſiſtances dont il ſe nourrit. La conformation des organes eſt le principe des appétits dans toutes les ſubſtances vivantes des trois régnes de la nature.

La morue ſe montre dans les mers du Nord de l'Europe. Elle y eſt pêchée par trente bâtimens Anglois, ſoixante François, & cent cinquante Hollandois ; les uns & les autres de quatre-vingt ou cent tonneaux. Ils ont pour concurrens les Iſlandois, & ſur-tout les Norwégiens. Ces derniers s'occupent, avant la ſaiſon de la pêche, à ramaſſer ſur la côte des œufs de morue, appât néceſſaire pour prendre la ſardine. Ils en vendent, année commune, vingt à vingt-deux mille tonnes, à neuf livres la tonne. Si l'on en avoit le débit, on en prendroit bien davantage ; puiſqu'un phyſicien habile, qui a eu la patience de compter les œufs d'une morue, en a trouvé neuf millions trois cent quarante-quatre mille. Cette généroſité de la nature, doit être plus grande à Terre-Neuve, où la morue eſt infiniment plus abondante.

Elle eſt auſſi plus délicate, quoique moins blanche ; mais elle n'eſt pas un objet de commerce, lorſqu'elle eſt fraîche. Son unique deſtination eſt de ſervir de nourriture à ceux qui la pêchent. Salée & ſéchée, ou ſeulement ſalée, elle devient précieuſe pour une grande partie de l'Amérique & de l'Europe. Celle qui n'eſt que ſalée, ſe nomme morue verte, & ſe pêche au grand banc.

Cette bande de terre eſt une de ces montagnes qui ſe forment ſous les eaux des débris du continent, que la mer emporte & acccumule. Les deux extrémités de ce banc ſe terminent tellement en pointe, qu'il n'eſt pas aiſé d'en marquer exactement les bornes. On lui donne communément cent ſoixante lieues de long, ſur quatre-vingt-dix de large. Vers le milieu, du côté de l'Europe, eſt une eſpèce de baie qui a été nommée la *Foſſe.* Les profondeurs, dans tout cet eſpace, font fort inégales. Il s'y trouve depuis cinq juf-qu'à foixante braffes d'eau. Le foleil ne s'y mon-tre prefque jamais, & le ciel y eft, le plus fouvent, couvert d'une brume épaiffe & froide. Les flots font toujours agités, les vents toujours impétueux dans fon contour; ce qui doit venir de ce que la mer, irrégulièrement pouffée par des courans, qui portent tantôt d'un côté & tantôt de l'autre, heurte avec impétuofité contre des bords qui font par-tout à pic, & en eft re-pouffée avec la même violence. Cette caufe eft d'autant plus vraifemblable, que, fur le banc même, à quelque diftance des bords, on eft tranquille comme dans une rade, à moins d'un vent forcé qui vienne de plus loin.

La morue difparoît prefque toujours du grand banc & des petits bancs voifins, depuis le milieu de Juillet jufqu'à la fin d'Août. A cet intervalle près, la pêche s'en fait toute l'année.

Avant de la commencer, on fait une galerie depuis le grand mât en arrière, & quelquefois dans toute la longueur du navire. Cette galerie extérieure eft garnie de barrils défoncés par le haut. Les matelots fe mettent dedans, la rête garantie des injures du tems, par un toît gou-dronné, qui tient à ces barrils. A mefure qu'ils prennent une morue, il lui coupent la langue; enfuite ils la livrent à un mouffe, pour la porter au décoleur. Celui-ci lui tranche la tête, lui arrache le foie, les entrailles, & la laisse tomber par un écoutillon dans l'entrepont, où l'habilleur lui tire l'arête jusqu'au nombril, & la fait passer par un autre écoutillon dans la cale. C'est-là qu'elle est salée, & rangée en piles. Le saleur a l'attention d'observer qu'il y ait, entre les rangs qui forment les piles, assez de sel pour que les couches de poisson ne se touchent pas, mais qu'il n'y en ait que ce qu'il faut. Le trop ou le trop peu de sel est également dangereux: l'un & l'autre fait avarier la morue.

Mais un phénomène bien constaté, c'est qu'à peine la pêche de ce poisson est commencée, que la mer s'engraisse, s'adoucit, & que les barques règnent sur la surface des eaux, comme sur une glace polie. Lorsqu'on dépèce la baleine, la graisse qui en découle produit le même effet. Un vaisseau, nouvellement goudronné, appaise la mer sous lui, & autour des bâtimens qui l'avoisinent. En 1756, le docteur Franklin, allant à Louisbourg avec une grande flotte, remarqua que la lague de deux vaisseaux étoit singulièrement unie, tandis que celle des autres étoit agitée. Il en demanda la raison au Capitaine, qui lui expliqua cette différence par la lavure des ustensiles de cuisine, raison qui ne satisfit pas le physicien; mais dont il reconnut la vérité par une suite d'expériences, où il vit quelques gouttes d'huile, dont la quantité réunie auroit à peine rempli une cuillier, tempérer les vagues à plus de cent toifes, avec une célérité d'expanfion auffi merveilleufe que fa divifion. Il paroît que l'huile végétale a plus d'efficacité que l'huile animale. On eftime la durée du calme qui en réfulte à deux heures, en pleine mer, où cet effet exige l'effufion d'un volume d'huile confidérable. Le facrifice de quelques barrils de ce liquide, a fauvé de grands bâtimens d'un naufrage, dont ils étoient menacés par la plus effroyable tempête.

Malgré une infinité de faits authentiques, jufqu'à préfent il eft douteux que l'huile, ou en général tous les corps gras, ou fluides, ou divifés, aient la vertu d'abaiffer la hauteur des flots. Ils paroiffent n'avoir d'action que contre les brifans.

On dit que la mer brife, lorfqu'elle s'élève très-haut en bouillonnant & en formant comme des colonnes d'eaux, qui retombent avec violence. Lorfque la mer eft groffe, les vagues montent, mais fe fuivent régulièrement, & les navires obéiffent, fans péril, à ce mouvement, qui femble les porter aux nues, ou les defcendre aux enfers. Mais lorfque les vagues font agitées violemment par des vents qui foufflent en fens contraires, ou par quelqu'autre caufe, il n'en est pas ainsi. Deux vaisseaux , assez voisins pour se parler , cessent tout-à-coup de s'appercevoir. Il s'élève entr'eux une montagne d'eau , qui, venant à éclater & à fondre sur eux , suffit pour les abymer. Cet état de mer n'est pas fréquent. On peut voyager long-tems sans y être exposé. Mais l'emploi de l'huile n'en dût-il garantir qu'un seul bâtiment, sur la multitude de ceux qui couvrent l'Océan, dans un grand nombre d'années, l'importance de ce facile secours seroit encore très-grande.

Les pêcheurs de Lisbonne & ceux des Bermudes rendent à l'eau le calme & la transparence avec un peu d'huile , qui arrête tout-à-coup l'irrégularité des réfractions des rayons de la lumière , & leur permet d'appercevoir le poisson. Les plongeurs modernes , qui vont chercher la perle au fond de la mer , ont coutume, à l'exemple des plongeurs anciens, de se remplir la bouche d'huile, qu'ils lâchent goutte à goutte , à mesure que l'obscurité leur dérobe leur proie. Il y en a qui présument la présence du requin & l'abondance du hareng, dans les lieux où la mer leur offre un calme qui n'existe pas sur le reste du parage. Les uns diront que c'est l'effet de l'huile qui s'échappe du corps du hareng, d'autres qu'elle en sort sous la dent du requin qui le dévore. Ils usent du même moyen , tantôt pour difcerner les pointes de rocher couvertes dans l'agitation des flots, tantôt pour arriver à terre avec moins de péril. Pour cet effet, les uns fufpendent au derrière de leurs barques un paquet d'inteftins, remplis de la graiffe du fumal ou pêtrel, oifeau qui vomit toute pure l'huile des poiffons dont il fe nourrit. D'autres remplacent ces inteftins par une cruche renverfée, dont l'huile diftille, à difcrétion, par une ouverture faite au bouchon.

Dans le droit naturel, la pêche du grand banc auroit dû être libre à tous les peuples. Cependant les deux Puiffances, qui avoient formé des Colonies dans le Nord de l'Amérique, étoient parvenues affez facilement à fe l'approprier. L'Efpagne, qui feule y formoit quelques prétentions, & qui, par la multitude de fes moines, fembloit y avoir des droits fondés fur leur befoin, les abandonna dans la dernière paix. Il n'y a que les Anglois & les François qui fréquentent ces parages.

En 1773, la France y envoya cent vingt-cinq navires, qui formoient neuf mille trois cent foixante-quinze tonneaux, & qui étoient montés par feize cent quatre-vingt-quatre hommes. On prit deux millions cent quarante-un milliers de morues, qui rendirent cent vingt-deux barriques d'huile. Le produit entier fut vendu 1,421,615 livres.

La Nation rivale fit une pêche beaucoup plus confidérable. Peu de ceux qui y étoient employés étoient partis d'Europe. La plupart arrivoient de la Nouvlle-Angleterre, de la Nouvelle-Ecoffe, de l'île même de Terre-Neuve. Leurs bâtimens étoient petits, faciles à manier, peu élevés fur l'eau, & ne donnoient guère de prife aux vents & à l'agitation des vagues. C'étoient des matelots plus endurcis à la fatigue, plus accoutumés au froid, plus faits à une difcipline auftère, qui les montoient. Ils portoient avec eux un appât fort fupérieur à celui qu'on trouvoit fur les lieux. Auffi leur pêche fut-elle infiniment fupérieure à celle du François. Mais, comme ils avoient moins de débouchés que lui pour la morue verte, la plus grande partie du poiffon qu'ils prirent fut portée fur les côtes voifines, où on le convertiffoit en morue sèche.

Cette autre morue s'obtient de deux manières. Celle que l'on nomme pêche errante appartient aux navires expédiés tous les ans d'Europe pour Terre-Neuve, à la fin de Mars ou dans le courant d'Avril. Souvent ils rencontrent, au voifinage de l'île, une quantité de glaces que les courans du Nord pouffent vers le Sud, qui fe brifent dans leur choc réciproque, & qui fondent plutôt ou plutard, à la chaleur de la faifon. Ces pièces de glace ont quelquefois une lieue de circonférence, s'élevent dans les airs à la hauteur des plus grandes montagnes, & cachent dans les eaux une profondeur de soixante à quatre-vingt brasses. Jointes à d'autres glaces moins considérables, elles occupent une longueur de cent lieues, sur une largeur de vingt-cinq ou trente. L'intérêt, qui porte les navigateurs à toucher le plus promptement aux attérages, pour choisir les havres les plus favorables à la pêche, leur fait braver la rigueur des saisons & des élémens, conjurés contre l'industrie humaine. Les remparts les plus formidables de l'art militaire, les foudres d'une place assiégée, la manœuvre du combat naval le plus savant & le plus opiniâtre, n'ont rien qui demande autant d'audace, d'expérience & d'intrépidité que les énormes boulevards flottans que la mer oppose à ces petites flottes de pêcheurs. Mais la plus avide de toutes les faims, la plus cruelle de toutes les soifs, la faim & la soif de l'or percent toutes les barrières, traversent ces montagnes de glace, & l'on arrive enfin à cette île où tous les vaisseaux doivent se charger de poisson.

Après le débarbarquement, il faut couper du bois, élever ou réparer des échaffauds. Ces travaux occupent tout le monde. Lorsqu'ils sont finis, on se partage. La moitié des équipages reste à terre, pour donner à la morue les façons dont elle a befoin. L'autre moitié s'embarque fur des bateaux. Pour la pêche du caplan, il y a quatre hommes par bateau, & trois pour la pêche de la morue. Ceux-ci, qui font le plus grand nombre, partent dès l'aurore, s'éloignent jufqu'à trois, quatre ou cinq lieues des côtes, & reviennent dans la nuit jetter fur leurs échaffauds, dreffés au bords de la mer, le fruit du travail de toute la journée.

Le décoleur, après avoir coupé la tête à la morue, lui vuide le corps, & la livre à l'habilleur, qui la tranche & la met dans le fel, où elle refte huit ou dix jours. Après qu'elle a été lavée, elle eft étendue fur du gravier, où on la laiffe jufqu'à ce qu'elle foit bien féchée. On l'entaffe enfuite en piles, où elle fue quelques jours. Elle eft encore remife fur la grève, où elle acheve de fécher, & prend la couleur qu'on lui voit en Europe.

Il n'y a point de fatigues comparables à celles de ce travail. A peine laiffe-t-il quatres heures de repos chaque nuit. Heureufement, la falubrité du climat foutient la fanté contre de fi fortes épreuves. On compteroit pour rien les peines, fi elles étoient mieux récompenfées par le produit.

Mais il eft des havres où les grèves, trop éloignées de la mer, font perdre beaucoup de tems. Il en eſt dont le fond de roc vif & ſans varec, n'attire pas le poiſſon. Il en eſt où il jaunit par les eaux douces qui s'y déchargent ; & d'autres où il eſt brûlé de la réverbération du ſoleil, réfléchi par les montagnes.

Les havres, même les plus favorables, ne donnent pas l'aſſurance d'une bonne pêche. La morue ne peut abonder également dans tous. Elle ſe porte tantôt au Nord, tantôt au Sud, & quelquefois au milieu de la côte ; attirée ou pouſſée par la direction du caplan ou des vents. Malheur aux pêcheurs qui ſe trouvent fixés loin des lieux qu'elle préfère. Les frais de leurs établiſſemens ſont perdus, par l'impoſſibilité de la ſuivre avec tout l'attirail qu'exige cette pêche.

Elle finit dès les premiers jours de Septembre, parce que le ſoleil ceſſe alors d'avoir la force néceſſaire pour ſécher la morue. Tous les navigateurs n'attendent pas même cette époque pour mettre à la voile. Pluſieurs ſe hâtent de prendre la route des Indes Occidentales ou des Etats Catholiques de l'Europe, pour obtenir les avantages de la primeur, qu'on perdroit dans une trop grande concurrence.

Terre-Neuve eut autrefois deux maîtres. La pacification d'Utrecht aſſura la propriété de cette île à la Grande-Bretagne ; & les ſujets de la Cour de Verſailles ne conſervèrent que le droit d'y pêcher depuis le cap Bonaviste, en tournant au Nord, jusqu'à la Pointe-Riche. Mais cette dernière ligne de démarcation ne se trouvoit dans aucune des cartes qui avoient précédé le Traité. Le géographe Anglois Herman Moll fut le premier qui en parla en 1715, & il la plaça au cap Raye.

On étoit affez généralement perfuadé qu'il en devoit être ainfi, lorfqu'en 1764, le Miniftère Britannique, fur la foi d'une lettte de Prior, qui avoit manié l'affaire des limites, & d'une requête préfentée au Parlement en 1716, par les pêcheurs Anglois, prétendit que c'étoit par les cinquante degrés trente minutes de latitude qu'il falloit établir la Pointe-Riche. Le Confeil de Louis XV. déféra fur le champ à des autorités qu'il auroit pu contefter : mais ayant découvert lui-même dans fes archives une carte manufcrite qui avoit fervi à la négociation, & qui plaçoit la pointe-Riche par les quarante-neuf degrés de latitude, fur le bord & au nord de la baie des Trois-Iles, il demanda pour fes titres la même déférence qu'il avoit eue pour ceux qu'on lui avoit préfentés. C'étoit le cri de la raifon & de la juftice. Cependant les François qui osèrent aller dans l'efpace contefté, effuyèrent la honte & le dommage de voir leurs bateaux confifqués. Tel étoit l'état des chofes, lorfque les hoftilités ont recommencé entre les deux Nations. On vient de voir qu'à la paix, la Cour de Versailles a obtenu le redressement de ce premier grief.

Ses sujets, par les Traités d'Utrecht & de Paris, devoient jouir de l'espace qui s'étend entre les caps Bonaviste & Saint-Jean. Trois mille Anglois y ont formé, à diverses époques, des établissemens fixes, & en ont ainsi nécessairement écarté des navigateurs qui arrivoient tous les ans d'Europe. La France a réclamé contre ces usurpations, & a obtenu que le Ministère Britannique prescriroit à ses pêcheurs d'aller occuper ailleurs leur activité. L'ordre n'a pas été exécuté & ne pouvoit pas l'être. Alors la Cour de Versailles a demandé, pour équivalent, la liberté de la pêche, depuis la Pointe-Riche jusques vers les îles Saint-Pierre & Miquelon. La conciliation paroissoit devoir réussir ; mais les troubles ont tout dérangé.

Jusqu'en 1763, les Anglois s'étoient bornés à y aller pêcher le loup-marin durant l'hiver : ils avoient toujours fini leurs opérations & quitté la contrée avant le printems. A cette époque, ils commencèrent à fréquenter les mêmes havres, que leurs concurrens occupoient seuls auparavant.

Il faut entendre par pêche sédentaire celle que font les Européens établis sur les côtes de l'Amérique où la morue abonde. Elle eſt infiniment plus utile que la pêche errante, parce qu'elle exige moins de frais, & qu'elle peut être continuée plus long-tems. Les François jouiſſoient de ces avantages avant que les fautes de leur Gouvernement leur euſſent fait perdre les vaſtes territoires qu'ils avoient dans cette région. La paix de 1763 réduiſit leurs établiſſemens fixes à l'île de Saint-Pierre & aux deux îles de Miquelon, qu'il ne leur fut pas même permis de fortifier.

Saint-Pierre a vingt-cinq lieues de circonférence, un port où trente petits bâtimens trouvent un aſyle ſûr, une rade qui peut contenir une quarantaine de vaiſſeaux, de quelque grandeur qu'ils ſoient, des côtes propres à ſécher beaucoup de morue. En 1773, il y avoit ſix cent quatre domiciliés, & un nombre à-peu-près égal de matelots y paſſèrent l'intervalle d'une pêche à l'autre.

Les deux Miquelons, moins importantes ſous tous les points de vue, ne comptoient que ſix cent quarante-neuf habitans, & cent vingt-ſept pêcheurs étrangers ſeulement y demeurèrent pendant l'hiver.

Ces îles ne ſont éloignées que de trois lieues de la partie méridionale de Terre-Neuve. Par les Traités, la poſſeſſion des côtes emporte cette étendue. L'efpace devoit donc être en commun, ou partagé entre les pêcheurs François & les pêcheurs Anglois, dont le droit étoit le même. La force, qui prend rarement confeil de la juftice, s'appropria tout. La raifon ou la politique lui infpirèrent à la fin des fentimens plus modérés ; &, en 1776, elle confentit à une diftribution égale du canal. Ce changement mit Saint-Pierre & les Miquelons en état de pêcher l'année fuivante foixante & dix mille cent quatre quintaux de morue fèche, & foixante & feize mille fept cent quatre-vingt-quatorze morues vertes.

Par l'article III des Préliminaires de la Paix de 1783, il eft dit : Que les François pêcheront depuis le cap Saint-Jean, en remontant par le Nord jufqu'au cap Raye, qui eft au Sud-Oueft, & qu'ils auront les îles de Saint-Pierre & de Miquelon ; & cet article a été confirmé à la Paix.

De la Baye d'Hudfon. Habitudes de fes habitans. Commerce qu'on y fait.

CETTE baye, dont la profondeur eft de dix degrés, eft bornée par l'Océan, dans les régions éloignées, au Nord de l'Amérique. Son embouchure a fix lieues de largeur. L'entrée n'en eft praticable que depuis le commencement de Juillet jufqu'à la fin de Septembre, encore eft-elle alors affez dangereufe. Les vaiffeaux ont à s'y préferver des

montagnes

montagnes de glace auxquelles des navigateurs ont donné quinze à dix-huit cents pieds d'épaiſ-ſeur, & qui, s'étant formées par un hiver per-manent de cinq ou ſix ans dans de petits golfes éternellement remplis de neige, en ont été déta-chées par le vent du Nord-Oueſt, ou par quelque cauſe extraordinaire. Le plus ſûr moyen d'éviter ce péril, eſt de ranger, de plus près qu'il eſt poſ-ſible, la côte du Nord, que la direction des vents & des courans tient ſans doute plus libre ou moins embarraſſée.

Le vent du Nord-Oueſt, qui règne preſque continuellement durant l'Hiver, & très-ſouvent en Eté, excite dans la baie même des tempêtes effroyables. Elles ſont d'autant plus à craindre, que les bas-fonds y ſont très-communs. Heureuſe-ment on trouve, de diſtance en diſtance, des grouppes d'îles aſſez élevées pour offrir un aſyle aux vaiſſeaux. Outre ces petits archipels, on voit dans l'étendue de ce golfe des maſſes iſolées de rochers nuds & ſans arbres. A l'exception de l'algue marine, cette mer produit auſſi peu de végétaux que les autres mers du Nord.

Dans les contrées qui bordent cette baie, le ſoleil ne ſe lève, ne ſe couche jamais ſans un grand cône de lumière. Lorſque ce phénomène a diſparu, l'aurore boréale en prend la place, & blanchit l'hémiſphere de rayons colorés & ſi brillans, que leur éclat n'est pas même effacé par la pleine lune. Cependant le ciel est rarement serein. Dans le Printems & dans l'Automne, l'air est habituellement rempli de brouillards épais ; & durant l'Hiver, d'une infinité de flèches glaciales. Quoique les chaleurs de l'Eté soient assez vives pendant deux mois ou six semaines, le tonnerre & les éclairs sont rares. Les exhalaisons sulphureuses y sont trop dispersées, sans doute. Cependant elles sont quelquefois enflammées par les aurores boréales. Cette flamme légère brûle les écorces des arbres, mais sans en attaquer le corps.

Un des effets du froid rigoureux ou de la neige qui règne dans ce climat, est de rendre blancs en Hiver les animaux qui sont de leur nature bruns ou gris. Tous ont reçu de la nature des fourrures douces, longues, épaisses ; mais dont le poil tombe à mesure que le tems s'adoucit. Les pattes, la queue, les oreilles, toutes les parties où la circulation est moins vive, parce qu'elles sont le plus éloignées du cœur, se trouvent fort courtes dans la plupart de ces quadrupèdes. Si quelques-uns ont ces extrémités plus longues, elles sont extrêmement touffues. Sous ce ciel triste & morne, toutes les liqueurs deviennent solides en se gelant, & rompent leurs vaisseaux, de quelque matière qu'ils puissent être. L'esprit-

de-vin même y perd sa fluidité. Il n'est pas
extraordinaire de voir des morceaux de roc
brisés & détachés de masses plus considérables,
par la force de la gelée. On a de plus observé
que ces effets, assez communs durant tout l'hiver,
étoient beaucoup plus terribles à la nouvelle &
à la pleine lune, qui, dans ces contrées, a sur
le tems une influence dont les causes ne sont pas
connues.

On a découvert sous cette Zone Glaciale du
fer, du plomb, du cuivre, du marbre, une substance analogue au charbon de terre. Le sol y est
d'ailleurs d'une stérilité extrême. A la réserve des
côtes, le plus communément marécageuses, où
il croît un peu d'herbe & quelques bois mous,
le reste du pays ne présente guère qu'une mousse
fort haute, & de foibles arbrisseaux assez clairs-
semés.

Tout s'y ressent de la stérilité de la nature.
Les hommes y sont en petit nombre & d'une taille
qui n'excède guère quatre pieds. Comme les enfans, ils ont la tête énorme à proportion de leur
corps. La petitesse de leurs pieds rend leur marche
vacillante & mal assurée. De petites mains, une
bouche ronde, qui seroient un agrément en
Europe, sont presque une difformité chez ce
peuple, parce qu'on n'y voit que l'effet d'une
foiblesse d'organisation, d'un froid qui resserre

& contraint l'effort de la croiffance, les progrès de la vie animale & végétale. Quoique fans poil & fans barbe, tous les hommes, même les jeunes gens, ont un air de vieilleffe. Ce défagrément vient en partie de la conformation de la lèvre inférieure, qu'ils ont groffe, charnue & plus avancée que la lèvre fupérieure. Tels font les Eskimaux, qui habitent non-feulement le Labrador, où ils ont pris leur nom, mais encore les contrées qui s'étendent depuis la pointe de Belle-Ile jufqu'aux régions les plus feptentrionales de l'Amérique.

Ceux de la baie d'Hudfon ont, comme ceux du Groënland, le vifage plat, le nez petit, mais non écrafé, la prunelle jaunâtre, & l'iris noir. Leurs femmes ont des caractères de laideur qui font particuliers à leur fexe, entr'autres des mammelles fort allongées. Ce défaut, qui n'eft pas naturel, provient de l'habitude où elles font d'allaiter leurs enfans jufqu'à l'âge de cinq ou fix ans. Comme elles les portent fouvent fur leurs épaules, ces nourriffons leur tirent fortement les mammelles avec les mains, & s'y tiennent prefque fufpendus.

Les Eskimaux n'ont ni des hordes entièrement noires, comme on a prétendu le foutenir & l'expliquer, ni des habitations creufées fous terre. Comment pourroient-ils excaver un fol, que le froid rend plus dur que la pierre ? Comment vivroient-ils dans des creux où ils feroient fubmergés à la moindre fonte des neiges ?

Croiroit-on que ces peuples paffent l'Hiver fous des huttes, conftruites à la hâte de cailloux liés entr'eux par un ciment de glace, fans autre feu que celui d'une lampe allumée au milieu de la cabane, pour y faire cuire le gibier & le poiffon dont ils fe nourriffent ? La chaleur de leur fang & de leur haleine, jointe à la vapeur de cette légère flamme, fuffit pour changer leurs cafes en étuves.

Les Eskimaux vivent conftamment au voifinage de la mer, qui fournit à toutes leurs provifions. Leur fang & leur chair, la couleur & l'épiderme de leur peau, fe reffentent de la qualité de leur nourriture. L'huile de baleine qu'ils boivent, la chair de chien-marin qu'ils mangent, leur donnent un tein olivâtre, une odeur forte de poiffon, une fueur graffe & gluante, quelquefois une forte de lépre écailleufe. Auffi les mères, à l'exemple des ours, lèchent-elles leurs nouveaux nés.

Cette Nation, foible & dégradée par la nature, eft intrépide fur une mer continuellement périlleufe. Avec des bateaux faits & coufus, pour ainfi dire, comme des outres, fi bien fermés que l'eau n'y peut entrer, même par deſſus , ils ſuivent les colonies de harengs dans toutes leurs émigrations du pole ; ils affrontent les baleines & les chiens de mer , dans une guerre où il y va de la vie pour les combattans. La baleine peut ſubmerger d'un coup de queue une centaine de ſes agreſſeurs ; le chien-marin a des dents pour déchirer ceux qu'il ne peut noyer. Mais la faim des Eskimaux eſt plus forte que la rage des monſtres. Ils brûlent d'une ſoif dévorante pour l'huile de baleine. Cette boiſſon entretient la chaleur dans leur eſtomac , & les défend contre la rigueur du froid. Les hommes , les oiſeaux , les quadrupedes & les poiſſons du Nord ſont tous pourvus par la nature d'une graiſſe qui ſemble empêcher leurs muſcles de ſe geler , leur ſang de ſe figer. Tout eſt huileux ou gommé , dans ces terres arctiques ; les arbres mêmes y ſont réſineux.

Cependant les Eskimaux ont deux grands fléaux à craindre ; la perte de la vue , & le ſcorbut. La continuité de la neige , la réverbération des rayons du ſoleil ſur la glace , éblouiſſent tellement leurs yeux , qu'ils ſont obligés de porter preſque toujours des gardes-vue faits de deux planches minces , où l'on pratique avec une arête de poiſſon deux petites ouvertures au paſſage de la lumière. Ces peuples , environnés d'une longue nuit de ſix mois , voient obliquement l'aſtre du jour. Encore ne ſemble-t-il les éclairer que pour les aveugler. Le plus doux préfent de la nature, la lumière, eft pour eux un don funefte. La plupart en font privés de bonne-heure.

Un mal plus cruel encore, les confume lentement. Le fcorbut s'attache à leur fang, en altère, en épaiffit, en appauvrit la maffe. Les brumes de la mer, qu'ils refpirent; l'air épais & fans reffort, qui règne dans l'intérieur de leurs cabanes, fermées à toute communication avec l'air du dehors; l'inaction continuelle de leurs longs hivers; une vie tour-à-tour errante & fédentaire : tout provoque en eux cette maladie fcorbutique, qui, pour comble de malignité, devient contagieufe, & fe tranfmet par la co-habitation.

Malgré ces incommodités, aucun peuple n'eft plus paffionné pour fa patrie, que les Eskimaux. L'habitant du climat le plus fortuné, ne le quitte pas avec autant de regret, qu'un de ces Sauvages du Nord en reffent, quand il s'eft éloigné d'un pays où la nature mourante n'a que des enfans débiles & malheureux : c'eft que ces peuples ont de la peine à refpirer un air plus doux & plus tiède. Londres, Amfterdam, Copenhague, ces villes couvertes de brouillards & de vapeurs fétides, font un féjour trop délicieux pour des Eskimaux. Peut-être auffi les mœurs des peuples policés, font-elles plus contraires que leur climat à la fanté des Sauvages ?

T iv

Tels étoient les habitans du pays qui fut découvert en 1607 par Henri Hudson, occupé du soin de chercher au nord-ouest un passage pour entrer dans la mer du Sud. Cet intrépide & habile navigateur parcouroit pour la troisième fois, en 1611, ce détroit jusqu'alors inconnu, lorsque ses lâches & perfides compagnons le jettèrent, ainsi que sept matelots animés de son esprit, dans une barque des plus fragiles, & l'exposerent sans provisions, sans armes, à tous les périls de la mer & de la terre. Les barbares qui lui refusoient les secours de la vie, ne purent lui ôter la gloire de sa découverte. La baie où il entra le premier, est & sera toujours la baie d'Hudson.

Les calamités inséparables des guerres civiles firent perdre de vue, en Angleterre, une contrée éloignée qui n'avoit rien d'attrayant. Des jours plus sereins n'en avoient pas rappellé le souvenir, lorsque Groseillers & Radisson, deux François Canadiens, mécontens de leur patrie, avertirent les Anglois, occupés à guérir par le commerce les plaies de la discorde, qu'il y avoit de grands profits à faire sur les pelleteries qu'ils pouvoient tirer d'une terre où ils avoient des droits. Ceux qui proposoient l'entreprise montrèrent tant de capacité, qu'on les chargea de la commencer. Le premier établissement qu'ils for-

mèrent, surpassa leurs espérances & leurs promesses.

Ce succès chagrina la France, qui craignit,
avec raison, de voir passer à la baie d Hudson
les belles fourrures que lui fournissoient les contrées les plus septentrionales du Canada. Ses inquiétudes étoient fondées sur le témoignage una-
nime de ses coureurs de bois, qui, depuis 1656,
s'étoient portés jusqu'à quatre fois sur les bords
de ce détroit. On auroit bien desiré de pouvoir
aller attaquer la nouvelle Colonie, par la même
route qu'avoient suivie ces traiteurs; mais les
distances furent jugées trop considérables, malgré les facilités qu'offroient les rivières. Il fut
arrêté que l'expédition se feroit par mer; &
elle fut confiée à Groseillers & à Radisson, dont
on avoit ramené l'inconstance ; soit que tout
homme revienne aisément à sa patrie, ou qu'un
François n'ait besoin que de quitter la sienne
pour l'aimer.

Ces deux hommes, inquiets & audacieux,
partirent en 1682 de Quebec, sur deux bâtimens mal équipés. A leur arrivée, ne se trouvant pas assez puissans pour attaquer l'ennemi,
ils se contentèrent d'élever un fort au voisinage
de celui qu'ils s'étoient flattés d'emporter. Alors
on vit naître entre deux compagnies, l'une établie en Canada, l'autre en Angleterre, pour le

commerce exclufif de la baie, une rivalité qui devoit toujours croître, dans les combats de cette funefte jaloufie. Leurs comptoirs réciproques furent pris & repris. Ces miférables hoftilités n'auroient pas difcontinué, fans doute, fi les droits, jufqu'alors partagés, n'avoient pas été réunis en faveur de la Grande-Bretagne par la paix d'Utrecht.

La baie d'Hudfon n'eft, à proprement parler, qu'un entrepôt de commerce. La rigueur du climat y a fait périr tous les grains femés à plufieurs reprifes; y a interdit aux Européens tout efpoir de culture, & par conféquent de population. On ne trouve fur ces immenfes côtes que quatre-vingt-dix ou cent foldats & facteurs, enfermés dans quatre mauvais Forts, dont celui d'York eft le principal. Leur occupation eft de recevoir les pelleteries, que les Sauvages voifins viennent échanger contre quelques marchandifes, dont on leur a fait connoître & chérir l'ufage.

Quoique ces fourrures foient fort fupérieures à celles qui fortent des contrées moins feptentrionales, on les obtient à meilleur marché. Les Sauvages donnent dix caftors pour un fufil; deux, pour une livre de poudre; un caftor pour quatre livres de plomb; un, pour une hache; un, pour fix couteaux; deux caftors pour une livre de grains de verre; six, pour un surtout de drap; cinq, pour une jupe; un castor pour une livre de tabac. Les miroirs, les peignes, les chaudières, l'eau-de-vie, ne valent pas moins de castors à proportion. Comme le castor est la mesure commune des échanges, un second tarif, aussi frauduleux que le premier, exige deux peaux de loutre ou trois peaux de martres, à la place d'une peau de castor. A cette tyrannie autorisée, se joint une tyrannie au moins tolérée. On trompe habituellement, dit-on, les Sauvages sur la mesure, sur le poids, sur la qualité de ce qu'on leur livre; & la lésion est à-peu-près d'un tiers.

§. V I.

DES TREIZE ÉTATS-UNIS.

UNE partie de ces Provinces étoit autrefois comprise sous le nom de *Nouvelle-Angleterre.* Toutes ensemble, elles faisoient parties des possessions de la Grande-Bretagne en Amérique. Mais le Gouvernement ayant voulu les traiter en simples Colonies; & ces Provinces ayant prétendu être regardées comme parties constituantes de l'Empire Britannique, avantage qui leur fut refusé, elles prirent les armes. Leur alliance avec la France, leur fageffe dans les confeils, & leur courage dans les combats, les ont fait triompher des forces avec lefquelles on prétendoit les réduire. Enfin, par le Traité de Paix, du 3 Septembre 1783, ils ont été reconnus libres & indépendans par le Roi d'Angleterre, ainfi que par le Parlement. Je vais les faire connoître avec le plus d'ordre qu'il me fera poffible. D'ailleurs, il eft effentiel de confulter la carte. Celle de l'Amér. Sept. qui eft dans le premier vol. fuffira.

Bornes.

Je ne puis mieux faire connoître les bornes de cet état immenfe, qu'en tranfcrivant ici les propres paroles du Traité, article 11.

Il eft convenu & déclaré par ces préfentes, que ce qui fuit eft & conftituera leurs limites; favoir :

Depuis l'angle N-O. de la Nouvelle-Ecoffe, c'eft-à-dire, l'angle formé par une ligne tirée exactement du N., depuis la fource de la rivière de Sainte-Croix, jufqu'aux pays montagneux, le long des montagnes qui féparent les rivières qui fe déchargent dans le fleuve Saint-Laurent, de celles qui tombent dans l'Océan Atlantique, à la fource la plus N-O. de la rivière de Connecticut; de là defcendant le long du milieu de cette rivière, jufqu'au quarante-cinquième degré de latitude Septentrionale; de là par une ligne exactement Oueſt, par la même latitude, juſqu'à ce qu'elle parvienne à la rivière des Iroquois ou Cataraquy ; de là le long du milieu de ladite rivière juſqu'au lac Ontario, traverſant le milieu dudit lac, juſqu'à ce qu'elle arrive à la communication par eau, entre ce lac & le lac Érié ; de là le long du milieu de ladite communication dans le lac Erié, traverſant le milieu dudit lac, juſqu'à ce qu'elle arrive à la communication par eau, entre ce lac & le lac Huron ; de là traverſant le milieu dudit lac, juſqu'à la communication par eau, entre ce lac & le lac ſupérieur, au Nord des îles Royale & Phelippaux, juſqu'au Long Lac ; de là au milieu dudit Long Lac, eſt la communication par eau, entre ce lac & le lac des Bois ; de là en traverſant ledit lac juſqu'à la pointe N-O. de celui-ci ; & de là en ſuivant un cours directement Oueſt, juſqu'à la rivière Miſſiſſipi ; de là par une ligne à tirer le long du milieu de ladite rivière Miſſiſſipi, juſqu'à ce qu'elle coupe la partie la plus au Nord du trenteunième degré de latitude Septentrionale ; au Sud, par une ligne à tirer directement Eſt, de la détermination de la dernière ligne mentionnée par la latitude du trente-unième degré au Nord de l'Equateur, juſqu'au milieu de la rivière Apalachicola, ou Catahouche ; de là le long du milieu de cette rivière, juſqu'à ſa jonction avec la rivière Flint; de là droit à la rivière de Sainte-Marie, & de là, en descendant le long du milieu de la rivière Sainte-Marie, jusqu'à l'Océan Atlantique; à l'Est, par une ligne tirée le long du milieu de la rivière Sainte-Croix, depuis son embouchure dans la baye de Fundy, jusqu'à sa source, & depuis sa source directement au N. jusqu'aux susdites montagnes qui séparent les rivières qui se jetent dans l'Océan Atlantique, de celles qui tombent dans le fleuve Saint-Laurent, comprenant toutes les îles à vingt lieues à la ronde.

On leur accorde aussi, Art. III, la liberté de pêcher sur toutes les côtes où ils pêchoient avant la guere, mais on leur refuse le droit de faire sécher le poisson, par-tout où il y aura des établissemens appartenants à la Nation Britannique.

Divisions.

Je suivrai ici l'ordre politique dans lequel sont énoncées les Provinces, parce qu'il est très-conforme à l'ordre géographique dans lequel elles se présentent sur les cartes. Ces treize Provinces sont (1):

***

(1) Il avoit été question d'en faire une quatorzième, sous le nom de *Vermond* ; je l'avois indiqué sur mon Atlas, mais cela n'a pas été confirmé à la paix.

Le New-Hamshire, la Baye de Massa-
chuset (ou Maſſachuſet's - Bay), Rhode-
Island, & les plantations de la Providence,
le Connecticut, le New-Yorck, le New-
Jersey, la Pensylvanie, la Delaware, le
Maryland, la Virginie, la Caroline Septentrionale, la Caroline Méridionale,
& la Géorgie.

I. *New - Hampshire.*

Le New-Hampshire, ou en Français le nouveau
Comté de Hamps, eſt la Province la plus Septentrionale des treize Etats-Unis. Elle touche par
le N.-E. à la Nouvelle-Ecoſſe, & par le S.-E. à
la Province de Maſſachuſet. Des montagnes la
féparent du Canada par le N.-O. Elle a la mer
au S.-E. Les terres y font fertiles : il y a beaucoup de rivières ; cependant c'eſt un Etat ſi
nouveau, que la population, les cultures & le
commerce, n'y font pas encore très-conſidéra-
bles; ſa capitale eſt Portsmouth, port ſitué
dans le havre de Piſtaqua.

II. *Massachuset's - Bay.*

L'Etat de Maſſachuſet a au N.-E. le New-
Hampshire, au N.-O. la Nouvelle-Yorck, au S. la
mer & le Conneéticut, à l'Eſt la mer.

Les terres n'y font pas très-fertiles, mais les

montagnes y renferment des mines de cuivre, & du meilleur fer que l'on connoiffe ; les montagnes y fourniffent auffi beaucoup de bois de conftruction, du goudron, de la térébentine ; la pêche eft très-abondante fur les côtes.

La capitale eft BOSTON, port le plus confidérable de toute l'Amérique Septentrionale. Cette Ville eft fituée fur une péninfule de quatre milles de long, au fond de la baye de Maffachufet, qui s'enfonce de près de trois lieues dans les terres.

« De fa rade on découvre à travers des arbres,
» fur la côte Occidentale, la Ville de Bofton,
» conftruite en amphithéâtre, & prolongeant un
» demi cercle, dans l'efpace de plus d'une demi-
» lieue. Les édifices qu'elle renferme, offrent
» de loin la perfpective la plus magnifique. L'in-
» térieur de la ville répond à l'idée que l'on
» s'en eft d'abord formée. Une fuperbe jetée,
» qui s'avance de près de deux mille pieds en
» mer, offre fur-toute fa longueur des magafins
» & des atteliers ; elle communique, à angle droit,
» à la principale rue de la ville, qui fe courbe
» dans le fens de la rade. Cette rue, large &
» fpacieufe, eft garnie de belles maifons, la
» plupart élevées de deux ou trois étages ;
» de petites rues s'y rendent par les côtés. Les
» maifons font entièrement de bois, mais régu-
» lières

» lières & bien percées; leur charpente eſt légère,
» bien liée, recouverte en dehors de planches
» minces & polies, placées les unes en partie
» ſur les autres, comme les tuiles de nos mai-
» ſons. Les dehors ſont peints en gris, les toits
» ſont ornés de baluſtres, diſpoſés de manière à
» ſervir beaucoup dans les incendies. Les meu-
» bles qui les décorent ſont fort ſimples, mais
» à la manière Anglaiſe, faits de bois précieux
» & travaillés avec le plus grand ſoin; on y
» met ſur le plancher, chez les riches, des tapis,
» chez d'autres, des nattes, & chez les moins
» opulens, du ſable très-fin ».

On compte à Boſton ſix mille maiſons & trente
mille habitans ; les Temples, au nombre de dix-
neuf, ſont très-propres & généralement très-
beaux; leur forme eſt un carré long, orné tout
au tour d'une tribune & garni de bancs infor-
mes. Les pauvres comme les riches, y aſſiſtent
dans une poſture commode & décente ; ainſi que
dans toutes les Provinces d'Angleterre, on obſerve le jour du Dimanche avec la plus ſcrupu-
leuſe exactitude; on ne s'y livre, pas même ce
jour, à des amuſemens honnêtes ; on lit, ou l'on
eſt cenſé lire la Bible.

A Cambridge, ſituée à environ deux lieues &
demie de Boſton, il y a une Univerſité où l'on
enſeigne les Sciences & les Belles-Lettres. On

fait que les Anglois en y débarquant en 1775, forcèrent les Profeſſeurs & les Etudians de ſe retirer. La bibliothèque ne laiſſe pas d'être déjà nombreuſe; on y trouve auſſi une Imprimerie.

Le commerce de cette Province étoit très-conſidérable avant la guerre, & peut le devenir encore davantage. Il conſiſte principalement en bois de charpente, en planches, en merrain, ou bois pour les douves de tonneaux, en goudron, en réſine, en bœuf & en cochon ſalés, en quelques pelleteries, & ſur-tout en morue.

III. *RHODE-ISLAND.*

QUOIQUE cette Province s'étende auſſi ſur ſur le Continent, c'eſt cependant de l'île de Rhode qu'elle a pris ſon nom; elle eſt au Sud de celle de Maſſachuſet's-Bay. Cette île fut long-tems l'aſyle de ceux que l'intolérance & la perſécution opprimoient ailleurs. Elle reçut un accroiſſement en 1639, lors d'une perſécution qui s'éleva à Boſton. La fertilité du ſol & la température du climat, l'ont fait nommer avec raiſon, le Paradis de la Nouvelle-Angleterre. Une liberté illimitée dans la croyance, la beauté du climat, la ſituation la plus heureuſe, la fécondité du ſol, tout invita les Planteurs à venir ſe fixer à l'île de Rhode; on y accourut de toutes parts, & bientôt on fut obligé de paſſer dans le Continent. C'eſt alors que, dans un terrein que l'on y avoit acheté, on éleva les villes de War-wick & de la Providence.

La Providence doit ſon commencement à un Miniſtre de Maſſachuſet's-Bay, nommé Roger Wiliam, qui, banni pour avoir prêché des dogmes nouveaux, s'y retira avec ſes ſectateurs; il s'y mit ſous la protection de la Providence, & donna ce nom reſpectable à ſa nouvelle ville, & ſa conduite régulière, ſa bienfaiſance, ſa charité, ſon patriotiſme, forcèrent ſes ennemis à ſe repentir de l'avoir traité avec auſſi peu de charité. Quelques-unes des maiſons ſont en briques, les autres ſont en bois. Placée à l'embouchure de la rivière Patuxit, à la tête d'un golfe, elle fait un commerce très-avantageux de froment, de maïs, de bois & de ſalaiſons; on y conſtruit beaucoup de navires.

La capitale de Rhode-Iſland eſt NEW-PORT, ou le Nouveau-Port; elle eſt au S.-O. de l'île, & préſente un havre ſûr & commode: ce havre eſt défendu à l'entrée, par un Fort régulier, où ſont trois cents pièces de canons; c'eſt là que ſe font toutes les expéditions & tous les armemens de la Colonie.

IV. CONNECTICUT.

La Province de Connecticut a le Rhode-Iſland

à l'Eft; le New-Yorck à l'Oueft, & en partie au Nord; la mer, au Sud. Il eft peu de Provinces dans l'Amérique Septentrionale, où la nature fe montre d'une manière plus majeftueufe & plus agréable, que dans le Connecticut; tout ce qu'elle produit y porte l'empreinte de la force & de la beauté: les tiges des arbres rapprochées, ferrées, droites, élancées à perte de vue, y font couronnées d'un verd plus foncé que celui des nôtres. On y a fept efpèces de chênes; mais le premier des arbres de ces fortes eft le tulipier ou l'arbre jaune: fa tête domine fur les plus hauts chênes, & fes ramaux touffus projettent au loin leurs ombres. La tulippe, cette brillante fleur, pour laquelle nos Fleuriftes prodiguent leurs foins & leurs peines, vient par miliers fur cet arbre majeftueux; cet arbre parvient à une groffeur confidérable. Les Indiens s'en fervoient pour faire leurs pirogues; les Américains actuels en ont fait à leur exemple, & l'on en a vu qui contenaient jufqu'à trente hommes. L'érable, dont on tire une liqueur que l'on emploie au lieu du fucre, eft un des beaux arbres de cette même Province. Le châtaignier & le noyer y font très-communs; la vigne que l'on n'avoit pas cultivée, y grimpoit de tous côtés fur les arbres.

Les oifeaux y offrent les plus grandes variétés; celui que l'on appelle roffignol de Virginie, eſt plus gros que le roſſignol de France, mais n'a pas le chant auſſi agréable. Entre les autres oiſeaux qui nous ſont étrangers, on doit remarquer le *mocqueur*, qui a la faculté & le goût d'imiter le chant des autres oiſeaux qu'il entend. Il y a auſſi des écureuils plus gros que les nôtres, & d'autres que l'on ſur-nomme *volans*, parce qu'ils ont une peau qui s'étend à peu-près comme celle des pattes de la chauve-ſouris, & au moyen de laquelle ils ſe ſoutiennent en l'air quelques inſtans de plus que ne font les autres écureuils. Les habitans du Connecticut, diſperſés dans leurs bois, n'ont guères de relations entre eux que les jours où ils ſe réuniſſent dans leurs temples ; d'ailleurs ils ſont logés très-commodément ; les maiſons ſont ſpacieuſes, propres, bien aérées, elles ſont peu élevées & toutes bâties en bois. On dit que leur caractère eſt froid, doux & pacifique. Comme la terre fournit facilement à leurs beſoins, ils n'ont pas la reputation d'être auſſi laborieux que les habitans de quelques autres provinces. Ils voyagent preſque toujours à cheval : il eſt très-rare de trouver ſur les routes un homme à pied. Ils recueillent de très-beau froment, & commencent à adopter l'uſage du pain, car ils ne cuiſaient preſque que des galettes.

HARFORT, ſur la rivière de Connecticut, eſt la capitale de cette Province, elle s'étend en

longueur ſur les bords de la rivière, & ne renferme que quatre à cinq cents maiſons; des
bateaux de cent cinquante tonneaux peuvent y
remonter la rivière.

V. *New-Yorck.*

Cette Province, étroite au Sud & reſſerrée
entre le Connecticut à l'Eſt, & le New-Jerſey à
l'Oueſt, remonte fort haut vers le Nord, & y
eſt d'une longueur conſidérable. Cette Province
fut découverte par Henri Hudſon, Anglois, au
ſervice de Hollande. L'île-Longue, ſituée vers
l'embouchure de la rivière d'Hudſon, fut la partie dont il eut d'abord connoiſſance; elle n'eſt
ſéparée du continent que par un canal aſſez étroit;
on lui donne environ ſoixante lieues de long,
ſur quatre ſeulement de large. Le ſol y eſt très-
propre à la culture des fruits; le lin & le chanvre y croiſſent aiſément, & le tabac y égale en
qualité celui de la Virginie.

La capitale de New-Yorck porte le même
nom; elle eſt placée à deux tiers de lieues de
l'embouchure de la rivière d'Hudſon; elle n'a
proprement ni port ni baſſin; mais ſa rade,
acceſſible aux plus gros vaiſſeaux, la dédommage
de cette privation. Quoique les rues en ſoient
irrégulières, elles préſentent néanmoins une
perſpective agréable, par l'air de propreté qui y

règne. Les maisons bâties en briques & couvertes de tuiles, n'ont rien d'élégant, mais elles offrent beaucoup de commodités. L'aisance y est universelle ; les vivres y sont abondants, d'excellente qualité, & à bon marché ; la pêche des huitres offre une ressource considérable pour la subsistance du bas peuple.

Le commerce de New-Yorck consiste en pois, farine, seigle, pommes, oignons, ris, bois, plumes, chevaux, moutons, bœufs, beurre, fromage, salaison & huitres. On estime qu'en 1769, le produit de ces différens objets surpassa quatre millions.

VI. *NEW-JERSEY.*

Le New-Jersey est au Sud-Ouest du New-Yorck, & peut avoir soixante lieues du Sud au Nord ; sa largeur est un peu moindre. On y trouve, avec quelques cordons de montagnes, de vastes & riantes pleines, entrecoupées de grandes & belles moissons, de vergers, de bouquets de bois & de champs de maïs. On a remarqué que les montagnes y sont de rochers graniteux, & ne fesant point effervescence avec les acides. On voit sur un des sommets les plus élevés, un bloc monstrueux, isolé, arrondi dans ses angles, appuyé sur une base très-étroite, &, en apparence prêt à rouler.

La capitale de la Province, est Burling-Town, cité médiocre, mais remarquable par une situation charmante & quelques belles maisons.

VII. *PENSILVANIE.*

La Province de Pensilvanie, dont le nom signifie *Forêt de Penn*, est à l'Ouest de New-York ; elle étoit même ci-devant plus considérable, lorsque le *Delaware* en faisait partie.

Guillaume Penn étoit fils d'un Amiral de son nom, assez heureux pour avoir obtenu la confiance de Cromwel, & des deux Rois qui lui succédèrent. Il avoit fait des avances considérables pour l'Etat ; la situation des affaires ne permit pas de lui en faire le remboursement, non plus qu'à son fils, lorsque celui-ci eut hérité des biens de son père. Au lieu d'argent on lui offrit des terres en Amérique ; il les accepta, s'y transporta & leur donna son nom. Cet événement arriva vers la fin de 1681. Il ne faut pas laisser ignorer qu'au lieu de prendre possession du pays concédé par l'Angleterre, il traita avec les sauvages qui l'habitoient, & en acheta d'eux la propriété. Cet acte d'équité fit estimer ses principes & aimer sa personne ; il n'avait emmené avec lui que deux mille hommes ; bientôt il y fut joint par un plus grand nombre. Comme le bonheur des nouveaux Colons devo it dépendre de sa législation, il fonda la sienne sur les deux mobiles qui font la splendeur des États & la félicité des citoyens, la propriété & la liberté. La tolérance religieuse lui parut sur-tout un bien suprême en morale & en politique. Il voulut que tout homme qui reconnoîtroit un Dieu, participât au droit civil ; que tout homme qui feroit profession d'être Chrétien, participât à l'autorité, laissant d'ailleurs à chacun la liberté d'invoquer l'Etre Suprême à sa manière. Il n'admit point d'Eglise dominante en Pensilvanie, point de contribution forcée pour la construction & l'entretien des temples, ni point de préféance aux exercices religieux qui ne fût volontaire. Il employa les moyens les plus sages pour augmenter sa Colonie, & pour y régler la justice, les impôts, &c. Rien ne se décidoit qu'à a pluralité des voix entre les députés du peuple ; il en falloit les deux tiers pour déterminer un impôt.

L'air de la Pensilvanie est pur & presque toujours serain ; le climat, très-sain par lui-même, s'est encore amélioré par les défrichemens ; le sol est généralement très-fertile, & celui sur-tout qui environne la capitale, récompense abondamment les foibles travaux du cultivateur. Ce pays couvert autrefois d'épaisses forêts, s'est depuis couvert de nombreux troupeaux, de fruits très-variés, de plantations de lin & de chanvre, de plusieurs sortes de légumes, de graines de toute espèce, mais sur-tout du froment & du maïs. Cette prospérité tire sa source de la liberté, de la tolérance, qui attirèrent dans ce pays fortuné des Suédois, des Hollandois, des François industrieux, & sur-tout de laborieux Allemands. Elle fut l'ouvrage des Quakers, des Anabaptistes, des Anglicans, des Méthodistes, de Catholiques, des Luthériens & des Moraves.

La Pensilvanie n'a pas un seul pauvre; ceux que la naissance ou la fortune ont laissés sans ressource, sont entretenus convenablement par le trésor public. La bienfaisance s'étend jusqu'à l'hospitalité la plus parfaite. Un voyageur peut s'arrêter par-tout, sans craindre d'y laisser d'autre peine que le regret de son départ.

La capitale de la Pensilvanie est nommée Philadelphie, ou l'amitié des frères; elle est située sur une plaine élevée & spacieuse, au confluent du Schuikill & de la Delaware; elle forme un quarré long d'environ deux tiers de lieues; il y a dix-huit rues parfaitement alignées & fort longues; elles sont coupées à angle-droit par seize autres d'un mille ou d'un tiers de longueur. On a ménagé des intervalles pour les édifices publics. Cette ville a un mouillage propre à recevoir des vaisseaux de cinq cents tonneaux. Le nombre des maisons est de trois mille, & celui des habitans eſt d'environ vingt mille âmes. Les Catholiques Romains y ont des chapelles; on porte le nombre des communians à environ douze cents; toutes les autres communions y ont auſſi leurs temples; mais la ſecte des Quakers, en faveur deſquels fut fondée la Colonie, y eſt la plus nombreuſe.

C'eſt dans cette ville que s'aſſemblent ordinairement les repréſentans des treize Provinces, ſous la dénomination de Congrès. Le bâtiment où ils ſe raſſemblent, eſt noble & impoſant par ſa majeſtueuſe ſimplicité.

Le nombre des députés eſt proportionné à l'étendue de l'État qu'ils repréſentent: deux eſt le plus petit, ſept eſt le plus grand. Mais quel que ſoit le nombre des députés, chaque Province n'a jamais qu'une voix. La première aſſemblée s'y tint le 2 Septembre 1774; l'acte d'indépendance y fut publié le 10 Décembre 1776; & depuis cette époque, le Congrès s'y eſt toujours aſſemblé, juſqu'à ce que des circonſtances particulières l'aient forcé de ſe tranſporter ailleurs.

Le marché de Philadelphie, ſitué au centre de la ville, eſt vaſte & beau. Les priſons pour dettes & crimes, celles ſur-tout des priſonniers de guerre, ſont ſpacieuſes & très ſaines. La Société Philoſophique eſt en réputation par les hommes de mérite qui ſe font honneur d'en être membres. Mais l'établiſſement qui fait le plus d'honneur aux treize cantons, c'eſt l'aſyle deſtiné à recevoir les défenſeurs de la patrie, que des infirmités ou des bleſſures rendent incapables de pourvoir à leur ſubſiſtance.

VIII. *LA DELAWARE.*

Cet Etat, détaché de la Penſilvanie, eſt ſitué à l'embouchure de la belle rivière qui lui donne ſon nom. Le ſol y eſt bon, le ciel pur, le climat ſalubre, & les ſaiſons bien réglées. C'eſt à l'embouchure de la Delaware que ſe trouvent les caps May & James, de chaque côté d'une longue baye; cette rivière eſt navigable pendant plus de quatre-vingt-dix lieues; mais au deſſus de Briſtol eſt une chûte d'eau conſidérable, qui rend la navigation impraticable dans la partie du nord, du côté de Brucks, en Penſilvanie.

La capitale de la Delaware, eſt NEWCASTLE, ou Château-Neuf; cette ville, ſituée ſur le bord du fleuve, eſt à dix lieues au S.-E. de Philadelphie; on n'y compte guères que cinq à ſix cents maiſons proprement conſtruites. Le port eſt bon & bien ſitué.

IX. *MARYLAND.*

Le Maryland eſt à l'Oueſt de l'Etat de la Delaware, & au S.-O. de la Penſilvanie. Les rigueurs que l'on exerçoit en Angleterre, sous le règne de Charles I, contre les Catholiques, déterminèrent le Lord Baltimor à chercher dans la Virginie un asyle où il pût exercer librement sa religion. N'y trouvant pas la tolérance qu'il cherchoit, il forma le projet de s'établir dans la partie inhabitée de cette région, située entre la rivière de Potowmak & la Pensilvanie. Il se disposoit à y établir des Colons, en vertu des pouvoirs qu'il avoit obtenus, lorsque la mort termina ses jours.

Son fils lui succéda. Parti d'Angleterre en 1633, avec deux cents Catholiques, bien nés & d'un état honnête, il vint dans ce pays, s'y lia d'amitié avec les sauvages, & eut la satisfaction de voir s'accroître assez promptement sa petite colonie. On y admit toutes les sectes indifféremment.

Le centre de cette nouvelle colonie fut placé sur la baye de Chésapeak, dans une ville à laquelle le Lord Baltimore donna son nom. Sa position en fait une place très-importante, parce qu'elle est à portée de communiquer à la Pensilvanie, la Delaware & le Maryland. Il y a dans cette Province des forges très-considérables; on y cultive du tabac, dont on fait un grand commerce dans le Nord.

ANNAPOLIS, placée à l'embouchure de la Saverne, dans la baye, est la capitale du Maryland : elle est d'une étendue médiocre, mais les maiſons y ſont vaſtes, & le luxe y eſt porté à un grand excès. Il faut eſpérer que les circonſtances actuelles & l'exemple des ſages Penſilvaniens, y feront adopter des principes plus ſages.

X. *VIRGINIE.*

Cette Province, ſituée au Sud de la précédente, eſt conſidérable par ſon étendue, par les grands fleuves qui l'arroſent, & par ſes productions. Elle a à l'Oueſt une longue chaîne de montagnes, & au Sud la North - Caroline : quoique fort méridionale, puiſqu'elle eſt compriſe entre le trente-ſeptième & le trente-neuvième degrés de latitude, l'hiver cependant y eſt très-rigoureux ; il y tombe beaucoup de neige ; les vents du Sud & de l'Eſt y ſont exceſſivement chauds ; mais ceux du Nord & de l'Oueſt, venant des montagnes & des lacs y ſont très-froids ; dès que le vent change, la différence de la température de l'air eſt très-ſenſible : ce changement ſe fait quelquefois éprouver très-fortement dans un jour.

La Virginie produit du chanvre, du lin, du maïs, du coton, mais ſur-tout du tabac, dont on fait un commerce très-conſidérable ; les Anglois en tiroient avant la guerre, pour vingt millions, dont ils ne conſommoient guères qu'un ſixième. Les vers-à-ſoie réuſſiſſent très-bien en

Virginie. On porte la population de la Virginie, à quatre cents mille blancs, & à un nombre bien plus confidérable de noirs. On a remarqué avec intérêt, que ces efclaves y font traités bien plus humainement qu'ailleurs. « L'Américain peu labo-
» rieux, eft affez jufte pour ne pas exiger que
» fon efclave, qui a moins de motifs de l'être,
» le foit cependant plus que lui ».

WILIAMSBOURG eft la capitale de la Virginie: elle eft fituée fur un fol très-uni, & décorée de fort beaux édifices ; fa principale rue, longue de plus de deux cents pieds, fe termine d'un bout à l'Hôtel des Etats, formant un édifice petit, mais régulier ; de l'autre au Collège, où peuvent tenir plus de trois cents Elèves. La Bibliothèque renferme environ trois mille volumes ; on y a joint un cabinet de Phyfique affez complet. Cette ville eft à une égale diftance de deux petites rivières, dont une fe jette dans celle de James & l'autre dans celle d'Yorck ; on y manque de bonne eau.

XI. *CAROLINE-SEPTENTRIONALE.*

Cette Province, connue affez généralement en France fous fon nom Anglois de *North-Caroline*, eft une des plus grandes des Treize Etats. Il ne falloit pas moins qu'une grande étendue, pour dédommager fes habitans de la mauvaife qualité de fon terrein ; il eſt en beaucoup d'endroits ſabloneux ; dans d'autres, couvert de marais :

auſſi ce paysfut-il un des derniers peuplés. On y compte environ deux mille blancs, & cinquante mille eſclaves. On remarque que le plus grand nombre des habitans ſont d'origine Ecoſſoiſe. On ajoute qu'ils ſont les moins inſtruits des Américains, & les plus indifférens pour l'intérêt public. La plupart ſans ambition & ſans prévoyance, ſont épars ſur leurs plantations, où ils montrent peu d'ardeur pour le travail. Le porc, le lait, le maïs, font leur nourriture. On leur reproche de trop aimer les liqueurs fortes ; mais on les loue d'avoir des mœurs domeſtiques très-pures.

EDENTON a été regardé comme la capitale de cette Province. L'Etat de l'Amérique dit que c'eſt Wilwington, lieu peu conſidérable.

On tire de cette Province des cuirs, quelques fourrures, un peu de cire, du tabac d'une qualité inférieure, du cochon ſallé, du maïs, des légumes ſecs, &c. mais ce ne ſont pas les habitans qui tranſportent ces objets ; on vient les enlever.

XII. *CAROLINE-MÉRIDIONALE.*

Cette partie de la Caroline eſt encore moins cultivée que la précédente, mais elle eſt plus riche. On y trouve encore beaucoup de terres

en

en friche; on y récolte fur-tout du riz & de l'indigo. On compte dans cette Colonie à-peu-près cent foixante-dix mille blancs, & autant de nègres.

CHARLES-TOWN en eft la capitale. C'eft un bon port, & le marché le plus important de la Province.

XIII. *GÉORGIE.*

La Géorgie eft bornée au N. par la rivière de Savanah, & au S. par celle de Tamaha. C'eft le plus méridional des treize Etats; il s'étend dans les terres actuellement jufqu'au Miffiffipi, ainfi que plufieurs des Etats précédens. Ce pays étoit prefque défert, lorfqu'à fa mort un Anglois légua fon bien pour délivrer ce que l'on pourroit de débiteurs retenus en prifon par leurs créanciers. En perdant leur liberté, & fe trouvant fans fortune, la plupart de ces infortunés avoient été privés des moyens de travailler à leur fubfiftance. On prit le parti de les envoyer dans les terres prefque inhabitées qui fe trouvoient au Sud des deux Carolines, & auxquelles on donna dès lors, le nom de Géorgie. Le Parlement ajouta 225000 liv. fterling au leg du citoyen. Une foufcription volontaire produifit encore des fommes confidérables. Le foin de tranfporter ces nouveaux Colons, fut confié à M. Ogletorpe, citoyen respectable par son amour pour sa patrie & pour la gloire. Il arriva en Géorgie au mois de Janvier 1733, & s'établit à dix lieues de la mer, sur la rivière de Savanah. Cette peuplade, bornée à cent personnes, fut successivement grossie par des Ecossois, par des Suisses, des Saltsbourgeois, & par différens autres peuples chassés de l'Europe par les fureurs du fanatisme.

La suite ne répondit pas à de si heureux commencemens. On avoit introduit dans la Colonie une espece de Gouvernement féodal, qui ne fit pas moins de mal en Géorgie qu'il n'en avoit fait en Amérique. Un grand nombre des habitans gênés par les Chefs, vexés par les Tribunaux, s'éloignèrent de cette terre, qu'ils avoient adoptée comme seconde patrie. Le Ministère Britannique, instruit des motifs de cette désertion, se détermina à établir en Géorgie la même forme de gouvernement en usage dans les autres Colonies.

Depuis cette heureuse révolution, la Géorgie a fait de grands progrès. Les marais ont fourni une grande quantité de riz; & dans les parties hautes, on a recueilli de l'indigo préférable à celui de la Caroline. Au commencement de la dernière guere, on y comptoit environ vingt-cinq mille habitans, & cinq mille esclaves.

Savanah en est la capitale.

Fin du sixième & dernier Tome.

TABLE.

DES MATIERES (1).

A.

---

(1) *N. B.* La lettre E. défigne que la page appartient à la Partie Elémentaire dans le I. vol. La lettre C. que cette pag eft du Choix des Lectures dans le même vol. Le chiffre romain indique le vol.

C.

D.

E.

Fin de la Table des Matières.

CORRECTIONS.

*T*OME *I*, FLÉMENS DE GÉOG.   *pag.* 25

Aux Remarques , ligne 3 , au lieu des lignes fuivantes , *lifez* :

L'Ariftocratie y avoit abufé de fes forces ; mais le Roi Frédéric-Adolphe étant mort au mois de Février 1771 , le Prince Royal , qui étoit alors à Paris , fe hâta de retourner à Stockholm , y arriva à la fin de Mai , & fut reconnu Roi. En 1772 il y rétablit les droits de l'autorité royale , & prit avec les Etats , le 21 Août 1772 , les engagemens les plus formels de s'occuper du bonheur de fa Nation. Tout a depuis répondu à cette promeffe , & à la fageffe qui avoit préparé cette étonnante révolution.

Ibidem , *p.* 13 , *aux remarques* , *après ces mots* , Charles VI mourut en 1740 , *lifez* : En 1742 , l'Electeur de Bavière fut élu empereur , fous le nom de Charles VII. Sa mort , arrivée en 1745 , ouvrit le chemin à l'Empire à François I , Grand Duc de Tofcane & époux de Marie-Thérèfe d'Autriche , fils de Charles VI. Le Prince Jofeph II , leur fils , lui a fuccédé en 1765.

APPROBATION.

J'ai lu par ordre de Monseigneur le Garde des Sceaux un Ouvrage ayant pour titre : *Choix de Lectures Géographiques & Historiques,* &c. *par M.* MENTELLE. e choix, fait d'après les derniers voyageurs, & rectifié par un Ecrivain qui jouit d'une réputation méritée , réunit le double avantage d'offrir les notions les plus exactes sur l'Asie , l'Afrique & l'Amérique , & de pouvoir tenir lieu de cette multitude de Voyageurs, dont la collection n'est déjà que trop volumineuse. Fait à Paris ce premier Août 1783.

DE SAUVIGNY.

PRIVILEGE DU ROI.

Louis, par la grace de Dieu, Roi de France & de Navarre : à nos amés & féaux Conseillers , les Gens tenant nos Cours de Parlement , Maîtres de Requêtes ordinaires de notre Hôtel , Grand Conseil , Prévôt de Paris , Baillifs, Sénéchaux , leurs Lieutenans Civils , & autres nos Justiciers qu'il appartiendra : SALUT. Notre amé le sieur MENTELLE nous a fait exposer qu'il desireroit faire imprimer & donner au public un Ouvrage de sa composition , intitulé : *Choix de Lectures Géographiques & Historiques relatives à l'éducation , avec les Elémens de Géographie* , s'il nous plaisoit lui accorder nos Lettres de privilege pour ce nécessaires. A CES CAUSES , voulant favorablement traiter l'Exposant , nous lui avons permis & permettons de faire imprimer lesdit Ouvrage autant de fois que bon lui semblera , & de le vendre , faire vendre par tout notre Royaume. Voulons qu'il jouisse de l'effet du présent présent Privilège , pour lui & ses hoirs à perpétuité , pourvu qu'il ne le rétrocede à personne ; & si cependant il jugeoit à propos d'en faire une cession , l'acte qui la contiendra sera enregistré en la Chambre Syndicale de Paris , à peine de nullité , tant du Privilège que de la cession ; & alors par le fait seul de la cession enregistrée , la durée du présent privilège sera réduite à celle de la vie de l'Expofant, ou à celle de dix années, à compter de ce jour, fi l'Expofant décede avant l'expiration defdites dix années. Le tout conformément aux articles IV & V de l'Arrêt du Confeil du 3 Août 1777, portant réglement fur la durée des Privilèges en Librairie. Faifons défenfes à tous Imprimeurs, Libraires, & autres perfonnes de quelque qualité & condition qu'elles foient, d'en introduire d'impreffion étrangere dans aucun lieu de notre obéiffance : comme auffi d'imprimer ou faire imprimer, vendre, faire vendre, débiter ni contrefaire lefdit Ouvrage, fous quelque prétexte que ce puiffe être, fans la permiffion expreffe & par écrit dudit Expofant, ou de celui qui le repréfentera, à peine de faifie & de confifcation des exemplaires contrefaits, de fix mille liv. d'amende, qui ne pourra être modérée, pour la première fois, de pareille amende & de déchéance d'état en cas de récidive, & de tous dépens, dommages & intérêts, conformément à l'Arrêt du Confeil, du 30 Août 1777, concernant les contrefaçons : à la charge que ces Préfentes feront enregiftrées tout au long fur le regiftre de la Communauté des Imprimeurs & Libraires de Paris, dans trois mois de la date d'icelle ; que l'impreffion dudit Ouvrage fera faite dans notre Royaume & non ailleurs, en bon papier & beaux caracteres, conformément aux Réglemens de la Librairie, à peine de déchéance du préfent Privilège : qu'avant de l'expofer en vente, le manufcrits qui auront fervi de copie à l'impreffion dudit Ouvrage fera remis dans le même état où l'approbation y aura été donnée, ès mains de notre très-cher & féal Chevalier Garde des Sceaux de France, le Sr. HUE DE MIROMESNIL, Commandeur de nos ordres, qu'il en fera enfuite remis deux exemplaires dans notre Bibliotheque publique, un dans celle de notre Château du Louvre, un dans celle de notre très-cher & féal Chevalier, Chancelier de France, le Sr. DE MAUPEOU, & un dans celle du Sr. HUE DE MIROMESNIL ; le tout à peine de nullité defdites préfentes : du contenu defquelles vous mandons & enjoignons de faire jouir ledit Expofant & fes hoirs pleinement & paifiblement, fans fouffrir qu'il leur foit fait aucun trouble ou empêchement. Voulons que la copie des préfentes, qui fera imprimée tout au long au commencement ou à la fin dudit Ouvrage, foit tenue pour duement fignifiée, & qu'auxcopies collationnées

par l'un de nos amés & féaux Conseillers-Secrétaires ;
foi soit ajoutée comme à l'original. Commandons au
premier notre Huissier ou Sergent sur ce requis, de faire
pour l'execution d'icelles, tous actes requis & nécessaires, sans demander autre permission, & nonobstant cla-
meur de Haro, Charte Normande, & Lettres à ce contra-
raire. Car tel est notre plaisir. DONNÉ à Paris le neu-
vieme jour du mois de Juin, l'an de grâce mil sept cent
quatre-vingt-quatre, & de notre regne le onzieme.
Par le Roi en son Conseil.

LE BEGUE.

Régistré sur le Regiſtre XXII de la Chambre Royale &
Syndicale des Libraires & Imprimeurs de Paris, Nᵒ 902,
fol°. 117, conformément aux diſpoſitions énoncées dans le
préſent Privilège ; & à la charge de remettre à ladite Chambre
les huit exemplaires preſcrits par l'article CVIII du réglement
ment de 1723. A Paris, le 15 Juin 1784.

BERTON, Adjoint.

AVIS AU RELIEUR

pour les Cartes.

ÉLÉMENS DE GÉOGRAPHIE.

Premier Volume.

N°. 1 *p.* 7;
N°. 2 *p.* 54;
N°. 3 *p.* 86;
N°. 4 *p.* 114;
N°. 5 *p.* 124;
N°. 6 *p.* 134;
N°. 7 *p.* 172, la France;

CHOIX DE LECTURES.

N°. 8 *p.* 76;
N°. 9 *p.* 208;

Second Volume.

N°. 10 *p.* 36;
N°. 11 *p.* 358;

Troisième.

N°. 12 *p.* 472;

Cinquième.

N°. 13 *p. derniere.*

9 782329 615219